In Gedenken an unsern geliebten Matthias

11. Februar 1967 – 16. August 1986

INHALT

VORWORT

Dieses Buch bietet zwei Hauptteile. Der erste enthält theologische Überlegungen (als ein Stück »Theologie für Nicht-Theologen«)*, der zweite ist ganz aus persönlichem Erleben heraus gewachsen und spiegelt dieses wider.

Die Väter betonten, die Theologie sei eine »eminent praktische Wissenschaft«. Da gehe es immer um die Existenz. Lehre und Leben, Denken und Glauben, Kopf und Herz würden hier zur untrennbaren Einheit und Ganzheit. Diese Einheit soll durch das Miteinander der beiden Teile unterstrichen werden (wobei der Leser sich durchaus dem zweiten zuerst zuwenden kann). Was ich im Kopf vom Wort Gottes her wußte, was ich als »Christenlehre« in mir trug, das mußte sich bewähren im Umgang mit dem Leid, das uns durch den Tod unseres Ältesten plötzlich überkam. Und die biblische Wahrheit, die »Lehre«, bewährte sich, erwies sich als tragfähig, als fundiert und fundierend! Was wäre ich gewesen ohne die biblisch-reformatorische Grundeinsicht in die Spannung zwischen Gottes rätselhaftem und uns undurchschaubarem Welthandeln (etwa in solch einem Unfall) und seinem so eindeutigen Heilshandeln in der Hingabe seines geliebten Sohnes Jesus Christus! Wo wäre ich geblieben ohne die Erkenntnis, daß darüber Christenglaube immer in Anfechtung gerät, ja, daß diese Anfechtung ein notwendiges Lebenselement des Glaubens ist (hier verdanke ich meinem Lehrer Prof. C. H. Ratschow Entscheidendes)! Die »Lehre« – und in ihr der lebendige Herr – trug das »Leben«. Und umgekehrt: Das Leben befragte und befruchtete das Nachdenken; das Leid suchte Leitung und Linderung im Wort der Wahrheit.

Es war für meine Frau Christa (von ihr stammt der Abschnitt über »Trauerarbeit im Gebet«) und mich lange eine offene Frage, ob wir das im zweiten Teil Gesagte drucken lassen sollten, ob wir das dürften. Wird dabei nicht Urpersönliches, Intimes, das andere »nichts angeht«, preisgegeben, gar »ausgestellt«, »vermarktet«, der Neugier die Tür geöffnet? Wie hätte unser Sohn das beurteilt? Was uns dann doch zum Ja bewog, war ein Wissen und eine Hoffnung. Das Wissen: Unser Glaube, unser Überleben im Glauben, ist nicht unser Können, ist – wie Luther sagte – ein von Gott Gehaltenwer-

* Die einzelnen Kapitel erschienen z.T. in der Zeitschrift SCHRITTE. Sie wurden umgruppiert, einige auch überarbeitet und ergänzt.

den. Um uns geht es nicht. Es geht um ihn, den Schöpfer, Erlöser und Tröster. Dazu kam die Hoffnung: Was uns widerfuhr, mag andere doch im positiven Sinn »an-gehen«: Vielleicht kann mancher in ähnlicher Lage sich in unserem Zweifeln und Beten, in unseren Erfahrungen und Überlegungen wiederfinden. Was uns tröstet, möchten wir weitergeben mit der Bitte an Gott, daß er es brauchbar mache.

Siegfried Kettling

A. Tod, wo ist dein Sieg?

I. Wie kann Gott das zulassen?

Gott, der *allmächtige* Herr, und das Leid in der Welt – wie reimt sich das? Gott, der *all-liebende* Vater, und die Ungerechtigkeit auf Erden – wie paßt das zusammen?

Man kann diese »Theodizee-Frage« (»theos« = Gott; »dizee« = Gerechtigkeit) mit kaltem Herzen und scharfem Verstand stellen, kann sie wie ein intellektuelles Rätsel angehen, kann Gott dabei mit logischen Schlüssen den Prozeß machen wollen. Entweder gilt (so sagt man dann): Er *will* zwar in seiner Liebe Leid, Tod, Ungerechtigkeit keineswegs, aber er *kann* all dem nicht wehren. Also ist er – wegen mangelnder Allmacht – als Gott erledigt. Oder: Er *könnte* in seiner Allmacht sehr wohl all dies aus seiner Welt ausräumen, er *will* es aber gar nicht, hat am Ende Spaß daran, mit seinen Kreaturen zu experimentieren. Also ist er – wegen mangelnder Liebe – als Gott disqualifiziert.

So wird die Theodizeefrage zum *Theodizeeprozeß*: Der Mensch erscheint dabei in der Rolle des Anklägers, des Zeugen, möglicherweise auch des Verteidigers, jedenfalls des Richters. Sein – des Menschen – gesunder Verstand, sein gesundes sittliches Empfinden gilt als Rechtsgrundlage. Gott kommt nur als Angeklagter vor – und wird zum Tode, zur Nichtexistenz verurteilt. Die Theodizeefrage erscheint als Trumpf in der Hand des Atheismus.

Man kann dieselbe Frage aber auch mit brennendem, tief verwundetem Herzen und mit verwirrtem Kopfe stellen, weil einem die schöne Melodie »... der dich erhält / wie es dir selber gefällt« plötzlich zerrissen wurde. Das Gesicht des liebenden Vaters hat sich verborgen. Es erscheint nun verstellt, grausam verzerrt. Gott wird unheimlich, ist nicht wiederzuerkennen. Da kann die Theodizeefrage zum Stachel werden, der eine verletzte Seele zu bitterem Hohn treibt. Hiobs verzweifelte Frau vermag dem gequält am Boden Hockenden nur noch ins Ohr zu schreien: »Sage Gott ab und stirb« (d.h. verfluche deinen Gott und nimm dir das Leben; Hiob 2,9).

Aber die Theodizeefrage kann auch jenem quälenden Sandkorn gleichen, das in der Muschel zum Kern einer kostbaren Perle wird.

Der zutiefst angefochtene Beter in Psalm 73 empfängt mitten in seiner Not die Gewißheit ewigen Lebens: »Ich bleibe stets mit dir verbunden, du hältst mich fest bei meiner rechten Hand; du leitest mich nach deinem Ratschluß und nimmst mich endlich auf in die Herrlichkeit« (V.23f, Übersetzung: Menge).

1. Umschau

Die Theodizeefrage hat sich in der Geschichte zweifellos als Stachel erwiesen, hat das Denken vorwärtsgetrieben zu verschiedenen Lösungsversuchen, zu gedanklichen Modellen, die das Problem meistern möchten wie eine Mathematikaufgabe. Zugleich hat sie aber auch zu Er-Lösungsversuchen geführt, zu Unternehmungen, die das Problem mit Tatkraft anpacken, durch Praxis aus der Welt schaffen möchten. Wir mustern einige Versuche.

a) Lösungsversuche oder Schlüssel, die nicht öffnen

»*Womit habe ich das verdient?*« Hinter diesem Satz steht eine *juristische* Logik: Persönlichem Leid muß persönliches Vergehen vorausgegangen sein. – Doch so springt die Tür nicht auf. Wohl kennt die Bibel den umfassenden Zusammenhang von Schuld und Übel, beide beieinander in der gefallenen Welt, aber sie verbietet alles individuelle Verrechnen. Hiobs Freunden, die mit Bravour die Vergeltungs-Mathematik beherrschen, wird der Mund gestopft, und die Frage, ob beim Blindgeborenen der Embryo im Mutterleib oder die Eltern gesündigt hätten, weist Jesus zurück. Gott ist nicht der Oberingenieur dieses Schuld-Strafe-Mechanismus'!

»*Wer weiß, wofür das gut ist?*« Hier wird die Logik zum *Pädagogen.* Alles Leid hat erzieherische Absichten. »Frag nicht warum, frag wozu!« – Doch auch bei diesem Schlüssel sperrt die Tür. Wohl gibt es Christen, die im nachhinein sagen können: Der holperige Weg war in Wahrheit der ebenste, beste. Ich weiß von einer behinderten Christin, die dankbar sagte: »Ohne dies wäre ich meinem Gott über Hekken und Zäune davongesprungen.« Doch keiner von uns kann Gottes Gedanken so gouvernantenhaft plausibel enträtseln. Wer wollte wagen, das Verhungern von Millionen zu erklären, das Sterben von Tausenden bei einem Erdbeben pädagogisch aufzuschlüsseln! »Wir sind nicht Gottes Geheimräte« (Blumhardt).

»*Das müßte doch mit dem Teufel zugehen.*« Verlockend, dieser Versuch. Für Sonnenschein im Urlaub ist der liebe Gott zuständig, für Zahnschmerzen und Liebeskummer der Satan. Bei reicher Ernte sitzt Gott selbst auf dem Wagen; bei Mißwuchs und Seuche riecht man Höllenschwefel. – Die Tür klemmt weiter. Gewiß, die Bibel weiß von dem Zerstörungswerk des Teufels, kennt den dämonischen, den geheimnisvoll-unheimlichen Hintergrund der Weltgeschichte, aber dennoch gilt, was Luther sagt: Der Teufel bleibt, bei aller Rebellion gegen Gott, Gottes Teufel, und sein schmutziges Werk liefert letztlich »Düngermist für Gottes lieben Weinberg«. Die Bibel kennt nicht den heidnischen Dualismus von Licht-Gott und Finsternis-Gott. Wohl wird Paulus von des Satans Engel geplagt. Aber die Adresse seines Gebetes ist der Herr, und der sagt: »Meine Gnade ist genug für dich« (2. Kor. 12,9). Unsere Schlüssel zerbrechen. Die Theodizeefrage wird nicht ausgerechnet wie eine arithmetische Aufgabe, bei der man am Schluß das Heft zuklappt mit der Bemerkung: alles klar!

Ob wir gemerkt haben, daß die drei genannten rationalen Erklärungsversuche (juristisch, pädagogisch, satanologisch) nur Variationen des oben genannten Theodizeeprozesses sind? Freilich spricht hier nicht der Atheist, der Gott »erledigen« möchte, sondern der Fromme, der Gott »retten« will, indem er ihn klug und vernünftig verteidigt. Dieser Fromme meint es also gut mit Gott (so denkt er jedenfalls). Vor allem aber meint er es jedoch gut mit sich selbst, mit seiner eigenen Vernunft. Er versucht, Gottes Handeln nach den Maßstäben zu rechtfertigen, es nach den Normen einleuchtend, plausibel zu machen, nach denen man sich auch sonst in dieser Welt vernünftig orientiert (Lohn und Strafe, Erziehungsmaßnahmen, Widerstreit von Gutem und Bösem). Mit all dem versucht er, Gott für sich selbst verständlich und also akzeptabel zu machen. Er ist selbst eingestiegen in den Theodizeeprozeß. Freilich als Gottes Fürsprecher, als sein Advokat, sein beredter Verteidiger.

Der große Philosoph Leibniz lieferte dafür in seinen »Essais de Theodicée«, in seinen Aufsätzen zur Theodizee von 1710, ein in seiner Weise großartiges Beispiel. Für ihn hat Gott nicht nur einen Freispruch verdient, sondern eine öffentliche Belobigung, einen Orden, sozusagen einen Friedensnobelpreis, denn – so sucht Leibniz vernünftig nachzuweisen: Gott hat »die beste aller möglichen Welten geschaffen«, und das Übel ist darin ein notwendiges Element.

Aber ob man nun dafür plädiert, Gott für tot zu erklären, oder dafür, ihm ein Dankfest zu veranstalten, ob man sich als Ankläger oder als Verteidiger betätigt, der *Theodizeeprozeß ist als solcher ein ganz und gar gottloses, ja gotteslästerliches Unternehmen!* Es ist Blasphemie zu behaupten, Gott habe sich vor dem Forum unserer Vernunft zu rechtfertigen, sich vor uns zu legitimieren. Damit wird die biblische Botschaft auf den Kopf gestellt: Wir Menschen sind die Gefragten, die auf tausend nicht eins zu antworten vermögen, wir sind die Angeklagten, die außerstande sind, sich zu rechtfertigen! Thema der Bibel ist nirgendwo die Rechtfertigung Gottes vor der Instanz der menschlichen Vernunft, sondern allein die Rechtfertigung des sündigen Menschen, und das »allein aus Gnaden«. So ist auch der »noch so gut gemeinte« Versuch, Gott zu verteidigen, eine glatte Gottlosigkeit. Das ist das eigentliche Argument gegen unsere vermeintlich so »frommen« Lösungsversuche. Luther sagt einmal treffend: »Dahin kommt es, wenn wir mit menschlicher Vernunft Gott messen und rechtfertigen wollen, wenn wir die Geheimnisse Gottes nicht ehrfürchtig verehren, sondern forschend in sie eindringen, daß wir . . . statt einer Entschuldigung tausend Gotteslästerungen von uns geben« (aus »Vom unfreien Willen«).

b) Erlösungsversuche oder »Mit unsrer Macht ist nichts getan«

Leibniz hatte versucht, der Theodizeefrage durch Gedanken, durch Deutung beizukommen. Karl Marx wandte sich scharf dagegen: »Die Philosophen haben die Welt nur verschieden *interpretiert*, es kömmt drauf an, sie zu *verändern*« (11. These über Feuerbach). Deutungen, die alles beim alten lassen, es nur in eine neue Beleuchtung tauchen, sind wertlos. An ihre Stelle muß eine wirkliche *Veränderung* der Welt treten. Lösungsversuche taugen nichts, *Erlösung* muß her! Die Theodizeefrage wird verstummen, wird »eines natürlichen Todes sterben«, wenn Leid, Not, Ungerechtigkeit aus der Welt verbannt sind.

Modell Kain. Albert Camus feiert Kains Tat als Aufstand gegen das alte System, als Aufstand für eine bessere Welt. »Mehr Gerechtigkeit« steht auf Kains Axt. Diese Axt sieht Camus in immer neuen Variationen am Werk bei aller gewaltsamen Veränderung der Welt. Axt, Hammer, Schwert, Bomben wollen Heil schaffen. Neues wächst aus den Trümmern. Aus einem Meer von Blut steigt das neue Jerusalem.

Modell Faust. Neben den Revolutionär tritt der Technokrat (vergl. in Faust II das Projekt der Landgewinnung aus dem Meer), der Wissenschaftler. Von der roten Fahne wendet man sich zum weißen Kittel. Dabei suchen heute, vom Zukunftsschock gepackt, viele die Rettung nicht mehr beim technischen Fortschritt, sondern eher bei den Humanwissenschaften. Hält der Psychologe, der Pädagoge, der Friedensforscher, der Ernährungswissenschaftler die Lösung, die Erlösung bereit?

Was sagen Christen zu diesem *Erlösungs*modell? Sie sagen ein rundes Ja und ein ebenso deutliches Nein. Ja sagen sie zu der Einsicht, daß der Frage nach dem Leid in der Welt tatsächlich nur durch *Erlösung* beizukommen ist. Interpretationen, Denkmodelle, neue Ansichten sind wahrhaftig überflüssig. Es ist uns nur damit geholfen, daß einer *alles neu* macht. – Die Christen aber kennen den einen, der dies zu seinem Programm gemacht hat, der mit absolutem Exklusivanspruch verkündet: »Siehe, ICH mache alles neu« (Offb. 21,5). Christen wissen: Wenn Jesus Christus für diese Welt gestorben ist, dann ist ihrem Sterben nicht anders zu helfen als durch seinen Tod. Wenn Jesus Christus für diese Welt auferstanden ist, dann greifen alle innerweltlichen »Wiederbelebungsversuche« grundsätzlich zu kurz. Um Erlösung geht es! Aber alle Selbsterlösung scheitert am Tod und darum auf der ganzen Linie!

Vertiefung: Die Antwort der indischen Religionen

»Gott *und* das Leid in der Welt« – für Christen enthält das eine ungelöste Spannung, und zwar durch das Wörtchen *und.* Zwei Antworten wird ein Christ von vornherein als Verharmlosungen zurückweisen.

a) Die erste Antwort kommt aus der Welt der indischen Religionen und lautet schlicht: *Diese unsere Welt* – und damit auch alles Leiden in und an ihr – *ist nichts als »Maya«*, ist Schein, Illusion. Wer diese Täuschung durchschaut, ist frei!

Paramahansa Yogananda (1893 – 1952; ein engagiert missionarisch der westlichen Welt zugewandter Hindu; seine Autobiographie erschien 1988 in sechzehnter deutscher Auflage!) erzählt, wie ihn in einem Lichtspieltheater bei der Wochenschau die entsetzlichen Bilder vom europäischen Kriegsschauplatz tief aufwühlten. Betroffen fragt er seine Gottheit: »Herr, warum läßt du soviel Leid in der Welt zu?« Er erhält zur Antwort, das alles sei nur Schein: »Das Trauerspiel des Todes hat keine Wirklichkeit, und diejenigen, die davor zurückschaudern, gleichen törichten Schauspielern, die vor Angst auf der Bühne sterben, wenn ein blinder Schuß abgegeben wird.« (Yogananda, S. 291) Nur »Spiel«, nur »Theater« sei diese Welt! Es sei, erklärt uns der Yogi, wie bei einem spannenden Film im Kino: Angesichts der bewegten Bilder auf der Leinwand entsteht in den Zuschauern der Eindruck, daß sie einem realen Geschehen beiwohnen. Sogar Spannung, Furcht, Freude, Zorn werden dabei ausgelöst. In Wirklichkeit gaukele jedoch nur die Kombination von Licht und Schatten auf der eindimensionalen weißen Fläche den Betrachtern etwas vor. Eben *so* verhalte es sich mit dem ganzen Weltgeschehen: »Alle vergänglichen Ereignisse, die den fünf Sinnen des Menschen vorübergehend als wirklich erscheinen, werden von den unvergänglichen schöpferischen Lichtstrahlen auf die Leinwand des menschlichen Bewußtseins geworfen.« (Yogananda, S. 290)

Ein Christ kann hier nur protestieren: Weil er an Gott als den Schöpfer glaubt, ist ihm *diese Welt als Schöpfung wirklich.* Weil er an den Herrn glaubt, der »unter Pontius Pilatus gelitten« hat, ist ihm *das Leiden in der Welt real.* Weil er vom Schöpfer-Geist weiß, der lebendig macht und dazu »alles neu«, erhofft er nicht die große Desillusionierung (die Welt erweist sich als »Maya« und löst sich auf ins Nichts), sondern den neuen Himmel und die neue Erde.

b) Die zweite Antwort stammt ebenfalls aus dem fernöstlichen Bereich, hat aber in unserem westlichen Kulturbereich durch die Anthroposophie wie durch die »neue Religiosität« (»New Age«) viele Sympathisanten gefunden.

Charakteristisch ist, was Swami Prajnananda über die Logik von *Karma* und *Reinkarnation* (Wiederverkörperung) zu sagen weiß: »Wenn dieses Leben unser erstes ist, wie erklären wir dann die Unterschiede, die Ungerechtigkeit und Ungleichheit der Lebenssituationen sowie der angeborenen Eigenschaften und Anlagen der Menschen? ... Wenn zwei Personen in einem Auto einen Unfall erleiden, stirbt der eine, und der andere kommt ohne einen Kratzer davon. Wie ist das zu rechtfertigen ... Unser ausgeprägter Sinn für Gerechtigkeit und Moralität zwingt uns, in der Vergangenheit einen Grund für die Unterschiede im Leben der Menschen zu suchen« (zitiert bei Sudbrack, S. 53f).

Die Frage nach dem persönlichen Gott und seiner Führung, der notvolle Ruf: »Mein Gott, mein Gott, warum ...«, wird ersetzt durch den Gedanken an ein kosmisches Gesetz, an einen kausal bedingten Schicksalsablauf. Aus dem »Du« ist ein »Es« geworden.

Christen stehen vor diesem personhaften Gott, der uns seinen Namen kundtut und uns bei unserm Namen ruft. Sie wissen von Jesu klarem Nein im Blick auf das »Karma« des Blindgeborenen (Joh.

9,1–3), wissen von dem geschichtlichen »Einmal« (Hebr. 9,27). Entsetzt stehen sie auch vor der Vermessenheit, das Los eines schwer körperlich und geistig behinderten Menschen mit dem Verweis auf sein vorgeburtliches Karma kausal und »moralisch« erklären zu wollen, erst recht das kollektive Leiden etwa der Juden in Auschwitz. (Zur Frage der Reinkarnation vergleiche Kapitel II!)

2. Die biblische Sicht

Hilfreich zum Öffnen der Tür scheint mir eine Unterscheidung Luthers. Er spricht vom *Welthandeln* Gottes, von Gottes Wirken in Natur, Geschichte, Menschenleben. Und er spricht von Gottes *Heilshandeln.* Das wird uns in der Bibel bezeugt und läßt sich in einem Namen zusammenfassen: Jesus. Dabei geht es um *einen* Gott, aber um *zwei* Weisen seines Handelns. Von dieser Schlüsselerkenntnis gehen wir aus.

a) Gottes Welthandeln (der verborgene Gott)

Ich glaube an Gott, den *Allmächtigen.* Allmacht bedeutet nicht: Gott kann alles, was er will, bzw. könnte alles, wenn er nur wollte. So stellt sich Klein-Fritzchen Gott vor, wenn er kritisch überlegt, ob der Allmächtige auch einen so großen Stein schaffen könne, den er am Ende selbst nicht mehr zu heben vermag. Nicht von Möglichkeiten und Eventualitäten spricht das Wort »Allmacht«, sondern von Wirklichkeit. Als der Allmächtige ist Gott der *Allwirksame.* Bestürzend deutlich sagt das der Prophet Amos im Kapitel 3,6: »Ist etwa ein Unglück in der Stadt, das der Herr nicht *tut?*« (nicht etwa »zuläßt«!) Gott ist am Werk in allem, was geschieht, in Sonnenschein und Wolkenbruch, bei Geburt und Sterben, in Frieden und Krieg, im Jubel und im Schrei. Von diesem Gott in seinem Welthandeln sagt Luther: »Er ist der Verborgene.« Nicht in dem Sinne verborgen, daß man ihn nicht zu spüren bekäme, aber so, daß uns der Sinn seines Handelns verhüllt, daß sein Herz versteckt bleibt. Wenn ich von der Beobachtung dessen, was in der Welt geschieht, etwa von einer abendlichen Tagesschau her, auf Gott schließen will, dann entsteht ein tief zwiespältiges Bild. Schon wenn ich ein Spinnennetz betrachte, stehe ich vor dem Rätsel: Ist das ein wundervolles Kunstwerk oder ein raffiniertes Mordinstrument? Wie muß Gott geartet sein, was muß er mit mir vorhaben, der Gott hinter dem Spinnennetz?

Unsere Welterfahrung ist ganz widersprüchlich: Hell und Dunkel – Plus und Minus prallen hart aufeinander.

Einen besonders eindrücklichen Beleg für diesen *Zwiespalt* bietet Friedrich Schiller in seiner berühmten Hymne »An die Freude« (Beethoven hat sie im Finalsatz seiner 9. Sinfonie vertont, als »Song of Joy« ist sie auch als Schlager populär geworden). Der Dichter schildert, wie die Urgewalt der Freude den Menschen von sich weg – und über sich emporreißt. Die ganze Menschheit möchte er umarmen: »Diesen Kuß der ganzen Welt«. »Feuertrunken« greift er zum Himmel, sucht eine Adresse für seinen Jubel, folgert aus dem rauschhaften Glück: »Brüder – überm Sternenzelt / muß ein lieber Vater wohnen«. Universal ist das Reich der Freude, es durchzieht die ganze Schöpfung von der niedrigsten Kreatur (»Wollust ward dem Wurm gegeben«) bis zur höchsten (»Und der Cherub steht vor Gott«). Schon werden die Instrumente gestimmt, schon ordnet sich der Chor für die allumfassende Jubelfuge, da fallen dem Dichter Menschen ein, die nicht dazugehören, nicht hierher passen. Es gibt eben bedauernswürdige Kreaturen, denen »der große Wurf« der Freundschaft und Ehe nicht gelang; es gibt neben den Glücklichen Weinende, Verzweifelte, Hoffnungslose. Der Dichter weiß nur einen Rat: »Und wer's nie gekonnt« (nämlich voller Seligkeit einen Menschen sein eigen zu nennen), »der stehle weinend sich aus diesem Bund«. Man muß die Traurigen exkommunizieren. Sie würden ja das Freudenkonzert empfindlich stören, würden die Koloraturen des Jubels durch Schreie der Verzweiflung unterbrechen, würden am Ende statt vom »lieben Vater« vom »bösen Dämon« sprechen. So schließt der Chor der Jubelnden die Tür hinter sich, befestigt ein Schild daran: »Geschlossene Gesellschaft« und »Eintritt für Weinende untersagt«. Weltumspannend, allumfassend sollte es eigentlich klingen. Doch das »Seid umschlungen, Millionen!« endet schließlich im exklusiven Zirkel der Fröhlichen. Die andern aber sind draußen vor der Tür ...

Wer vor diesem Widerspruch, dieser Zweiheit, stehenbleibt, für den gibt es nur zwei Wege: einmal das Zerbrechen an dieser Zweiheit, die *Ver-Zweiflung*. Sie kann verschiedene Formen haben: Neben der Resignation, die zu Narkotika greift, oft gar zum Selbstmord, steht der Trotz, das leidenschaftliche Aufbegehren angesichts der Sinnlosigkeit. *Resignation* und *Rebellion* sind Zwillingsgeschwister, beide Kinder der Verzweiflung.

Der andere Weg heißt, erstaunlich genug, *Religion*. Es ist der Versuch des Menschen, das Dunkle abzuwenden und sich des Hellen zu vergewissern, die Welt zu heilen. Diese Religion kann sehr fromm aussehen, kann Gebet, Opfer, Askese einschließen, kann aber auch ganz säkular auftreten. Auch das Modell Faust und das Modell Kain sind »religiös«. Altar, Laboratorium, politisches Attentat, alles kann dem religiösen Versuch des Menschen dienstbar werden. Religion meint hier – Luther konnte das Wort so weit fassen – alle »Werkerei«, jedes Bemühen des Menschen, von sich aus, mit oder ohne Gottes Hilfe, die zerrissene Welt ganz zu machen. Religion ist der grandiose Versuch einer Welt-Erlösung von unten her.

Aus diesem Zwielicht von Hell und Dunkel, Verzweiflung und Religion wird der befreit, der in Jesus Christus Gott kennenlernt, den Gott, der aus der Verborgenheit heraustritt, sein Schweigen bricht und uns sein Herz sehen läßt.

b) Gottes Heilshandeln (der offenbare Gott)

Wenn ich die Bibel aufschlage, entdecke ich da nicht erneut das Widereinander von Hell und Dunkel, Leben und Tod, Plus und Minus? Steht da nicht hart nebeneinander das Todesurteil: »Du bist der Mann!« und der Freispruch: »Der Herr hat deine Schuld weggetan.«? Da begegnet mir Gott als die letzte, tiefste, im Grunde einzig wirkliche *Bedrohung* für den Menschen: »Schrecklich ist es, in die Hände des lebendigen Gottes zu fallen« (Hebr. 10,31). Und andererseits als die letzte, tiefste, im Grunde einzig wirkliche *Rettung* für den Menschen: »So sehr hat Gott die Welt geliebt . . .« (Joh. 3,16). Beides stößt hart aufeinander, Gericht und Gnade, Gesetz und Evangelium. Aber die Mitte der biblischen Botschaft zeigt auf jenen Punkt, an dem sich diese beiden Linien treffen: *das Sterben Jesu Christi,* ein Sterben zu unserem Heil.

Im zweiten Artikel des Glaubensbekenntnisses wird der Weg Jesu in einem Wort gebündelt: »gelitten«. – Das ist der Extrakt, die Summe seines Lebens. Das ist die ganz neue Perspektive zur Frage: Gott und das Leid in der Welt. Gott selbst tritt ins Leid hinein. Das ist in der Welt der Religion undenkbar. In Jesus Christus hat Gott das Unmögliche getan: »gelitten unter Pontius Pilatus«! Jesu Leiden war freiwilliges Leiden, schuldloses Leiden, unausdenkbar schmerzhaftes Leiden; aber das alles ist nicht das Entscheidende. Für all das ließen sich Parallelen finden. Die Frage heißt nicht: *wie* litt er, sondern *wer* litt da? Das gibt seinem Leiden Einzigartigkeit.

Jesus kündigt seine Passion mit dem Wort an: »Der Menschensohn wird (von Gott) in die Hände der Menschen übergeben« (Mark.

9,31). »Menschensohn« bedeutet für die Juden (Dan. 7,13-14) »Weltenherr« und »Weltenrichter«. Die Passionsgeschichte erzählt also von dem ungeheuren, undenkbaren, »unmöglichen« Vorgang, daß der Weltenrichter sich zum Gerichteten machen läßt. Sie berichtet von dem wunderbaren Tausch, den Gott vollzieht: Der einzig Unschuldige tritt an den Platz aller Verurteilten. »Wahrer Mensch« ist Jesus und »wahrer Gott« zugleich. Als der wahre Mensch steht Jesus ganz bei uns, tritt als unser Stellvertreter vor Gott (Paulus spricht vom »zweiten Adam«). Er läßt sich für uns »zur Sünde machen« (2. Kor. 5,21): Alle Sünde aller Menschen aller Zeiten zieht er auf sich. Für uns läßt er sich »verfluchen« (Gal. 3,13): Gottes heiligen Zorn läßt er auf sich prallen. Jesus will lieber an unserm Platz von Gott gerichtet werden, als sich von uns Menschen zu trennen.

Zugleich steht Jesus – »wahrer Gott« – ganz bei Gott, ganz auf Gottes Seite. So trifft ihn der Gotteshaß der Menschen (»Wir wollen nicht, daß dieser über uns herrsche . . .«, Luk. 19,14). Aber Jesus läßt sich lieber von uns Menschen foltern und töten, als sich vom Vater und seiner sich hingebenden Liebe zu trennen. – So hält Jesus im Sterben beide fest, Gott und uns Menschen, den Vater und die (wild rebellierenden) Brüder. So schmiedet er mit dem Kreuz beide untrennbar zusammen: den heiligen und unbegreiflich liebenden Gott und die sündigen, gegen ihren Schöpfer aufbegehrenden Menschen. Im Sterben seines Sohnes zieht Gott das Leiden der Welt auf sich.

3. Wir Christen im Leid der Welt

Karfreitag und Ostern, rettendes Gericht über die Sünde und Durchbrechung der Todesmacht, das sind die Eckpfeiler, die Positionslichter, die den Standort der Christen markieren. In der Hingabe und Auferweckung seines Sohnes hat Gott sein Innerstes nach außen gekehrt, hat uns sein Herz erschlossen. Wie in einem Stenogramm komprimiert Johannes diese Geschichte in dem einen Satz »Gott ist die Liebe (Agape)« (1. Joh. 4,16) und kommentiert diese letzte Verdichtung aller Gotteserkenntnis so: »Darin ist erschienen die Liebe Gottes unter uns, daß Gott seinen eingebornen Sohn gesandt hat in die Welt, damit wir durch ihn leben sollen« (1. Joh. 4,9). In Jesus hat Gott sich uns als der schlechthin Liebende vorgestellt, hat uns die »Tiefen der Gottheit« aufgeschlossen (1. Kor. 2,10). Durch Jesus wissen wir, wer Gott ist und wie wir mit ihm dran sind. Nur noch »in Christus«, nur noch in der Karfreitags- und Osteroptik, ausschließlich in der »Agape-Perspektive« können wir Gott anschauen, über ihn nachdenken, von ihm reden. »Jesus« heißt Gottes Liebeserklärung an uns. Sein Werturteil über uns lautet: »Jeder einen Christus wert« – so teuer sind wir erkauft.

Von dieser Position aus argumentiert Paulus: Wenn Gott seinen eigenen Sohn nicht verschonte, sondern ihn für uns alle dahingab, – »wie sollte er uns mit ihm nicht alles schenken?« (Röm. 8,32) Wer eine Million mit Freuden verschenkte, wird der mit einem Pfennig geizen? Wenn Gott in Jesus sich selbst, sein »Herz« für uns gab, kann ich dann vermuten, daß in Gott neben seiner Liebe noch etwas anderes Platz hat – etwa die Lust, mit uns zu experimentieren, uns zu quälen? Kann Gott außer dem »Abba«, dem Vater, auch noch ein launischer Despot, ein grausamer Sadist sein? Unmöglich! Das ist die Logik des Glaubens: Hat Gott seinen Sohn für mich gegeben, dann kann alles, was von ihm kommt, nur noch Ausfluß, Ausdruck, Konkretion seiner Liebe sein – auch wenn es mir ganz anders erscheint, sich kalt, hart, scharf »anfühlt«. Es gilt: »Denen, die Gott lieben, müssen alle Dinge zum Besten (d.h. zum ewigen Heil) dienen« (Röm. 8,28). »Dienen« müssen uns die Dinge, auch Einsamkeit, Enttäuschung, Depression, Krankheit, Tod ... Sie sind nicht unsere Herren, wir nicht ihre Sklaven. Sie sind uns als »Bedienstete« beigegeben, als Mittel, als Material zu unserm Heil. Das ist die kühne Folgerung des Glaubens, der Gott nur noch »in Christus« sieht: Gott ist Liebe.

Vom *Welthandeln* Gottes haben wir gesprochen, von jenem rätselhaft doppelgesichtigen Geschehen in Natur und Geschichte, in dem Gott sich für uns verbirgt. Auch dieses Welthandeln Gottes kann der Christ nur von Christus her betrachten. Verläßt er diesen Standort, wechselt er die Perspektive, greift sofort der Zwiespalt, die Verzweiflung nach ihm. (Wer Gottes Art und Stil an einem blühenden Apfelbaum ablesen will, muß »verzweifeln«, wenn Blütenpracht und Blütentraum durch einen jähen Hagelschlag vernichtet werden!)

Von Jesus her bekommt alles *Schöne* in der Welt neuen Glanz: Ein Sonnenaufgang, ein Gemälde Rembrandts, ein Mozartsches Violinkonzert lassen eine neue Dimension entdecken. Die unendliche Schöpferkraft und Phantasie des Vaters spiegelt sich darin. Das Schönste in dieser Welt (Ernte, Hochzeit, Gold, Edelsteine) wird im Neuen Testament zum Gleichnis für Gottes kommendes Reich.

Was aber ist mit dem *Leidvollen*, dem Dunklen, Unbegreiflichen? Was ist mit Erdbebenkatastrophen, Grubenunglücken, mit Krebstod und Mord? Was ist mit dem Satz, auch da sei Gott, der Allwirksame, am Werk, es sei kein Unglück in der Stadt, das der Herr nicht tue? – Wir Christen stehen betroffen, ratlos vor solchem Geschehen, haben keine klugen Kommentare parat. Alle »vernünftigen« Argumente »juristischer« oder pädagogischer Art, alle Versuche, Gott zu »entschuldigen«, sind uns ja gerade aus der Hand geschlagen. Wir sind nicht Gottes Verteidiger, nicht seine Regierungssprecher. Wir Christen können uns nur an den Gekreuzigten klammern, uns in der Position »in Christus« eingraben und von daher zu Gott sprechen: »Dennoch, Gott, dennoch vertraue ich Dir, glaube Dir, daß Du Liebe, nichts als Liebe bist; dennoch, Gott, dennoch glaube ich, daß auch Dein rätselhaft-unheimliches Zuschlagen aus der Tiefe Deiner Liebe kommt. Weil ich es auch hier mit Dir, nur mit Dir, zu tun habe, will ich glauben, daß dieser so dunkle Weg der beste, optimale, einzig sinnvolle für mich ist.« Das sagen Christen nicht, weil sie irgendwelche plausiblen Argumente oder übernatürliche Erleuchtungen zur Verfügung hätten, sie sagen es um Jesu willen.

4. »Die Last des Glaubens tragen« (Adolf Schlatter)

Es ist uns Christen zugemutet, uns in der Tiefe der Not durch die schreckliche Maske Gottes zu dem Angesicht des liebenden Vaters hindurchzuglauben. Es ist uns aufgegeben, den unheimlichen Gott in seinem Welthandeln mit dem uns in Jesus vertrauten »Abba« *zusammenzuglauben.* »Wir Christen wissen eben auch nicht fertig zu werden mit all den grausigen Zugriffen, aber wir trauen uns und können uns trauen, Gott dazu zu sagen . . . Dies, meine ich, sei nur noch Christen möglich, die die Liebe Gottes erfuhren, deren Herz voll Gotteslob ist aus dem Widerfahrnis des Heils. Ihr Mut ist hoch genug, um Gott in seine Wüsten zu folgen, um den Glutodem seiner Verborgenheit zu ertragen« (C.H. Ratschow; Literaturverzeichnis S. 205) Das Grundbekenntnis der Bibel, daß Gott EINER sei (man spricht von »Monotheismus«), ist gerade keine Selbstverständlichkeit. Religionen, die (wie etwa die Gnosis oder der Parsismus) mit zwei Göttern rechnen, mit einem hellen, guten und einem dunklen, bösen, können in solchen Situationen viel einleuchtender sein. Unser Christenglaube, der Schöpfer und Erlöser zusammensieht, ist da angefochten, bedroht, in den Zweifel gestellt. Er müßte zerbrechen. Aber da ist der Geist, der Anwalt, der Tröster (der »Paraklet«), der uns bei Jesus festhält, unsern Blick und unser Herz täglich bei ihm festmacht. Es ist der Geist, der mit unaussprechlichem Seufzen fürbittend für uns eintritt, wenn der Mensch, der Christ, in seiner Qual verstummt (Röm. 8,26).

Christenglaube ist immer neu angefochtener Glaube, darum ist er lebendig, ist in Bewegung, gerinnt nicht zu beruhigter Sicherheit, zu starrer Ideologie. Luther wußte, warum er neben Gebet (oratio) und Umgang mit dem Gotteswort (meditatio) die Anfechtung (tentatio) zum Lebenselement des Christen rechnete. Die Anfechtung läßt den Christen (auch den Theologen) wachsen, ist Grundnahrungsmittel, ist Lebenselement. Uns Christen ist die Aufgabe zugemutet, im Namen Jesu und in der Kraft des Heiligen Geistes, die *Liebe Gottes aus allem Weltdunkel und die Einheit Gottes aus allem Weltzwiespalt herauszuglauben.* Darum können Christen vor dunklen Wegen nicht bewahrt bleiben, können nicht ständig singen: »Der dich erhält / wie es dir selber gefällt«. Sie müssen das Dunkle durchschreiten mit dem Bekenntnis: »Du führest mich auf rechter Straße um deines Namens willen.« Sie sind der Welt dies Zeugnis schuldig. Sie werden getröstet zum Trösten, sie werden sensibel für die Mahnung des Paulus: »Weinet mit den Traurigen!« Sie werden hellhörig und feinfühlig, wissen sich im Mitleiden zur Fürbitte, zum priesterlichen Eintreten bestellt. Darin ist nicht der Triumph: »Wir können's!«, nicht die Show: »Seht an uns, wie man's macht.« Christen sind nicht Athleten, die alles spielend verkraften. Sie sind nicht der Riese Atlas, der die Welt trägt, auch nicht der Riese Christopherus, der den Herrn der Welt transportiert. Gerade die Christen stehen immer wieder ratlos vor der »Unberechenbarkeit« ihres Gottes: Jetzt lesen sie dankbar Berichte, wie Missionare in bedrohlicher Situation wunderbar bewahrt wurden, dann wieder erfahren sie, wie Zeugen Jesu ermordet werden oder bei einem Flugzeugabsturz ihr Leben lassen müssen.

Der einst vielgelesene Pfarrer und Schriftsteller Otto Funcke (1836-1910) hat in seiner Autobiographie (»Die Fußspuren Gottes in meinem Lebenswege«) von viel Leid zu berichten und zitiert dabei den Satz des Gottesmannes Johannes Evangelista Goßner (1773-1858): »Auf den lieben Gott kann man sich ein für alle Mal *nicht* verlassen.« Die Treue und Verläßlichkeit Gottes ist für uns eben nicht durch-schaubar, sondern nur »durch-glaubbar«. Wir halten fest, weil wir gehalten werden. »Teneo quia teneor« (»Ich halte, weil ich gehalten werde«) ist unser Wahlspruch. Als so Gehaltene erwarten wir den Tag, an dem Jesus alles neu macht und uns mitsamt der »Theodizeefrage« erlöst. Bis dahin haben wir, denen das »Schauen« noch nicht gewährt ist, die »Last des Glaubens« (Adolf Schlatter) zu tragen.

II. Der Tod – verdrängt, vergötzt, besiegt

Zwei Uhren – zwei Zeitmodelle

Vor mir stehen zwei Uhren, beide im Zeitalter der Atom-, Quarz-, Digitalzeitmesser nicht mehr der letzte Schrei. Da ist zunächst die »gute, alte«, *die klassische Uhr.* Kreisförmig ist ihr Zifferblatt, und auf dem Rund sind Zahlen von 1 bis 12 (bzw. 13 bis 24) angebracht. Unendlich ist die Bewegung auf der Kreisbahn: Jedes Ende ist zugleich neuer Anfang (24 Uhr und 0 Uhr fallen zusammen). Das Kreismodell bei der Uhr ist kein Zufall. Alle Zeitrechnung unserer Vorfahren hat sich am Kreislauf der Gestirne orientiert: der Tag (Sonnenaufgang, -untergang, -aufgang), der Monat (Neumond, Vollmond, Neumond), das Jahr . . . Ohne Ende ist (oder scheint doch) diese zyklische Bewegung: »Auf jeden September folgt wieder ein Mai«, klingt's im Schlager.

Daneben steht eine *Sanduhr,* ein Stundenglas. Ganz anders ist die Form: Zwei tropfenförmige Glasgefäße sind mit ihren Spitzen zueinandergekehrt und durch einen feinen Kanal miteinander verbunden. Nach dem Gesetz der Schwerkraft läuft aus dem oberen Behälter unablässig Sand in den unteren (man sieht geradezu die Zeit »verrinnen«), bis das letzte Sandkorn diesem Gefälle gefolgt ist. Dann »läuft nichts mehr«! Dann muß schon jemand von außen eingreifen und das System umkehren. Hier fügt sich der Anfang nicht automatisch an das Ende.

Im Mittelalter und den folgenden Jahrhunderten waren solche Stundengläser auf den Kanzeln befestigt. Man konnte das die Predigt endende »Amen« geradezu »absehen« (noch einen Fingerbreit Predigt, noch ein Zuckerlöffel . .). Aber das gehörte zur souveränen Freiheit des Pfarr-Herrn: Er konnte das Stundenglas noch einmal umkehren mit der Bemerkung: »Liebe Seelen, höret fürderhin andächtig zu!«

Das Gesetz unseres Lebens

Kreisuhr und Sanduhr – zwei Grundmodelle der Zeitmessung! Welchem Muster ist unser Leben verwandt? Wir alle wissen: Wir trösten uns wohl mit dem Satz »Morgen ist wieder ein Tag!«, »Der nächste Urlaub kommt bestimmt!«, »An deinem kommenden Geburtstag sehen wir uns wieder!« Doch die Melodie »Alle Jahre wieder . . .« lügt.

Nicht das Kreismodell gilt; unsere Lebenszeit verrinnt wie der Sand im Stundenglas. Ein griechischer Arzt in der Antike urteilte, das sei das Elend des Menschen, den Anfang eben nicht wieder an das Ende anknüpfen zu können. Wir alle wissen: unser Leben ist »gerichtet«, d.h. es ist (wie eine Einbahnstraße) in einer Richtung festgelegt, ist ein unumkehrbarer Prozeß. Nicht zufällig hat man dem allegorisch dargestellten Tod das Stundenglas als Wahrzeichen in die Hand gegeben. Und wir können fragen: Liegt in diesem unumkehrbaren »Gerichtetsein« unseres Lebenslaufs ein »höheres Gericht«? Meldet sich darin, daß wir noch in viel tieferem Sinn »gerichtete Wesen« sind? Steht hinter dem Prozeß, dem unaufhaltsamen Lauf nach vorn, ein »Prozeß« im anderen, im juristischen Sinn? Die Bibel sieht hier das »Gesetz« unseres Lebens: »Es ist dem Menschen gesetzt, einmal zu sterben, danach das Gericht« (Hebr. 9,27).

1. Den Tod verdrängen

Von einer Pflanze sagen wir: »Sie geht ein«, von einem Tier: »Es verendet«, vom Menschen aber: »Er *stirbt*«. In dieser sprachlichen Beobachtung steckt eine »Ent-deckung«. Die sprachliche Unterscheidung deckt etwas für den Menschen Wesentliches auf. Zum Menschen gehört das *Wissen* vom Sterben-Müssen. Die Tatsache der Sterblichkeit teilen wir Menschen mit Fliegen und Mäusen, uns Menschen spezifisch ist das Bewußtsein davon. Wir wissen davon – *wollen* wir auch davon wissen? Wir wissen davon – wollen wir es auch wahrnehmen, wahr-haben? Den Versuch, etwas Gewußtes nicht wahr-zu-nehmen, etwas Erkanntes nicht zu bejahen, eine Wirklichkeit zur Illusion zu degradieren, nennen wir »Verdrängung« (ein Fachwort der Tiefenpsychologie): etwas Angsterregendes wird (ins Unbewußte) abgeschoben. *Eine* Möglichkeit (zutiefst gewiß eine Un-Möglichkeit!), mit dem Tod umzugehen, ist dieses Verdrängen.

Wir bedenken vier Methoden, vier Taktiken dieses Versuchs.

a) Getarnte Verdrängung

Ein frühes Gedicht des bedeutenden Lyrikers Gottfried Benn (1886 – 1956) lautet:

Mann und Frau gehen durch die Krebsbaracke

Der Mann:
Hier diese Reihe sind zerfallene Schöße
und diese Reihe ist zerfallene Brust.
Bett stinkt bei Bett. Die Schwestern wechseln stündlich.

Komm, hebe ruhig diese Decke auf.
Sieh, dieser Klumpen Fett und faule Säfte,
das war einst irgendeinem Mann groß
und hieß auch Rausch und Heimat.

Komm, sieh auf diese Narbe an der Brust.
Fühlst du den Rosenkranz von weichen Knoten?
Fühl ruhig hin. Das Fleisch ist weich und schmerzt nicht.

Hier diese blutet wie aus dreißig Leibern.
Kein Mensch hat so viel Blut.
Hier dieser schnitt man
erst noch ein Kind aus dem verkrebsten Schoß.

Man läßt sie schlafen. Tag und Nacht. – Den Neuen
sagt man: hier schläft man sich gesund. – Nur sonntags
für den Besuch läßt man sie etwas wacher.

Nahrung wird wenig noch verzehrt. Die Rücken
sind wund. Du siehst die Fliegen. Manchmal
wäscht sie die Schwester. Wie man Bänke wäscht.

Hier schwillt der Acker schon um jedes Bett.
Fleisch ebnet sich zu Land. Glut gibt sich fort.
Saft schickt sich an zu rinnen. Erde ruft.

Dies Gedicht (ein Gedicht?) muß man, auch wenn es schwerfällt, zweimal anschauen. *Der erste Blick* läßt uns erschreckt zurückfahren. Da tritt ein Facharzt (Benn war selbst Mediziner), einer, der die »Sache« kennt und durch Gewöhnung Abstand besitzt, als Fremdenführer auf. Er zeigt einem anderen Menschen, einer Frau (ist sie seine Geliebte?) seine Station, seinen Arbeitsplatz, demonstriert ihr, wie Sterben aussieht, führt ihr im Bild der Verwesenden ihre (mögliche) eigene Zukunft vor.

Abstoßende Härte begegnet uns in Sprache und Sache. Alle Schönheit, jede Harmonie ist zerrissen, nichts fügt, nichts reimt sich mehr (immerhin geht es um ein Gedicht!). Jeder beschönigende Schleier ist zerrissen, das Häßliche, ja Gräßliche wird mit kalter wissenschaftlich-fachlicher, mit biologisch-medizinischer Sachlichkeit ins Licht gestellt. Nichts wird verschwiegen, alles schockierend direkt ausgesprochen. »Bett stinkt bei Bett. Die Schwestern wechseln stündlich« (eine längere Dienstzeit wäre hier unzumutbar). Scharf tritt die Entmenschlichung hervor. Nicht von Leidenden, von Patienten, von Personen und Persönlichkeiten ist die Rede. Es ist, als ob der Tod selbst Chefvisite hielte. Da eine Reihe »zerfallene Schöße« (Unterleibskrebs), dort eine Reihe »zerfallene Brust«. »Fall A« liegt neben »Fall B« – und das serienweise. Von einem Du, einer geliebten Frau, die einem Mann einst »groß« war, ihm Glück, Freude, »Rausch und Heimat« bedeutete, ist nichts übrig als ein »Klumpen Fett und faule Säfte«. Das Ich ist zum Es, die Person zur Sache, das Individuum zur verwesenden Materie geworden. Man wäscht sie, »wie man Bänke wäscht«. Menschen wurden Objekte: ihr Bewußtsein, ihre Entscheidung, alles, was ihre Würde ausmachte, ist ihnen genommen. Objekte sind sie der medizinischen Manipulation: »Man läßt sie schlafen. Tag und Nacht«, natürlich unter dem Einfluß massiver Narkotika. Über ihre Lage täuscht man sie, gibt ihnen trügerische Illusionen. »Wahrheit« haben sie nicht mehr zu beanspruchen. »Den Neuen sagt man: hier schläft man sich gesund« (gleich zweimal das vermassende »man«).

Ein Interpret (P. Rühmkorf) sieht in Benns Strophen ein verfremdetes, parodiertes, ins Absurde gewendetes Liebesgedicht: Zweimal ertönt der uralte Lockruf des Liebenden. »Komm! Komm!« sagt der Mann (Anfang von Strophe zwei und drei). Das sonst erotisch Reizende wird angesprochen (Brust und Schoß). Aber nur in »eine stinkende Vorhölle«, nur zu einer »bettengesäumte(n) Friedhofsauffahrt« (Rühmkorf) vermag der Mann hier die Frau zu geleiten, in ein Revier, wo alle Liebe, Lust und Leidenschaft stirbt, sogar die Nächstenliebe.

Dabei sehen wir den Dichter nicht etwa protestieren; er demonstriert nicht gegen ein inhumanes Krankenhaus und für ärztliche Reformen. Er informiert nur, konstatiert, schockiert: So ist der Tod! So sieht Sterben aus! – Entmenschlichung, Entpersönlichung, Verdinglichung, Stufen der Verwesung! Kann man härter reden als in dieser expressionistischen Sprache? Ist nicht mit diesem brutalen Realismus die so oft beschönigte, lackierte, geschminkte Wirklichkeit Tod endlich wahrhaft ernstgenommen? So häßlich, gewaltsam ernst, daß es schier unerträglich ist? Ist dies »Anti-Gedicht« nicht ein flammendes Nein gegen alle Verdrängung?

Beim *zweiten Blick* auf das Gedicht bemerken wir die letzte Strophe. Seltsam, der Ton ist ganz anders, feierlich, fast religiös klingen die drei Zeilen. Bildzeichen treten an die Stelle des harten medizinischen Realismus. Vom schwellenden Acker ist die Rede; wir assoziieren Saat, Ernte, Frucht. »Erde ruft.« Der Mensch (so sahen wir) war im Sterben zum willenlosen Objekt degradiert, jetzt erhebt plötzlich ein anderes Subjekt seine Stimme: die Erde ruft. Da klingt der uralte (heidnische) Mythos von der »Mutter Erde« herein, die ihre Kinder nach Hause ruft, sie heimholt in den Mutterschoß. Das soll Trost anbieten, Hoffnung eröffnen: Wenn du, Mensch, auch als Person vergehst – dein Körper mit seinen Atomen tritt ein in den unendlichen Kreislauf der Natur, in das »ewige Stirb und Werde«, wird Baustoff zu neuem Leben. – Man darf annehmen, daß diese letzten drei Zeilen der Frau zugehören, die mit dem Mediziner jene höllische Station durchschreitet. Dem »männlich«-analytischen Zersetzen stellt sie das »weiblich-mütterliche« Bergen und Bewahren entgegen. (Damit nimmt Benn vorweg, was Feministinnen heute im Zeitalter des New Age für sich beanspruchen.)

Wie ist dieser überraschend versöhnliche Schluß zu beurteilen? Der Dichter Benn, am Ende doch auf der Suche nach Harmonie, hat den brutalen Realismus des Mediziners Benn nicht aus- und durchgehalten: Am Ende folgt die Flucht in die *mythische Tröstung*. Eine Flucht ist es! Denn wie kann die Frage nach meinem je persönlichen Sterben, das mich als Person betrifft, beantwortet werden mit dem Hinweis auf den großen Kreislauf der Natur? (Man beachte das Modell der so »harmlosen«, Ende und Anfang verknüpfenden »klassischen« Uhr!) Ist es verwunderlich, daß Benn, wenn auch nur für ganz kurze Zeit, der Ideologie der Nazis zuneigte, jenem Traum von der Hingabe des Ichs an das große mythische Kollektiv, Volk, Rasse, Staat, »Blut und Boden«? – Zwiespältig ist das Gedicht, letztlich unwahr. Harter, brutaler, schonungsloser Realismus auf den ersten Blick, auf den zweiten jedoch pseudoreligiöse Verklärung und Vertröstung, Zuflucht zum Mythos von der mütterlichen Erde, die das Blühen aufs Verwesen folgen läßt.

Ich habe dieses Gedicht gewählt als besonders eindrückliches Beispiel für eine *getarnte Verdrängung*: Bei allem harten expressionistischen Scheinrealismus wird am Ende doch »Opium« angeboten. Der Tod wird in Wahrheit überspielt. Am Ende steht ein Gaukelspiel, nichts als ein billiger Trick.

Wer in Benns Gedicht die raffiniert getarnte Verdrängung durchschaut hat, dem werden andere Formen der Verdrängung daneben als plump erscheinen.

b) Geschminkte Verdrängung

In Nordamerika spielt die »funeral cosmetic« (Bestattungs-Kosmetik) eine wichtige Rolle. Man schminkt die Toten nach Hollywood-Manier, sucht sie so zu »gestalten«, daß sie selbst ihre Jugendschönheit übertreffen. Ein gigantisches Verdrängungsunternehmen! Man sucht dem Tod die Show zu stehlen, indem man eine Show daraus macht, bearbeitet die Toten, um den Tod nicht verarbeiten zu müssen (nach E. Jüngel).

Der englische Schriftsteller Evelyn Waugh (1903 – 1966) hat in seinem Roman »Tod in Hollywood« diese Scheinwelt ironisch überzeichnet und entlarvt. – Da gibt es ein vornehmes Bestattungsinstitut sogar für Tiere, die »Ewigen Jagdgründe«. Bei Bestattungsklasse A wird auf dem Höhepunkt der Feier über dem Krematorium eine weiße Taube freigelassen als Symbol für die emporschwebende Seele des abgeschiedenen Schoßhündchens. Und alljährlich am Todestag empfängt die ehemalige Besitzerin eine Gedächtniskarte: »Ihr kleiner Arthur denkt heute im Himmel an Sie und wedelt mit dem Schwanz.« Diese Kultstätte »Ewige Jagdgründe« ist freilich ein Skandal für alle Mitarbeiter des »Flüsternden Hains«, des exklusiven Bestattungsunternehmens für menschliche Abgeschiedene: ein Park mit goldenen Toren, lichtdurchfluteten Tempelchen, mit (natürlich nach Preis gestaffelten) Abteilungen, die romantische Namen tragen: »Pilgers Ruh«, »Poetenwinkel«, »Liebesinsel«. Im oberen Stockwerk des Instituts amten die Balsamierer, deren Aufgabe darin besteht, die Persönlichkeit der Verstorbenen schöpferisch nachzugestalten, ja zu erhöhen. Den Charaktertyp kann man wählen: »verklärt und weise« (etwa für einen Professor) oder »mit glücklichem Lächeln« (für Kinder oder Politiker). Man kann den Toten im halboffenen Sarg aufbahren (was die Anschaffung einer Hose überflüssig macht), aber man kann ihn auch auf einer Chaiselongue in Pose setzen (was freilich eine vollständige Garderobe erfordert). Ausgewählt ist auch der Sprachstil: So vulgäre Vokabeln wie »Leichen« oder »Tote« sind natürlich verpönt; »die Seligen« ist der gängige Ausdruck. Als etwas schwierig erweist sich gelegentlich die Restaurierung von Selbstmördern, pardon, von »Seligen, die durch eigene Hand entschliefen« ... Man könnte die makabre Komödie weitererzählen. »Tod in Hollywood«, ist das ein lästerliches Buch? Nein, es ist ein notwendiges Buch gegen einen gotteslästerlichen Totenkult, gegen eine geradezu obszöne Verdrängung des Todes.

c) Stumme Verdrängung

In unserer Gesellschaft scheint es einen stillschweigenden Komplott zu geben. Man versucht, den Tod totzuschweigen. »Pst, nicht davon sprechen, das ist unanständig.« Das Sterben ist aus den Häusern ausgewandert, findet fast nur noch in Kliniken statt. Die Leichenzüge sind aus unseren Städten vertrieben. Bei einer größeren Jugendversammlung (etwa 14 – 20jährige) wurde mir von den Teilnehmern versichert, daß etwa die Hälfte von ihnen noch nie einem Toten ins Angesicht geblickt habe. Dreißig-oder Vierzigjährige, die bislang nur geschlossene Särge gesehen haben, sind keine Seltenheit. All dies sind Zeichen einer kollektiven Verschwörung.

d) Militante Verdrängung

Der Sprachforscher Lutz Röhrich hat im Bereich der Umgangssprache auf eine doppelte Erscheinung aufmerksam gemacht: Einerseits werden gern freundlich umschreibende und verhüllende Vokabeln gebraucht. Aus dem Tod wird »Freund Hein«, aus Sterben »Abscheiden«. (In den letzten Jahren findet sich in Todesanzeigen häufig »Er/Sie hat uns verlassen«: Das Sterben-Müssen, das nur im Passiv zu erfahrende Abgerufen-Werden, wird in eine Tat, eine Aktivität des Verstorbenen umgefälscht.)

Neben diesen sanften Umschreibungen findet sich andererseits ein sehr drastischer, geradezu ordinärer Ton, der an die Welt des Stammtisches oder der Kaserne erinnert. Man spricht von »abflattern, abzwitschern, abkratzen, krepieren, flöten gehen, den Deckel auf die Nase kriegen, Erde kauen« (nur die »anständigsten« Vokabeln habe ich genannt, die Ausdrücke aus der Fäkaliensprache bewußt ausgeklammert). Wie ist diese grobe Tonart zu erklären? Man möchte durch unflätigen Ton den Schrecken des Todes geradezu übertrumpfen, möchte sich durch Ironie und bösen Witz Distanz verschaffen. Die sanften wie die brutal unästhetischen Formulierungen haben dieselbe Wurzel: Man will sich die Wirklichkeit Tod vom Leibe halten. Das Leise wie das Laute, das Zarte wie das Grobe hat Alibifunktion.

Sterben zu müssen und davon zu wissen, ist dem Menschen eigen. Gegenüber dem Eingehen der Pflanzen und dem Verenden der Tiere ist Sterben etwas, das (in paradoxer Weise) den Menschen auszeichnet. Unser Sterben ist unser Eigenstes. Man kann mir alles nehmen – den Leib, Gut, Ehr, Kind und Weib –, mein Sterben kann man mir nicht nehmen. Luther sagt in einer Predigt von 1522: »Wir sind allesamt zu dem Tod gefordert und wird keiner für den andern sterben, sondern in eigener Person für sich mit dem Tod kämpfen ... Ich werde dann nicht bei dir sein, noch du bei mir ...«

Aber seltsam! Dieses unser Ureigenstes ist uns zugleich das Fremdeste. S. Freud formuliert einmal, ein jeder *wisse*, daß er sterben müsse, aber keiner *glaube* es; jeder versucht also sein Wissen im Theoretischen, Abstrakten (und so in der Distanz) zu halten, er will oder kann es nicht auf sich persönlich beziehen. Wir haben mehrere Variationen der Verdrängung betrachtet. Aber ob man nun versucht, den Tod »wegzumythologisieren« (Benn), ihn wegzuschminken, wegzugrinsen oder totzuschweigen – der Tod stimmt darüber sein Hohnlachen an. Nein, denn Verdrängen hilft nicht; der Tod muß *besiegt* werden.

2. Den Tod vergötzen

Das ist der Pendelschlag in die entgegengesetzte Richtung. Die Verdrängung will uns glauben machen, der Tod sei ein Nichts, eine bloße Illusion. Dieser Flucht nach rückwärts wird mit dem Vergötzen die *Flucht nach vorn* entgegengestellt.

»Vergötzen« heißt, ein »Etwas« zum »Alles« erhöhen, eine Wirklichkeit der geschaffenen/gefallenen Welt mit Gott vertauschen, im konkreten Fall: *den Tod mit Gott verwechseln.* Wie kann das geschehen?

a) Das platonische Modell: Der Tod als Erlöser

Die von dem großen Philosophen Platon (427 – 347 v. Chr.) geprägte Sicht des Menschen läßt sich mit dem griechischen Schlagwort zusammenfassen: *»Soma säma«, »der Leib* (Körper) *ist das Grab«.* Wie ist das gemeint? Der junge Aristoteles, ein Schüler Platons, verdeutlicht die Sicht seines Meisters sehr plastisch:

Die etruskischen Seeräuber waren brutale Gesellen. Beim Kapern eines Schiffes gab es unter den Gegnern meist Tote und Überlebende. Die Etrusker nahmen diese Gefangenen und fesselten sie – je Angesicht zu Angesicht – mit lebendigem Leibe an die Leichen und ließen sie so elend zugrundegehen. – Aristoteles benutzt diesen makabren Vorgang als Gleichnis für die Grundsituation der menschlichen Seele. Sie ist gewaltsam, wider Willen an den sterblichen Körper gefesselt. – Wie mußte solch ein Gefangener aufjauchzen, wenn jemand ihn von dem üblen »Zwilling« befreite! So ist auch die Befreiung der Seele vom Körper ein Fest. Der Tod aber ist der Erlöser!

Im Hintergrund steht folgendes Menschenbild: Der Mensch ist zusammengesetzt aus zwei einander wesensfremden und letztlich feindlichen »Teilen«, dem eigentlichen, dem wahren »Ich-Teil« (Seele/Geist) und dem niedrigen, minderwertigen Körper. Die Seele ist präexistent (hat vorgeburtliches Sein), im Jenseits beheimatet, war einst im Anschauen der göttlichen Ideen selig. Nun aber ist sie gewaltsam »eingekörpert« worden, ins Gefängnis des materiellen, verweslichen Körpers verbannt. Aber wie die Seele *prä*existent ist, so auch *post*existent: Ihre Verbindung mit der gräßlichen Körperlichkeit ist nur eine Episode. Der Tod befreit sie aus dieser schlechten Gesellschaft, hebt die Zwangsehe, diese »Mesalliance«, auf.

So ist (nach dieser Sicht) der Körper minderwertig (materiell, zusammengesetzt, deshalb auch dem Zerfall preisgegeben); die Geist-Seele dagegen ist der edle und wahre »Wesenskern« des Menschen, als unteilbare Einheit und Ganzheit über jeden Verfall erhaben. Die Seele ist also wesenhaft, substanzhaft unsterblich, dem Tod gegenüber feuerfest und kugelsicher. Der Tod ist nicht Feind, Vernichter, sondern *Erlöser,* Befreier zum wahren, eigentlichen Leben.

»Der Tod als Erlöser«! Platon hat in einem seiner Hauptwerke, dem »Phaidon«, das Sterben eines Meisters Sokrates als Muster und Modell seines souveränen, überlegenen Umgangs mit dem Tod dargestellt. Ich nenne ein paar Züge: Sokrates ist von den Athenern zu Unrecht verurteilt worden. Er soll den Gift-, den Schierlingsbecher, trinken. Er könnte fliehen, aber er wählt den Tod. Im Kreise seiner Freunde meditiert er darüber, daß Vögel nur singen, wenn es ihnen wohl geht. Stimmt der Schwan gerade vor seinem Tod seinen »Schwanengesang« an, so ist das ein Zeichen dafür, daß das Sterben für den Lieblingsvogel des Gottes Apoll ein Fest bedeutet. So will auch Sokrates sein Sterben feiern. – Man fragt Sokrates: »Wie sollen wir *dich* bestatten?« Darüber kann der Weise nur lächeln: ». . . ja, wenn ihr *mich* erwischt und ich euch nicht entwische . . .« Der Leichnam ist eben nicht Sokrates, ist gleichsam nur die häßliche Schmetterlingshülle. Das Ich des Sokrates, seine »Seele«, stieg längst empor.

Wenn ein Grieche nach schwerer Krankheit gesund wurde, pflegte er dem Gott Asklepios einen Hahn zu opfern. Als Sokrates nach dem Leeren des Giftbechers die tödliche Starre von den Füßen zum Herzen emporsteigen fühlt, spricht er lächelnd sein letztes Wort: »Kriton, wir sind dem Asklepios einen Hahn schuldig.« Jetzt im Tod ist Sokrates endlich heil, genesen, selig, frei . . . Der Tod kam als Erlöser!

	idealistisch (platonisch)	*biblisch*
Sicht der Welt	zwei Prinzipien bestimmen die Wirklichkeit: Dualismus Geist – Materie (Welt der Ideen – Erscheinungswelt)	*Ein* Herr schafft die Wirklichkeit: Die Welt als Schöpfung – »Geschichte« der Welt: 1. Schöpfung 2. Fall 3. Erlösung 4. Neuschöpfung
Sicht des Menschen (Anthropologie)	dualistische Wertung: Seele (Geist) – in sich unzerstörbar (positiv), ewig Körper – materiell, vergänglich (negativ)	Der Mensch ist als ganzer (nach Leib, Seele, Geist) 1. Unter dem Gesichtspunkt Schöpfung »sehr gut« (»Gottes Ebenbild«) 2. Unter dem Gesichtspunkt Sündenfall total verdorben und verloren 3. Unter dem Gesichtspunkt Neuschöpfung vollkommen als Gottes Bundespartner
Erlösung	Befreiung der unsterblichen Seele vom materiellen Körper (dabei der Tod in der Rolle des Erlösers). D.h. die Seele kommt wieder zu sich selbst.	Begnadigung des ganzen Menschen in Jesus Christus. Anfang des Neuwerdens durch den Heiligen Geist. Bestimmung zur Vollendung.
Zentralbegriff	(wesenhafte) Unsterblichkeit der Seele	Auferweckung zum »Geist-Leib« (pneumatischer Leib), 1. Kor. 15,44)

Sokrates! Welch ein Muster heiteren, gelingenden Sterbens. So müßte man das Sterben meistern können! Schneidet dagegen der in Gethsemane und am Kreuz schreiende Jesus nicht schlecht ab? War er schwächer dem Tod gegenüber als der Philosoph? Oder hat er tiefer gewußt, was der Tod in Wahrheit ist – nicht Freund und Erlöser, sondern »der letzte Feind«? Hat Jesus gewußt, daß es zweierlei ist, das Sterben gelassen zu meistern (wie Sokrates das »gekonnt« vorgeführt hat) oder den Tod selbst (und mit ihm den Fluch des göttlichen Gerichts) zu *besiegen*?

Wie ist dieses platonische Menschenbild vom biblischen Denken her zu beurteilen? Auf diese Frage werden wir im IV. Kapitel (bei der Auseinandersetzung mit der »Ganztod-Theorie«) zurückkommen. Hier sei auf die (auf S. 33) abgedruckte Übersicht verwiesen, die stichwortartig und schematisch wesentliche Unterschiede zwischen biblischer und platonisch-idealistischer Sicht markiert. Entscheidend ist, daß nach platonischer Sicht (alte und neue Gnostiker, etwa in der New Age-Bewegung, stimmen dem zu) die *Seele* von Haus aus, wesenhaft, *göttlich* ist, darum wesenhaft unsterblich, wesenhaft vom Bösen geschieden. Sie muß niemals erlöst, sondern allenfalls gereinigt, »zu sich selbst gebracht« werden. – Christen wissen: Auch das eigentliche Ich des Menschen, die »Seele«, ist nichts aus sich selbst, ist ganz und gar Geschöpf, ist zudem total der Sünde verfallen und braucht Jesus, den Erlöser. Leben, »Unsterblichkeit« hat sie keineswegs als eine Qualität, sondern nur in der Gemeinschaft mit dem Schöpfer, der allein »das Leben« ist und hat.

b) Das existentialistische Modell: Der Tod als Hebamme zum »eigentlichen« Leben

Der Existentialismus (umfassender: die Existenzphilosophie) geht vom *einzelnen* Menschen aus, sieht ihn nicht geborgen in einer Gemeinschaft (Familie, Gemeinde, Volk). Das lateinische Wort »ex-sistere« bedeutet wörtlich »heraus-stehen«, »heraus-treten«: Der Mensch »steht« – etwa im Unterschied zu dem trieb- und instinktprogrammierten, also immer schon festgelegten, fixierten Tier – »aus dem Gegebenen und Vorhandenen heraus«, er steht »in Möglichkeiten«, kann wählen, ist zur Entscheidung befähigt und berufen.

In der rechten Entscheidung, in dem der einzelne das gerade ihm Gemäße, das genau ihm Entsprechende wählt, ergreift und verwirklicht der Mensch sich selbst. Genauer gesagt: Das ist seine Möglichkeit! In Wirklichkeit lassen sich die Menschen zumeist vom »Man«

bestimmen; sie sind dem verfallen, was *man* denkt, empfindet, vertritt, tut. So läßt der Mensch sich fremdbestimmen von Kollektiv, Zeitgeist, Mode. Er lebt also nicht, er läßt sich (von anderen) leben. Er wird gelebt und verfehlt damit gerade seine ureigene Existenz, seine »Eigentlichkeit«. Nicht nur seinen Tod verdrängt er (wie *man* das tut), sondern sogar sein Leben!

Wie ist der Ausbruch vom »Man« zum Ich, wie der Schritt zur Selbstwerdung, zur Identität, zur »Eigentlichkeit« möglich? »Grenzsituationen« (etwa das Miterleben einer Geburt, ein Unfall, ein kritischer Augenblick, in dem es um Sein oder Nicht-Sein geht) können den einzelnen aus dem »Man« aufrütteln.

Die entscheidende Hilfe aber bietet der *Tod.* Zumeist verdrängt freilich der Mensch den Tod, betrachtet ihn etwa als einen »Tag X«, der sicher irgendwo auf meiner Zeitlinie liegt, aber – so hofft man – noch 30 oder 50 Jahre entfernt, der mich also als »mein« Tod (noch) nichts angeht.

Dagegen ruft der Existentialismus auf: Stell dich deinem Tod, dieser letzten, äußersten Grenzsituation, laß ihn dich »an-gehen«, faß ihn als unverwechselbar *deinen* Tod ins Auge, übernimm ihn, stell ihn in dein Leben hinein! Das ist die ungeheure Bedeutung des Todes: Hier fällt alles, was dem »Man« zugehört, alles, in dem ich mich zu verstecken versuche, von mir ab. Angesichts des Todes bin ich auf mich gestellt. Da kommt die »Existenz« hervor, tritt (wie der Wortsinn von »ex-sistere« meint) unverstellt heraus: *»Die Existenz bedeutet jenen innersten Kern im Menschen, der auch dann noch unberührt bleibt, ja dann überhaupt erst richtig erfahren wird, wenn alles, was der Mensch in dieser Welt besitzen und an das er zugleich sein Herz hängen kann, ihm verlorengeht oder sich als trügerisch erweist«* (O.F. Bollnow, Existenzphilosophie, Stuttgart, 6. Aufl. 1964). So wird der Mensch aufgerufen, zu seinem Tod (auch wenn er chronologisch noch 50 Jahre ausstehen sollte) vorauszulaufen. (Das ist ja auch ganz realistisch: Mein Tod kann – durch Unfall oder Herzinfarkt – tatsächlich in der nächsten Stunde eintreten).

»Lebe jetzt so, wie du leben würdest, wenn du morgen sterben würdest!« Lebe beständig, lebe immer wieder neu in diesem »Vorlauf« zu deinem Tod! So brichst du aus aus der Diktatur des »Man« und all der Dinge der Welt ringsum zu deiner »Eigentlichkeit«.

Günther Klempnauer hat mehr als 500 Schüler beschreiben lassen, was sie tun würden, »Wenn ich nur noch einen Tag zu leben hätte . . .« Entscheidend ist zunächst gar nicht, *was* der einzelne hier antwortet, sondern *daß* er angesichts dieser Grenze heraustritt aus allem, was »Man« von ihm normalerweise erwartet, daß alle gesellschaftlichen Konventionen, alles, was »Mode« ist, alles Angelernte wesenlos wird: Der Schritt der Befreiung vom Man zum Ich wird gewagt. Und der Tod erweist sich dabei als Geburtshelfer.

Der Tod läßt das Leben bewußt, konzentriert werden, preßt das heraus, was mein Ur-persönliches ist jenseits von allem Gerede des »Man«. Endlich wird das Leben dicht, wird »eigentlich«. Der eine mag »fressen, saufen, huren«, der andere alle Habe an Bedürftige verteilen, der dritte einen Mord begehen als einen Racheakt, den die Justiz nicht mehr ahnden kann, der vierte mag die Stunden im Gebet zubringen ...

Jedenfalls kommt heraus, was mich eigentlich bestimmt, genauer: wer ich eigentlich bin. So also lautet die Lebensregel: Lauf zu deinem Tod voraus und wende dich von daher dem Jetzt, diesem Augenblick, zu; gestalte ihn mit dem ganzen Willen, du selbst zu sein! Existiere radikal und total in jedem Entscheidungsaugenblick als du selbst!

Der Tod als Hebamme zum Leben! Einem Christen wird bei diesem Gedankengang manches vertraut, anderes sehr fremd vorkommen. Geistesgeschichtlich haben wir es hier mit einem nach-christlichen Modell zu tun (das den christlichen Glauben hinter sich, ihn gleichsam durchlaufen und abgestoßen hat).

Stammvater der Existentialisten ist S. Kierkegaard. Er, der sich sein Leben lang als Büßender verstand, hat immer wieder die letzte Einsamkeit des Menschen *vor Gott* beschrieben: Der Sünder steht vor seinem Richter! Von daher war all sein Denken von der Kategorie »Einzelner« bestimmt. (Der Weg von der Buße, die den Menschen in der Tat vor Gott »tödlich« vereinzelt, zur Vergebung, die das Tor zur Gemeinde, zum Leib Christi öffnet, ist Kierkegaard so nicht geschenkt gewesen.) Vor Gottes Gericht, das im »Vorlauf« zum Tode bedrängend auf den Menschen zukommt, werde ich aus allen Verstecken herausgeholt, aus allen Hüllen herausgeschält, stehe bloß da. Da zerfällt wahrlich alles »Man«.

Der Existentialismus hat diesen Ansatz Kierkegaards »säkularisiert«, verweltlicht: An die Stelle Gottes und seines Gerichtes tritt der Tod! (Deshalb sprechen wir auch bei diesem Modell von »Vergötzung« des Todes.) Was in Psalm 139 von Gott gesagt wird: »Von allen Seiten umgibst Du mich ...«, das gilt hier vom Tode. Dem Gebet des Sängers: »Herr, lehre uns bedenken, daß wir sterben müssen, auf daß wir klug werden« (Ps. 90,12), wird der Adressat geraubt (»Herr!«), bzw. es wird umadressiert an den Tod. Der Tod wird der eigentliche »Nothelfer« zum Leben. Theologisch gesprochen: Bei diesem nach- und auch anti(= »gegen« und »anstatt«)-christlichen Entwurf herrscht der eisige Atem des *Gesetzes* (Forderung, Gebot) *ohne* die wärmende Kraft des *Evangeliums*, ohne die umgreifende Gnade des Vaters, der in Jesus dem Sünder vergibt. Hier geschieht gerade das nicht, was die Reformatoren als unser Heil priesen. Hier stehe ich nicht »außerhalb meiner selbst in Christus«, hier werde ich auf mich selbst geworfen, ja, letztlich dem Tod preisgegeben. »Ich hab mein Sach aufs Nichts gestellt.« – Es mag einzelne christliche Existentialisten gegeben haben (die die Säkularisierung rückgängig zu machen suchten); das Modell als solches ist gott-los.

c) Der Todesrausch

Man kann den Tod verharmlosen, ihn verdrängen, man kann sich aber auch von ihm faszinieren lassen. Manche Menschen berichten, daß sie nicht auf einem hohen Gipfel stehen, auf einen ragenden Turm steigen, eine hohe Brücke überqueren können, ohne von einem Sog erfaßt zu werden, sich in die Tiefe zu stürzen. Nicht Verzweiflung, nicht Lebensüberdruß treibt sie dabei; eine geheime Verlockung greift nach ihnen: Der Tod als äußerste Grenzüberschreitung verheißt ein Land voller Geheimnis. Seit Friedrich Nietzsche hat man versucht, den Tod umzudeuten in einen Akt menschlicher Selbstbestimmung und Selbstverwirklichung. Vom »Freitod« war die Rede, und auch die Wendungen, mit denen man diese »Tat« umschreibt, haben von Hause aus aktiven, positiven Sinn: »sich das Leben nehmen« (sich etwas »nehmen« – eine Frau oder eine Frucht – betont doch Entschlußkraft, ein resolutes Zupacken!) oder »Hand an sich legen« (»Hand an etwas legen« – an ein Werk, eine wichtige Arbeit – meint ebenfalls zunächst ein positives Engagement).

Diese Sehnsucht nach *Grenzüberschreitung* dürfte auch das geheime Motiv beim *Drogenkonsum* sein: Der »Trip« bedeutet ein Sich-Abstoßen aus dem tristen Alltag, aus Leistungsdruck und Versagen, ein Emporschnellen über Frustration und Selbstmitleid. Neue Bereiche, Grenzerfahrungen tun sich auf: ein Darüber-hinaus, Darüberhinweg, ein rauschhafter Überstieg in eine Welt reiner Farben, voller Harmonien, seliger Schwerelosigkeit.

Ähnliche Erlebnisse werden aus der Praxis fernöstlicher Meditationen oder ekstatischer Kulte berichtet (bei den letzteren spielen vom Priester oder Zauberer verabreichte Drogen oft eine Rolle, ebenso »ins Blut gehende« Rhythmen).

Entsetzlich ist dann die Rückkehr, der Absturz, das harte Aufprallen auf dem Pflaster der alltäglichen Realität. Nun muß die Spritze häufiger benutzt, die wirksame Dosis ständig erhöht, eine härtere Droge eingesetzt werden, um jenes ersehnte »Transzendenzerlebnis« zu erzwingen. Immer rascher rotiert der Teufelskreis. Tritt dann am Ende der Tod ein, ist er letztlich nicht ein »Unfall«, sondern die einzig folgerichtige Konsequenz: Diese letzte, äußerste Grenzerfahrung war – als geheimnisvoll lockende Macht – in jeder »Ekstase« bereits gegenwärtig. Gesucht wird das volle, leuchtende Leben, aber gesucht wird es in den Armen des Todes, der als raffinierter Verführer sein »Folge mir nach!« ruft. Eine tragische Verwechslung hat stattgefunden: Gott, der lebendige und Leben verheißende, wurde vertauscht mit dem mordenden Götzen Tod.

d) Der »schöne Tod«

Seit einigen Jahren gibt es einen neuen Ton im »Blätterwald«. In ernsthafter Literatur erklang er zuerst (vgl. R. A. Moody, Life After Life, 1975; deutsch vergröbert: Leben nach dem Tod, 1977) wurde dann von Zeitschriften (»Spiegel« oder ADAC-Veröffentlichung) wie Illustrierten begeistert aufgenommen: »Sterben ist ganz anders!«, »Sterben ist das schönste Erlebnis, das auf dich zukommt.« Waren Tod und Sterben ein Tabu, so sind sie plötzlich »in«, kommen »groß in Mode«: Sterben ist nicht ein hartes, dunkles, schreckliches Geschehen, Sterben ist unbeschreiblich glückhaft, hell und schön! Menschen, die »klinisch tot« waren (Herz- und Lungenkreislauf hatten bereits ausgesetzt), wurden mit den Methoden der Intensivmedizin »reanimiert« und wissen nun Wundersames zu berichten. Es gibt eine Fülle solcher Berichte von schwer Verunglückten, Kriegsverwundeten, Ertrinkenden, Erfrierenden, in den Bergen Abgestürzten, besonders von Patienten mit Herzinfarkten, Lungenembolien usw.

Wenn man das reiche Material zu ordnen versucht, so zeigen sich immer wieder vier (ideal-)typische Grundzüge:

(1) Der »*Ich-Austritt*« (das »out-of-body-Erlebnis«, die »Exkursion der Seele«): Ein Polizeibeamter berichtet: »*Ich fuhr . . . spät nach Hause. Plötzlich befand ich mich zwischen einigen Menschen, die um ein verunglücktes Auto herumstanden. Ein junges Mädchen war damit beschäftigt, einen Körper aus dem Auto herauszuziehen . . . Da konnte ich endlich das Gesicht des Verunglückten sehen: es war mein eigenes . . .*

Das Mädchen ... begann, meinen Körper zu beatmen. Da sah ich plötzlich nichts mehr. Das nächste, was ich wahrnahm, war erst, daß ich im Krankenhaus die Augen aufschlug.« (Bei Hampe, S. 48)

Immer wieder kommt dieser Grundzug vor: Der Sterbende sieht sich selbst (oft von oben – wie von der Zimmerdecke her), beobachtet, wie Ärzte und Schwestern sich um ihn bemühen, kann deren Manipulationen genau erfassen (und hernach oft exakt und zutreffend beschreiben): Wo der Körper im Koma liegt, scheint die »Seele«, das Ich, sich von ihm zu lösen, eine eigenständige, bewußte Existenz zu führen, wobei »Sinneswahrnehmungen ohne Sinne« (!) – wie das Sehen – erfolgen. Erhöhtes Bewußtsein bei tiefer Bewußtlosigkeit!

(2) Das »*Lebenspanorama*«: Viele Reanimierte erzählen, daß sie im Zeitraffertempo ihr ganzes Leben an sich vorüberziehen sahen (wie einen Film oder auch wie eine Diaserie). Längst vergessen Geglaubtes wird plastisch. Der Patient erlebt sich dabei als den Handelnden und als Zeugen, oft auch als Täter und als Richter.

(3) Die »*Ich-Ausweitung*« (Hampe), das »Tunnel-Erlebnis«: *Ich fand mich ... im Dunkeln, im Innern eines spiralförmigen Tunnels ... Weit am Ende des Tunnels ... sah ich ein helles Licht. Da begann jemand zu mir zu sprechen ... Er begann, mir den Sinn meines Lebens zu erklären ... Ich wußte nun alles, und durch die Kenntnisse ... wurde mir unbeschreiblich leicht zumute. Denn sie erfüllten mich mit Frieden und Glück.«* (Bei Hampe, S. 89) Von Licht- und Klangerscheinungen ist dabei oft die Rede, von Visionen und Auditionen; glühende Farben erstrahlen, Sphärenmusik erklingt. Nur stammelnd kann der Patient später davon berichten.

(4) Die *Rückkehr*. Der »Tote« wird ins irdische Leben zurückgeholt, zumeist ein tief betrübliches Erleben: »*Dann nahm ein unbeschreiblich schönes Gefühl des absoluten Friedens von mir Besitz ... Das Nächste, woran ich mich erinnern kann, war, daß die Ärzte sich über mich beugten. Ich war ins Leben zurückgekehrt. Aber ich war sehr enttäuscht*«, so wertet der französische Schauspieler Daniel Gélin seine Erfahrung. Diese Enttäuschung ist ein typischer Zug in den Berichten: »Ich war ja schon im Paradies, was holt ihr mich zurück?«, »Ich empfand das Gefühl der Leere und Traurigkeit.« Immer wieder der Vorwurf an die Ärzte: »Warum habt ihr das getan?« Immer wieder wird von einem Gefühl der »Sehnsucht nach drüben«, von »Heimweh« gesprochen.

Versuchen wir, uns ein *Urteil* über diese Berichte vom ganz anderen, vom »schönen« Tod zu bilden:

Zu (1) Ganz zweifellos handelt es sich um subjektiv echte, sicher auch ehrlich berichtete Erlebnisse: Daß solche Erfahrungen immer wieder gemacht werden, ist nicht zu bestreiten. Viel schwieriger ist die Frage nach dem wirklichen Gehalt: Wird da eine »objektive Wirklichkeit« berührt? Oder ist alles im Bereich von Träumen, Phantasien, gar krankhaften Halluzinationen anzusiedeln?

(a) Wenn ein Schweizer Architekt erklärt: »Seit meinem Tode bin ich ein anderer Mensch«, so ist das »seit meinem Tode« sachlich falsch. Ein Zustand »nach dem Tode« wurde gerade nicht erreicht, es geht stets um Sterbe-, um Todesnähe-Erfahrungen. Es handelt sich bei den Zeugen ja um Reanimierte; ein wirklich Toter ist dagegen ein Mensch, der nicht mehr reanimiert werden kann. Der Psychiater und Neurologe E. Wiesenhütter hat exakt formuliert: »Solange wir sterben, treten wir noch von außen an den Zaun heran, den der Tod bedeutet. Wir überschreiten ihn noch nicht.« (Wiesenhütter, S. 31)

(b) Eine ganze Reihe der berichteten Erscheinungen treten auch ohne Todesnähe auf: bei Epileptikern, nach Drogeneinnahmen (bei durch Rauschgift verursachten »Ekstasen« gibt es oft denselben »Rückkehrschock«), bei bestimmten Meditationsübungen (dort werden solche »Seligkeitserlebnisse« oft geradezu methodisch angestrebt).

(c) Dennoch scheint es mir eine Verkürzung im platt rationalistischen, im primitiv materialistischen Stil, wenn erklärt wird: Das sind nur Folgeerscheinungen von Sauerstoffmangel im Gehirn! Wie sollte ein so extremer Mangelzustand so unerhörte Leistungen hervorrufen (die sich z.T. ja objektiv nachweisen lassen, wie vieles, was Patienten im Koma wie »von oben herab« an ihrem Körper geschehen sehen: die Ärzte können genau beschrieben, deren Aktivitäten präzis wiedergegeben werden). Das Modell des Nobelpreisträgers John C. Eccles, der das eigentliche »Ich« von seinem Instrument, dem »Liaisongehirn« (und damit von dem Körper als ganzem) unterscheidet, erscheint viel hilfreicher (vgl. dazu Kapitel IV., S. 91–94).

Zu (2) Wie wertet ein Christ das Berichtete?

(a) In Römer 1,19-20 spricht Paulus davon, daß »seit der Schöpfung« Gott von seiner »ewigen Kraft und Gottheit« so viel offenbare, daß der Mensch vor Gott »unentschuldbar« sei, daß er nicht argumentieren könne: »Ich habe nichts gewußt«. So sehe ich diese vielfach bezeugten Grenzerfahrungen keineswegs als einen »Beweis« für ein Leben nach dem Tode. Ich möchte mein Leben und Sterben nie auf solch einen schwankenden Grund bauen. (Es ist bemerkenswert, daß Jesu Totenauferweckungen nicht in einen Sensationsbericht der ehemals Toten einmünden und daß dem reichen Mann im Gleichnis die erbetene »Evangelisationsarbeit« eines von den Toten wiederkehrenden Lazarus ausdrücklich verweigert wird, vgl. Luk. 16,27-31.) Aber ich sehe in ihnen doch einen *Hinweis* darauf, daß die platte »Mit-dem-Tode-ist-alles-aus-Philosophie« auf Sand gebaut ist. Ich hörte in einem kleinen Kreise einen jungen Handwerksmeister berichten, er habe in solch einer Todesnähesituation sein Leben in einer Reihe gerahmter Bilder vor sich ablaufen sehen. Auf dem letzten Bild habe gestanden: »Und was kommt jetzt?« (Was ist das, was nach dem Tode nicht tot ist?) Diese Erfahrung wurde dem Mann zum Anstoß zu einer klaren Bekehrung zu Jesus Christus.

(b) Ein Christ wird auch aufmerksam registrieren, daß den vielgerühmten Glücks-, ja Seligkeitsempfindungen, den »Himmelfahrten«, vielfach erschreckende »Höllenfahrten« gegenüberstehen. So kam im Gegensatz zu Dr. Moody der Arzt Dr. Rawlings zu dem Ergebnis, es gebe »mindestens ebenso viele negative Erfahrungen beim Übergang zum Tode«. Die New Age-Bewegung hat die Theorie vom »schönen Tod« (kombiniert mit der Reinkarnationsidee) zum festen Baustein ihrer alles harmonisierenden Ideologie gemacht. Sie sucht deshalb Beobachtungen wie die von Dr. Rawlings zu disqualifizieren mit dem bezeichnenden Hinweis, Rawlings sei eben »einer jener ... bibelorientierten, konservativen Christen«, von daher seien »seine Daten aufgrund seiner christlichen Überzeugung verfälscht oder zumindest verzerrt« (so in Esotera 1/86, zitiert bei R. König, New Age – Geheime Gehirnwäsche, Neuhausen-Stuttgart, 1986, S. 86). So sind die in sich widersprüchlichen Grenzerfahrungen keineswegs ein »Hauptargument« für missionarische Gespräche.

E. Wiesenhütter, der bei zwei Lungeninfarkten solche Sterbeerlebnisse an sich selbst machte, deutet sie in Richtung der asiatischen Religionen: »Auch der Gläubige wird sich frei machen müssen von dem Gedanken an ein Weiterleben als Individuum nach dem Tod.« Er preist vielmehr das »Nirwana«, das »alles andere (ist) als ein Versinken ins Nichts, vielmehr die Hingabe an das Allumfassende« (vgl. S. 53-54 und 91). Seligkeit wird hier als Befreiung von dem Ich-Sein, als Eingang in das universale Bewußtsein verstanden, als das glückhafte Sich-Auflösen des einzelnen Regentropfens in der Flut des

Ozeans. Das ist sehr weit entfernt von der Erwartung S. Kierkegaards, er dürfe dann »ewig, ewiglich mit Jesus sprechen« in personhafter Gemeinschaft.

Aber bei all ihrer Vieldeutigkeit sind die Todesnäheerfahrungen doch ein *ernstzunehmender Hinweis auf eine letzte Wirklichkeit nach dem Tode.* Für Christen, denen Gott in seinem Wort personenhaft begegnete, ist jedoch nicht entscheidend, »daß es irgendwie weitergeht«, auch nicht, »wie es uns ergeht«, sondern das Wissen, *wer* dort auf uns wartet, der Herr, der uns mit seinem Sterben und Auferstehen »teuer erkauft« hat, Jesus Christus.

Vertiefung: Seelenwanderung? Reinkarnation?

Wir können unsern Überblick darüber, wie der gegenwärtige »Zeitgeist« mit der Frage des Todes umgeht, wie er den Tod verdrängt oder vergötzt oder in das jeweilige weltanschauliche System zu integrieren sucht, nicht abschließen, ohne diese geradezu modisch gewordene Vorstellung wenigstens zu streifen.

Der große Theologe Martin Kähler hat vor nun bald hundert Jahren geradezu prophetisch (dem Sinn nach) gesagt: Wenn im europäischen Kulturbereich die lebendige Hoffnung auf den kommenden Herrn verblaßt, wird »Asien« nach uns greifen in der Gestalt des weltverneinenden Hinduismus und Buddhismus. Heute ist man weithin nicht nur der christlichen Hoffnung müde geworden, sondern auch des säkularen Fortschrittsglaubens. Nun lockt mehr als ein Flug zu Mond und Mars der Weg in die Tiefen des eigenen Selbst. Dort – nicht im Atomkern, nicht in den Spiralnebeln, nicht in futurologischen Entwürfen – scheinen die eigentlichen Geheimnisse zu wohnen. Längst haben indische Meditationsmethoden und Weltanschauungselemente bei uns Einzug gehalten.

Auch der Gedanke an »Wiederverkörperung« beginnt viele zu faszinieren. In der Hypnose soll man Zugang erhalten zu den sonst verschütteten Quellen der Erinnerung, soll der eigenen »Biographie« durch die Jahrtausende der Menschheitsgeschichte begegnen. Freilich hütet man sich, die herbe, bittere, tiefernste Weise zu übernehmen, wie in Indien über Reinkarnation gedacht wird.

Beim Gedanken der Reinkarnation muß man den fernöstlichen »Typ« von dem abendländischen scharf unterscheiden.

a) Wiederverkörperung als Fluch (Asien)

Für die indischen Religionen ist Reinkarnation nicht Lust, nicht Segen, sondern Fluch. Treibende Kraft ist das Karma, die Wirkungsgeschichte meiner Taten, die einen neuen Leib erzwingt und immer wieder das Rad der Geburten antreibt. Die eigenen Taten (negativ die Schuld, positiv die sittliche Bewährung) bestimmen schicksalhaft die neue Gestalt: Negatives Karma macht zum Aussätzigen oder gar zum Tier. Nur wem es gelingt, sich von allem Begehren, von allem Kleben an den Dingen und dem eigenen Ich vollkommen zu lösen, der darf in die Erlösung eingehen, ins Nirwana, das Leere ist und Fülle, »Nichts« und Seligkeit. Alles Persönliche, Individuelle (treibende Kraft beim Begehren und Kleben) darf dann aufgehen im seligen Frieden des Alls, das Einzelne sich auflösen im Ganzen. Jetzt endlich steht das Rad der Wiedergeburt still! – Diesem *Wiederverkörperungsfluch* hat das biblische Evangelium ein Wort entgegenzustellen: *Vergebung der Sünden durch Jesu Tod.* Ist Schöpfung die Tat Gottes, aus nichts etwas zu machen, so ist Vergebung die Kraft Gottes, etwas (reale Schuld!) zu nichts werden zu lassen.

Der moderne westliche Reinkarnationsglaube ist bestimmt vom idealistischen Persönlichkeitskult und vom modernen Fortschritts- bzw. Evolutionsglauben, ist Forderung »des neuzeitlichen Persönlichkeitsideals und Evolutionismus« (Hummel). Die Anthroposophie beansprucht für sich, den Darwinismus auf höherer Ebene zu Ende gedacht zu haben.

Heute wird es in manchen Zirkeln geradezu ein Sport, ein spannendes Unterhaltungsspiel, im Hypnosezustand die (angeblichen!) früheren Existenzweisen zu »wiederholen«: »Ich wurde im Mittelalter als Hexe verbrannt, deshalb bin ich heute eine so militante Feministin.« »Ich war einst ein tibetanischer Mönch, deshalb bewähre ich mich jetzt als passionierter Junggeselle.« Nervenkitzel im Zeitalter der Quizsendungen!

Als nachdenkender Mensch frage ich etwa: Sind alle Menschen, die jetzt leben, immer schon oft Reinkarnierte, müßte dann nicht die Zahl der Menschheit stets konstant bleiben? (Oder gibt es Inkarnationspausen? Oder werden frische Seelen erstmalig inkarniert?) – Wenn es (jedenfalls in meinem Tagesbewußtsein, abgesehen von den mirakulösen »Expeditionen« durch Hypnose und Trance) bei mir keine Erinnerung an jene sagenhaften Existenzen gibt, dann doch auch keinen Lerneffekt, dann doch auch keine Vermeidung meiner alten Fehler?! Wer will die Unverfrorenheit besitzen, etwa einem schwer körperlich Behinderten seinen Zustand als »gerechte Folge« früherer, ihm unbekannter Vergehen zu erklären?

Für den chinesischen Buddhisten G.C.C. Chang sind alle Kriege durch kollektives Karma bedingt. Er schreibt: »Juden, die im Europa der Jahre 1930 bis 1945 gelebt haben, konnten, egal, welche Verdienste sie aufzuweisen hatten, dem kollektiven Schicksal der jüdischen Rasse nur sehr schwer entkommen.« (Bei Hummel, S. 70)

In Jesaja 53,6 steht das befreiende Wort über den stellvertretend leidenden Gottesknecht: »Der HERR ließ aufprallen auf ihn unser aller Schuld (unser Karma, die böse Wirkungsgeschichte unserer Sünden).« Es wäre Abfall von Christus, Rückfall hinter die Freiheit, die er »gar teur' erworben hat«, wenn wir uns dem indischen Karmagedanken, dem Fluch unserer Taten, unterwerfen würden, statt unseren »Er-Löser« zu preisen.

b) Wiederverkörperung als Selbstentfaltung (Europa)

Im Abendland begegnet uns die Idee der »Seelenwanderung« in beispielhafter Form bei G.E. Lessing in seiner Schrift »Die Entstehung des Menschengeschlechts« (1780). Er schildert die Entwicklung der Menschheit in drei großen Stadien: Kindheit (bestimmt durch die Religion Israels), Jugend (Christentum), und das noch ausstehende Erwachsensein (hier regiert die »völlige Aufklärung«, das »neue ewige Evangelium« der Vernunft). Es leuchtet ein: Alle geschichtsphilosophischen Systeme, die das »goldene Zeitalter« als Vollendung der Menschheitsgeschichte verstehen und diese in die Zukunft projizieren, fordern die bange Frage des einzelnen heraus: Ich, der ich »zu früh« (etwa noch im Babystadium der Menschheitsgeschichte) lebte, ich bin wohl ausgeschlossen von der kommenden seligen Zeit? (Der Marxismus scheitert innerlich daran, daß er auf diese Frage stumm bleiben muß!) Lessing löst das Problem so, daß er eine mehrfache Wiederkehr des einzelnen Individuums ins Auge faßt, das so alle Stadien durchläuft (§§ 93-100, »Ist nicht die ganze Ewigkeit mein?«). Auch ohne solch ein umfassendes Menschheitskonzept haben viele große Geister gemeint, ihre Genialität in *einem* Leben nicht ausformen zu können (auch Herbert von Karajan dachte: »Ich komme wieder«). Auch die Anthroposophie R. Steiners hat den Gedanken der Wiederverkörperung (mit der Aufgabe, das negative Karma abzuarbeiten) übernommen.

Als Christ sage ich: Hier wird das mythische Modell des »Immer wieder« (das in der Natur im Kreislauf der Jahreszeiten besteht) genommen und an die Stelle des biblischen, des heilsgeschichtlichen »Ein-für-alle-Mal« gesetzt: *Einmal* wurde Gott Mensch, *einmal* starb Jesus am Kreuz, *einmal* ist er für mich erstanden. Das Nacheinander der Zeit ist nach biblischem Denken auch vor und für Gott (den Schöpfer der Zeit und Lenker der Geschichte) real. Dies Einmal gibt auch diesem meinem Erdenleben sein unendliches Gewicht, seinen Ewigkeitsrang: Der Hebräerbrief, der das »Ein-für-alle-Mal« der Heilstat Jesu so deutlich herausmeißelt (was damals auf Golgatha geschah, hat ewige Gültigkeit: 9,26.28), stellt über unser in jedem Sinn »einmaliges« Leben das mächtige Wort voll Ewigkeitsernst: »Es ist dem Menschen (von Gott) bestimmt, einmal zu sterben, danach aber das Gericht.«

Wir beenden unsern Rundblick über menschliche Versuche, sich mit dem Tod zu arrangieren, ihn irgendwie einzuholen in unser Verstehen. Es nützt nichts, den Tod *verdrängen* zu wollen, ihn wegzuschminken, wegzugrinsen, ihn totzuschweigen. Es führt zu nichts, den Tod im Gegenzug zu *vergötzen*, ihn als Erlöser, als Hebamme zum eigentlichen Leben, als das »schönste Erlebnis« zu preisen. Die biblische Botschaft faßt den Tod realistisch ins Auge: »Der letzte Feind« ist er (1. Kor. 15,26); Jesus Christus hat ihn besiegt und wird ihn vernichten. Darüber freuen wir uns, darauf warten wir.

3. Der besiegte Tod

Biologie und Bibel

a) Der Tod in der Biologie

Lassen Sie sich zu einem *Gedankenexperiment* einladen! Nehmen wir an, sämtliche Krankheiten wären beseitigt, Krebs und Herzinfarkt, multiple Sklerose und Aids ebenso ausgerottet (wie es heute faktisch die »schwarzen Blattern« sind), alle gefährlichen Bakterien und Viren, alle Allergien hätten wir fest im Griff! Stellen wir uns weiter vor, jede gewaltsame Tötung wäre ausgeschlossen: Verkehrs- und Arbeitsunfall, Mord und Totschlag, Vernichtung durch atomare oder konventionelle Waffen könnten nicht mehr stattfinden, alle »Schwerter« wären zu »Pflugscharen« umgeschmiedet! Malen wir uns zudem aus, alle geistig-seelischen Erkrankungen wären bewältigt, alle psychiatrischen Kliniken geschlossen, ein Selbstmordversuch undenkbar geworden! Gewiß ergösse sich ein Regen von Nobelpreisen über all die Wohltäter der Menschheit.

Aber wäre dann eine todlose Welt erreicht, der Tod mit den Krankheiten gestorben? Zweifellos nicht! Es käme dann – sozusagen in Reinkultur – das hervor, was heute kaum als Ursache auf Totenscheinen zu lesen ist: der *Alterstod*, der sogenannte *»natürliche«* Tod. Sobald ein Mensch das Licht der Welt erblickt, ist er alt genug, um zu sterben, so sagt man. Aber der Ursprung des Todes reicht weiter zurück, ist mit »unserer« Form von Leben (dem Leben in »unserem« biologischen System) immer schon so verwachsen wie ein siamesischer Zwilling mit dem andern. Nicht nur Fortpflanzung und Tod sind da unscheidbar verknüpft (alle Wesen, die sich fortpflanzen, sind sterblich und alle sterblichen Wesen grundsätzlich fortpflanzungsfähig; eins bedingt das andere), auch Zellteilung (als Grundzug organischen Lebens) und Sterben gehören zusammen.

Das Leben beginnt im Mutterleib mit der Verschmelzung von Samen- und Eizelle und entfaltet sich dann in der Zellteilung, im Wachsen. Aber im Wachsen wandert der Tod schon mit: die Zahl der Zellteilungen ist endlich, ihr Abschluß ist vorprogrammiert. Beständig vollzieht sich in unserem Körper der Vorgang des Absterbens von Zellen und der Zellerneuerung.

Zwei Freunde, die sich zehn Jahre lang nicht sahen und sich nun am Bahnhof mit dem Ausruf begrüßen »Mensch, du hast dich ja gar nicht verändert!«, bemerken nicht, daß inzwischen ihr ganzer Körper (bis auf die Hirnzellen) völlig abgebaut und neu errichtet wurde: Zwei organisch (fast) völlig neue Wesen begegnen sich da! Altern heißt dann schlicht, daß in allen Organen mehr Zellen sterben als ersetzt werden, daß Abbau und Neubau nicht miteinander Schritt halten. Die Fähigkeit zur Erneuerung, zur Zellteilung ist begrenzt. In dieser Bewegung tickt eine Zeituhr, verrinnt gleichsam der Sand im Stundenglas, läuft unaufhaltsam ein »count down« ab. So wahr ist das Wort: »Mitten wir im Leben sind von dem Tod umfangen.« In unserem biologischen System muß der Tod nicht erst importiert werden, als Fremdkörper eingeschleust; er wohnt schon immer mit im Hause und beansprucht immer mehr Raum.

Unser Leben sei *»gerichtet«*, hat ein Theologe formuliert (W. Elert), d.h. es hat eine unumkehrbare Richtung, ein beständiges Gefälle, ist »Einbahnstraße« auf den Tod zu. Zugleich meldet sich hintergründig in »gerichtet« das Wort »Gericht«. Unser Leben ist ein irreversibler (nicht umkehrbarer) *»Prozeß«* auf das Ende zu; hier schwingt das Wort »Prozeß« auch im juristischen Sinn mit. Schon biologisch ist unser Leben das, was Philosophen ein »Sein zum Tode« genannt haben.

Die römischen Weisen deuteten auf unsere Handflächen: In jede Hand sei uns durch die Handlinien ein »M« geschrieben. (Drei Linien erkennen wir sofort, wenn wir unsere Handfläche ein wenig zusammenziehen, die vierte ist angedeutet, läßt sich leicht ausziehen: ein geschwungenes großes »M« präsentiert sich.) »Memento Mori« (»Mensch bedenk, du Mußt sterben!«), so deuteten die Alten das Zeichen; schon im Mutterleib hat der Tod unsere Hände signiert. Auf einem antiken Mosaik ist der Mensch als Gerippe dargestellt, das mit spitzem Finger auf den Orakelspruch weist: »Erkenne (in diesem Bilde) dich selbst!«

Der Satz aus Psalm 90,12: »Herr, lehre uns bedenken, daß wir sterben müssen, auf daß wir klug werden« (wörtlich: »ein weises Herz empfangen«), klingt im ersten Augenblick dem antiken »Erkenne dich selbst« sehr verwandt. Aber der Psalmsänger bringt etwas Entscheidendes hinzu, ist in eine ganz neue Dimension eingetreten. Nicht der Tod (und seine Symbole: der Schädel, das Skelett, der Totentanz, das Stundenglas, die Sense, die gesenkte Fackel, die abgebrochene Säule, der Aschenkrug, die Urne) schenkt uns das »weise Herz«, sondern allein der, der schlechthin *Herr* ist über Werden und Vergehen, Leben und Sterben. Nicht die Meditation, die den Tod umkreist und von ihm in die Tiefe gesaugt wird, macht uns »klug«, sondern die Anrufung des Schöpfers, das Gebet, das zu Gott emporsteigt. So werden wir von der Biologie zur Bibel geleitet.

b) Der Tod in der Bibel

Im folgenden möchte ich einige Fixpunkte, einige Orientierungsmarken biblischen Denkens aufrichten – durch provozierende (d.h. wörtlich: »nach vorn rufende«) Spitzensätze. Was dabei das Verhältnis *Biologie* und *Bibel* angeht, so wird sich sofort zeigen, daß beide »Systeme« keineswegs einfach deckungsgleich oder (um einen modernen technischen Ausdruck zu benutzen) »voll kompatibel« (ineinander zu überführen) sind. Läßt man beide Sichtweisen unvermittelt aufeinanderstoßen, so ergeben sich »reizvolle«, das Nachdenken herauslockende Kontraste.

(1) *»Wer den SOHN GOTTES (nicht) hat, der hat DAS LEBEN (nicht)« (1. Joh. 5,12)*

Gehen wir zunächst vom *biologischen* Denken her auf die Kernworte »Leben« und »Tod« zu! Fragt man, was *Leben* sei, bzw. vorsichtiger, woran man es erkennen könne, wie es sich äußere, so stößt man auf Merkmale wie »Stoffwechsel«, »Bewegung«, »Vermehrung«, »Reizbarkeit« (Fähigkeit, auf Impulse von außen zu antworten), »Gestalt«. Von all dem Genannten heißt es, »daß es dem Zerfall der belebten Substanz entgegenwirke«.

Sucht man dann nach einer »Definition« von *Tod*, so erfährt man in Lexika: »Das Aufhören aller eigenständigen *Lebens*vorgänge eines Organismus« (Bertelsmann), das »endgültige Erlöschen der Gesamtheit der Körperfunktionen« (Meyer), bzw., »das Erlöschen jeder *Lebens*äußerung eines Organismus« (Brockhaus). Beim Stichwort »Leben« wird man also auf »Tod«, beim Begriff »Tod« auf »Leben« verwiesen. Beide Größen definieren sich offenbar wechselseitig, die eine braucht die andere, um sich dadurch zu erklären. Man wird an den bekannten Satz erinnert: »*Rechts* ist da, wo der Daumen *links* ist.« So kann man schlicht formulieren: »*Leben* ist da, wo der Tod noch nicht ist; *Tod* ist da, wo das Leben nicht mehr ist.«

Tritt man von hier aus in den *biblischen Bereich*, so verschiebt sich das ganze Koordinationssystem ruckartig: Leben und Tod werden nicht jeweils in sich oder wechselseitig aneinander, sondern miteinander an einem *Dritten* (dem Ersten!) »definiert«, an *GOTT*! Und das Leben wird dabei nicht als ein Vorgang (von Stoffwechsel usw.) begriffen, sondern in einer »Person« zusammengefaßt: GOTT selbst *ist* DAS LEBEN! Jesus sagt: »*Ich bin das Leben*« (Joh. 11,25; 14,6; vgl. 1,4). *Gott* sagen heißt hier: *Leben* sagen. Wo Gott ist, Gemeinschaft mit Gott, Kontakt zu Gott, Gespräch mit Gott, Glaube an Jesus – da ist das Leben. – *Gottesferne* sagen heißt hier: *Tod* sagen. Wo Gott nicht ist, wo Distanz zu Gott herrscht, Isolierung von Gott, Rebellion gegen Gott, Unglaube, – da waltet der Tod.

Im biblischen Denken begegnen uns weder Leben noch Tod je für sich als eigenständige Größen; beides mißt sich ausschließlich an Gott, läßt sich nur von Ihm her erfassen. Dieser Neuansatz, diese Bestimmung beider Größen von Gott her, durchkreuzt all das, was uns von der Biologie her selbstverständlich erscheint. Diese »theozentrische« (alles an Gott messende) Definition hat ungeahnte Konsequenzen.

Da ist in einem Gemeinde- oder Gasthofsaal eine Menge Menschen versammelt zu einem Abend evangelistischer Verkündigung. Der Prediger führt aus: »Wenn ich frage, *wer* sind Lebende, dann werden Sie antworten: ›Lebende sind wir, wir atmen doch, können unsern Puls fühlen, können miteinander sprechen, singen, denken.

Lebende – das sind wir!‹ – Frage ich weiter: *Wo* sind die Lebenden?, so werden Sie ohne Zögern sagen: ›*Hier* im Raum, hier bei uns!‹ und werden hinzufügen: ›Draußen – etwa 200 m Luftlinie entfernt – draußen auf dem Friedhof liegen die Toten.‹ – Wir hier drinnen, die Toten dort draußen, das ist eine schiedlich-friedliche Lösung, da sind die Bereiche gut auseinanderdividiert.

Aber wenn Jesus sagt: ›Wer den Sohn Gottes hat, (nur) der hat das Leben‹ und dazu: ›Wer den Sohn Gottes nicht hat,der hat das Leben nicht‹, dann wird unsere schiedlich-friedliche Ordnung plötzlich durchbrochen. Seltsames geschieht, Ungeahntes: Die Todesgrenze drängt von draußen nach drinnen, schiebt sich zur Tür herein, fährt im Zickzackkurs durch die Stuhlreihen, dividiert Freunde, Ehegatten, Familien, Vereinskameraden, Arbeitskollegen auseinander. Wer den Sohn Gottes nicht hat, ist tot bei blühender Gesundheit, bei höchster Vitalität und Potenz, bei tadellos funktionierendem Kreislauf. Er ist in seiner Person tot, in seinem Wesen, ist ein ›Individualtoter‹ bei überlebenden Organen. Da sind Menschen mitten im Leben tot, denn ›Wer den Sohn Gottes nicht hat . . .‹ Provozierend genug! –

Aber nun andersherum: ›Wer den Sohn Gottes hat, der hat das Leben!‹ Gilt das, dann gibt es Menschen, die (medizinisch gesehen) ›absolut tot‹ sind, Menschen, die seit Jahrzehnten draußen auf dem Friedhof liegen, zerfallen im Grabe, verwest, – *und sie leben!* Welch eine Wende! Welch verrückte Welt! Hier drinnen mag es Menschen geben, die tot sind mitten im Leben, und dort draußen Menschen, die leben mitten im Tod! Quer durch den Saal und quer über den Friedhof läuft die vor Gott alles entscheidende Linie, die Grenzscheide der Ewigkeit. – Da muß unsere Grundfrage doch heute heißen: ›*Lebe ich überhaupt?* Oder bin ich gar mit all meiner Lebendigkeit bei Gott ein Toter?‹ Da gibt es doch nichts Wichtigeres, als die Einladung Gottes zu hören: ›Komm zu mir, komm in dein Lebenselement!‹ . . .«

(2) *»Wir sind vom Tode ins Leben gekommen« (1. Joh. 3,14)*
Wieder eine Überraschung! Eben noch sagten wir aus biologischer Sicht: Wir Menschen sind schon mit unserem Geburtsschrei unterwegs zum Sterbeseufzer, sind von Anfang an hineingerissen in das unheimliche Gefälle vom Leben zum Tode; »Sein zum Tode« heißt unsere Existenzweise, »gerichtete Existenz«. Jetzt aber heißt es: »Wir sind *vom Tod ins Leben* gekommen.« In biblischer Optik ist der Tod offenbar nicht die Endstation, sondern der Ausgangspunkt. »Tod«

heißt der Name der Landschaft, in der wir von Geburt an beheimatet sind, »Gottesferne«. Als Angestammte, Alteingesessene, »Ureinwohner« sind wir dort bodenständig, wohnen gleichsam immer schon »in der Todesgasse«.

Aber nun melden sich da Menschen zu Wort (»Wir«), die berichten, daß sie aus dieser Todeszone »evakuiert« wurden, daß sie umgesiedelt wurden, daß ein alles verändernder Umzug stattfand aus der »Todesgasse« sozusagen in die »Himmelreichsallee« (in der Universitätsstadt Münster gibt es tatsächlich eine Straße mit dieser Bezeichnung; der Theologe Karl Barth hat dort einige Zeit gewohnt). Menschen haben eine neue Adresse bekommen, sind nicht mehr unter der alten Anschrift »Im Tode« erreichbar, weil sie jetzt »In Christus« zu Hause sind. Das Zum-Glauben-Kommen ist also nicht ein intellektueller Akt, bei dem irgendwelche seltsamen Sätze »für wahr zu halten« sind, sondern eine ganzheitliche »Transplantation«, eine »Umtopfung« der Existenz, ein radikaler Ortswechsel.

Seltsame Umkehrung! Da ruft ein Arzt nach einer sehr kritischen Operation von seiner Wohnung aus die Nachtschwester an und erkundigt sich: »*Lebt* ›die Galle‹ *noch*, oder ist sie *schon tot*?« Das ist in biologischer, medizinischer Sicht eine völlig sinnvolle Frage: Noch lebendig oder schon tot? Aber nun stellt die Bibel das alles auf den Kopf – oder besser wohl: vom Kopf auf die Füße. Sie fragt uns: »Sind Sie *noch tot* (beharren Sie mit Ihrer Existenz in der Gottesferne), oder *leben Sie schon*, leben Sie endlich?« »Noch tot« oder »schon lebendig?«, so lautet die über unser ganzes »Geschick« entscheidende Frage.

Eine alte Anekdote erzählt, der Teufel habe sich in Wittenberg vor dem Hause Martin Luthers aufgebaut und drohend zum Fenster, aus dem der Reformator gerade herausschaute, emporgerufen: »Wohnt der Doktor Luther hier?« Darauf kam aus Luthers Mund die Antwort: »Nein, der ist schon lange tot; hier wohnt jetzt der Herr Jesus Christus.« Was blieb dem Teufel übrig, als erschrocken den Schwanz einzuziehen und sich davonzumachen?

»In Christus«, das ist der Titel unserer neuen Existenz, der »alte Adam« ist sozusagen im Tode geblieben, erledigt, abgetan. – Rätselhafte Aussagen! Was gibt ihnen Recht und Sinn? Was ist das tragende Fundament? Darauf antwortet der nächste Punkt.

(3) *»Siehe, ich war tot« (Offb. 1,18)*

Bei diesem Satz stocke ich, das Wörtchen *»war«* springt mich an. Wer kann das von sich sagen: »Ich *war* tot, den Tod habe ich ein für allemal hinter mir, er ist für mich endgültig überholt, passé, erledigt!«? Nach unserer Grammatik und Logik können wir Menschen immer nur in zwei Weisen vom Tod sprechen. Entweder in der Gegenwartsform, im Präsens: »Jemand *ist* tot!« (Und dieses »ist« treibt uns bei lieben Menschen oft die Tränen in die Augen.) Oder in der Zukunftsform, im Futur, das uns alle einschließt: »Wir *werden* einmal tot sein.« Aber wenn einer das wirklich mit Recht von sich sagen könnte (nicht etwa als ein durch die Mittel der Intensivmedizin vom »klinischen Tod« Reanimierter, der also den wirklichen Tod noch vor sich hat!): »*Ich war tot*«, dann wäre er nicht die große Ausnahme, die die Regel bestätigt, sondern der Präzedenzfall, der die alte Regel zerbricht und eine neue Zeit heraufführt.

»Ich *war* tot«; dieses Wort Jesu stellt uns in das Zentrum der biblischen Botschaft: Gott selbst hat sich in diesem Jesus in die feindliche Zone des Todes begeben, hat in Jesu Sterben und Auferstehen »dem Tode die Macht genommen und das Leben und ein unvergängliches Wesen ans Licht gebracht« (2. Tim. 1,10).

Das unterscheidet das Jesus-Christus-Evangelium grundlegend von aller *Philosophie*. Die Philosophen, so hat Karl Marx einmal kritisch bemerkt, haben die Welt immer nur neu interpretiert. Sie haben zu allen großen Themen, auch zur Todesfrage, immer neue Ansichten, Vorstellungen, Deutungsmuster vorgetragen, haben das Problem aus neuer Optik betrachtet, es neu beleuchtet ... Aber die Fakten sind dabei dieselben geblieben. Die Idealisten argumentierten von der unvergänglichen Seele aus: »Leben nach dem Tod ist selbstverständlich!« Die Materialisten identifizierten das Ich (die »Seele«) des Menschen mit seinem Gehirn und verkündeten deshalb: »Individuelles Leben nach dem Tod ist selbstverständlich unmöglich!«

Dem Evangelium geht es gerade nicht darum, den bisherigen Meinungen über den Tod eine weitere hinzuzufügen, das Evangelium bezeugt ein einmaliges, aber welt- und zeitenwendendes *Ereignis*, es proklamiert eine Gottestat, die den Tod selbst »an-ging«, die »des Todes Tod« (so ein Buchtitel von O. Riethmüller) ins Werk setzte: Damals an einem ganz bestimmten Tag (am ersten Tag der Woche nach dem Passahfest etwa im Jahre 30 der neuen Zeitrechnung), zu einer ganz bestimmten Stunde (im Morgengrauen des neuen Tages), an einem ganz bestimmten Ort (dem Gartengrab des Josef von Arimathäa unweit der Mauern Jerusalems), an einer ganz bestimmten Person (dem als Verbrecher und Gotteslästerer gekreuzigten Jesus von Nazareth) geschah es: Gott rief diesen Jesus aus dem Tode heraus und versetzte damit dem Tode selbst den Todesstoß.

Durch die Auferweckung hat der Vater sein ein für allemal gültiges Ja gesprochen zu dem Sohn, der durch sein gehorsames Sterben uns Menschen mit Gott versöhnte, und damit sein Ja zu allen, die sich zu diesem Sohn bekennen – und damit sprach Gott sein ein für allemal gültiges Nein zur vom Leben scheidenden und dem Tod überliefernden Macht der Sünde. Vergebung der Sünde bedeutet Entrechtung und Entmachtung des Todes.

»Da bleibet nichts denn Tods Gestalt«, so singt Luther in seinem großen Osterlied (EKG 76), seine erschreckende Macht ist nur noch Schein, sein wütendes Dreinschlagen nur noch Rückzugsgefecht, »den Stachel« hat er verloren. Was zu Ostern geschah, betrifft nicht nur Jesus, ist nicht nur ein privates Ostern für einen privaten Karfreitag, es sprengt das alte System von Sünde und Tod, es ist Anbruch des neuen Himmels und der neuen Erde. Diese Gottestat greift über auf uns, greift uns in sich hinein: Im Glauben an Jesus sind wir »wiedergeboren zu einer lebendigen Hoffnung« (1. Petr. 1,3).

(4) *»Der Tod ist verschlungen vom Sieg« (1. Kor. 15,54)*
So lautet nach Paulus das Thema für die große Jubelfuge, deren Klang die Ewigkeit füllt. Aber schon heute werden dafür die Instrumente gestimmt, schon heute beginnt diese »Zukunftsmusik« zu erklingen. Luther kann sich in seinen Predigten zu 1. Kor. 15 nicht genug tun in der Vorfreude auf das große Fest. Denn jetzt schon gilt: Jesus und wir sind untrennbar verbunden. »Es ist alles ineinandergebraut, Seine und unsere Auferstehung.« Gott ist das Leben in Person. Deshalb gilt: »Die Auferstehung der Toten ist so gewiß wie Gott selbst ... Das muß wahr sein – oder Gott selbst ist nichts.« Ja, Tod, »jetzt singst du wohl: Ich bin der Herr, ein König über alle Menschen«. Aber Jesus ist erstanden; deshalb gilt: »Du wirst dich heiser- und totsingen. Gott will ein Gift machen, das soll dem Teufel und dem Tode den Bauch so zerreißen, daß er hinwiederum verschlungen wird.« Das ist der Osterkampf und Sieg: »Wie ein Tod den andern fraß, ein Spott aus dem Tod ist worden«. Ja, Jesus hat den Tod »ausgesoffen«.

Ein Indienreisender berichtete, daß der Gott Shiwa gelegentlich seltsam dargestellt wird: mit prall gefüllten Backen (wie ein Hamster) und einem mächtigen Kropf. Dazu erzählen die Inder eine tiefsinnige Legende: »Ganz am Anfang, als noch alles flüssig war, saßen die Götter um einen Teich, der die ›Weltenbrühe‹, die ›Ursuppe‹ des Kosmos in sich faßte. Wie Frauen die Milch schlagen, damit Butter daraus werde, so rührten sie die Flüssigkeit, damit formbares Material entstehe. Shiwa, der zuschaut, bemerkt, wie bei dem Rühren Gift entsteht, das ›Weltengift‹, das einmal als Säure des Todes alles durchziehen und letztlich zersetzen wird. Von Mitleid gepackt, wirft er sich zu Boden, saugt und schlürft das Weltengift in seinen Mund, speichert es in Backen und Kropf, schafft sozusagen eine Mülldeponie für das Weltengift. Aber der mitleidige Shiwa ist zugleich ein vorsichtiger Gott; er hütet sich, das Gift hinunterzuschlucken, denn es ist selbst für ihn tödlich.« (Nach einem mündlichen Bericht von Heinrich Vogel)

Dazu machte der Reisende, ein Christ, die kurze Bemerkung: »Wir Christen aber bekennen: Jesus hat das Gift in sich hineingeschluckt, das ist die Karfreitagsbotschaft.« – Jesus hat den Tod »verschlungen«, eine »Giftdeponie« genügte ihm nicht: die Schuld- und damit die Todesfrage wollte er endgültig bewältigen.

(5) *»Ich lebe, und ihr sollt auch leben« (Joh. 14,19)*
Dieser letzte Spitzensatz ist kein »frommer Wunsch«, sondern die *Regierungserklärung* des Herrn, der der Ostersieger ist, das Leben »in Person«.

Wir mögen versuchen, den Tod zu *verdrängen*, ihn wegzuschminken, ihn totzuschweigen, ihn mit groben Witzen zu übertrumpfen, – der Tod wird darüber nur grinsen. Wir mögen versuchen, den Tod freundlich zu färben, indem wir ihn *vergötzen*, ihn »Freund«, »Erlöser« vom materiellen Leib, »Hebamme zum eigentlichen Leben« titulieren – der Tod wird darüber nur amüsiert schmunzeln. Wir mögen versuchen, den Tod *biologisch zu verstehen*, zu sagen, er sei keine fremde Macht, er gehöre zum Leben dazu, man dürfe ihn in die Ganzheit des Daseins getrost und willig integrieren – der Tod wird deswegen doch »der letzte Feind« bleiben (1. Kor. 15,26).

Die Regierungserklärung des Ostersiegers aber lautet: »Her zu mir! Bei mir ist das Leben!« Im Namen Jesu kann ein Mensch, der als Todeskandidat »Erbe des ewigen Lebens« ist, diese kühnen Worte sprechen (sie stammen aus einer Predigt H. Fr. Kohlbrügges vom 21.3.1847): »Darum wenn ich sterbe – ich sterbe aber nicht mehr –, und es findet jemand meinen Schädel, so predige es ihm dieser Schädel noch: Ich habe keine Augen, dennoch schaue ich Ihn; ich habe kein Gehirn noch Verstand; dennoch umfasse ich Ihn; ich habe keine Lippen, dennoch küsse ich Ihn; ich habe keine Zunge, dennoch lobsinge ich Ihm mit euch allen, die ihr Seinen Namen anruft. Ich bin ein harter Schädel, dennoch bin ich ganz erweicht und zerschmolzen in Seiner Liebe; ich liege hier draußen auf dem Gottesacker, dennoch bin ich drinnen im Paradies!« – So muß gar noch ein Schädel, Statussymbol und Machtzeichen des Todes, eine *Osterpredigt* halten und den Namen Jesus ausrufen!

III. Biblische Aussagen über den Tod

Der Weg vom Alten zum Neuen Testament

Ein »Sinn-bild«

An den großen Kathedralen der Christenheit haben oft Generationen von Meistern gebaut. Das Fundament mag in den Fels eingelassen sein. Der älteste Teil ist etwa eine Krypta aus ottonischer Zeit. Das Langhaus präsentiert sich im romanischen Stil. Lichtdurchflutet ist der hochgotische Chor. In den Kapellenkranz ringsum hat man barock gestaltete Altäre gefügt. Nach schweren Zerstörungen schufen Glasmaler einer späteren Epoche die Fenster neu. – In Jahrhunderten ist der Dom gewachsen, sammelt in sich die unterschiedlichsten Stile und ist doch eine wunderbare, von einem Geist durchatmete Ganzheit. – Dies »Sinnbild« möchte ich an den Anfang stellen als anschaulichen Blickfang für die vielgestaltigen und auf den ersten Blick sehr unterschiedlichen biblischen Aussagen über den Tod und seine Überwindung.

Wenn wir uns auf den Weg machen vom Alten zum Neuen Testament, so werden wir jüngere und ältere »Schichten« bemerken, werden unterschiedliche »Stilmerkmale« finden; aber nicht auf Widersprüche, auf Risse und Brüche stoßen wir, sondern auf eine sehr *lebendige Einheit.* Nicht »Archäologie« wollen wir treiben, nicht Überreste vergangener Epochen studieren, nicht religions- und frömmigkeitsgeschichtliche Wandlungen beobachten, sondern offene Augen bekommen *für Gottes Offenbarungsgeschichte.*

Er hat die Seinen bei der Hand genommen und ihnen »Wahrheit um Wahrheit« aufgedeckt. Dabei sind alte Elemente (Traditionen) durch spätere nicht einfach überholt; sie wurden »eingeholt«, geborgen und erfüllt. Das Alte ist als *tragendes Element* im Neuen bleibend gegenwärtig.

Der erste Teil (1.) soll von der *Grundlage* handeln, dem Fels, der das Ganze trägt. Der folgende (2.) wird drei unterschiedliche »Stile« aufzeigen, *drei »Epochen«* der Offenbarungsgeschichte. Der dritte (3.) möchte den Blick auf den *»Schlußstein« Christus* richten.

1. Das Fundament: Der Tod und der lebendige Gott

a) Spekulation oder biblische Nüchternheit?

Zu einer »ordentlichen« Religion gehört, daß sie plausible und praktikable Antworten weiß auf die Frage nach dem Tod. So gilt etwa bei den sogenannten Primitiven die Regel: »Wer gut begraben ist, lebt« (G. v. d. Leeuw). Für solche Antworten scheint so etwas wie »Religion« ja überhaupt da zu sein. So meinte jedenfalls der Philosoph L. Feuerbach, der den Gottesgedanken aus der Unsterblichkeitssehnsucht des Menschen ableiten wollte: Die Tränen, die an Gräbern geweint werden, verdunsten hinein in den Himmel der Phantasie und erzeugen dabei »Gott« als Traum- und Wunschbild. Wer mit solchen Erwartungen an das Alte Testament herantritt, muß gründlich umlernen. Befremdlich ist die Sprödigkeit und Dürftigkeit der ältesten Überlieferung Israels.

Eiserner Vorhang
In Israel weiß man: Die Todesgrenze ist wie ein von Gott selbst gesetztes Stopschild, wie ein »eiserner Vorhang«. Diese Grenze vermögen wir Menschen nicht phantasievoll träumend oder herrisch fordernd, nicht spekulierend oder postulierend zu überschreiten. Für *uns* ist hier eine letzte Grenze, die demütig respektiert werden muß. Soll diese Mauer durchbrochen werden, dann muß das *von Gott her* geschehen. Mit dem Tode kann nur ER fertig werden! »Gerade in diesem Unvermögen, des Todes ideologisch oder mythologisch Herr zu werden, hat Israel einen in der Geschichte der Religionen einzigartigen Gehorsam der Wirklichkeit des Todes gegenüber bewiesen« (G. v. Rad).

Noch ein später Zeuge, der »Prediger«, steht vor dem Tod ratund hilflos: »Denn das Schicksal der Menschen und das Schicksal der Tiere ist ein und dasselbe: die einen sterben so gut wie die anderen, und sie haben alle den gleichen Odem, und einen Vorzug des Menschen vor den Tieren gibt es nicht: alles geht an denselben Ort; alles ist vom Staube geworden, und alles kehrt zum Staube zurück. Wer weiß denn vom Lebensodem des Menschen, ob er aufwärts in die Luft emporsteigt?« (Pred. 3,19.20; Übers. Menge)

»Es ist alles eitel«, heißt die monotone Melodie des »Predigers«. So sagt nicht ein ausgekochter Materialist und Atheist, nicht ein gescheiterter Herrscher (etwa Napoleon, als er nach Elba transportiert wird). Nein – betont A. Schlatter (A. Schlatter, Andachten, 1. Aufl.

Dresden o.J., S. 253): »Der Dichter läßt Salomo so reden, den reichsten der Könige, den weisesten der Weisen, den Erbauer des Tempels, den Friedefürsten. Nun hat das Wort Tiefe und aufweckenden Ernst.« Auch die Weisheit Jerusalems weiß *vom Menschen aus* nicht mehr zu »predigen« als: »Es geht dem Menschen wie dem Vieh!« (Pred. 3,19) Das ist wahrhaft *biblische Nüchternheit, die ganz und gar auf Gott angewiesen ist.*

Tut Gott einen neuen Schritt in seiner Offenbarungsgeschichte, dann darf auch gehorsam nachfolgende Theologie Neues und Größeres sagen, aber nur dann! – So stehen wir vor dem ersten fundamentalen *Nein* in Israel (es gehört bis heute zum unverrückbaren »Felsengrund« auch unseres Christenglaubens), dem Nein allem Wunschdenken gegenüber, *dem Nein zu aller grenzüberfliegenden Schwärmerei.* Aber mit diesem Nein gehört das erste ebenso grundlegende *Ja* zusammen, das *Ja zu dem einen lebendigen HERRN,* zu Jahwe, auf den allein sich alle Hoffnung richten kann.

b) Totenkult oder Gottesglaube?

In den Religionen hat die Oberwelt ihr selbstverständliches Gegenstück in der Unterwelt; beide sind in gleicher Weise Bereiche göttlicher Mächtigkeit: wie es einen Zeus der Lichtwelt gibt, so auch einen Zeus des Totenreichs, des Hades. Wie man den Gottheiten »oben« Opfer darbringt, so gebühren diese auch den Herrschern der Tiefe. Wie man in die Lichtwelt Kontakte knüpft, so sucht man auch – durch Totenbeschwörung (Spiritismus, Nekromantie) – Verbindung zu den nächtlichen Wesenheiten des Totenreichs. Das ist geradezu eine Selbstverständlichkeit: Ist doch die Totenwelt jenes Reich, das die »Vor-fahren« bereits erreicht haben, auf das die »Nach-kommen« sich zubewegen, das als Gebiet heimatlicher Einkehr und Ruhe erkundet werden muß.

Hier stellt sich uns in Israel streng und steil das *zweite Nein* in den Weg: Nein, der Tod ist kein göttlicher Herrscher; nein, dem Totenreich gebührt keine kultische Verehrung; nein, die Totengeister sind nicht »Propheten«, die Weisung zu geben vermöchten. Es gibt kein dunkles Gegenstück zu Jahwe, dem Herrn des Lebens. »Du sollst keine andern Götter haben neben mir!« (2. Mose 20,3). Die Sphäre des Todes ist ansteckend »unrein« (das Gegenteil von »heiligem Land«), d.h. von Gott getrennt und trennend (das Wort des Paulus vom Tod als dem »letzten Feind« meldet sich bereits; vgl. 1. Kor. 15,26).

Heilige Intoleranz
Im Namen Gottes ertönt hier das schroffe Veto zu allem Ahnenkult wie allem Spiritismus. Dem so faszinierend-saugenden Reich der Tiefe gilt heilige Intoleranz. Wieder sind Nein und Ja zwillingshaft verbunden. Das Nein entspringt aus dem bekennenden *Ja zu dem einen Gott Israels.* »Wenn man aber zu euch sagt: ›Ihr müßt die Totenbeschwörer und Geisterkundigen befragen, die da flüstern und murmeln‹, so entgegnet: ›Soll nicht ein Volk bei seinem Gott anfragen? Soll es etwa betreffs der Lebenden bei den Toten anfragen? Nein, hin zur Weisung und hin zur Offenbarung!‹« (Jes. 8,19-20)

Das Ja wie das Nein sind auch für uns Christen tragender Grund. Die Frage nach unserem Tod und unseren Toten wird zur Frage nach Gott, zum Ruf hin zu dem, von dem gilt: »Denn dazu ist Christus gestorben und wieder lebendig geworden, daß er über Tote und Lebende Herr sei.« (Röm. 14,9)

Wie könnte es neben dieser wahrhaft universalen Herrschaft eine eigene »okkulte Grauzone« geben, einen Tummelplatz von Spuk und Geistern, ein zugleich unheimliches und lockendes Land des Gruselns?! Wie könnten wir – angesichts des Worts vom »letzten Feind« wie vom Ostersieger – ein Ohr haben etwa für solch ein seltsames »Evangelium«: »Ich hoffe, meinen Lesern eine wichtige Botschaft vermitteln zu können: nämlich, daß der Tod nicht eine katastrophale, destruktive Angelegenheit sein muß. Vielmehr kann man ihn als einen der konstruktivsten, positivsten und kreativsten Bestandteile der Kultur und des Lebens ansehen« (E. Kübler-Ross)?! Auch hier gilt: »Hin zur Offenbarung!«

c) Schicksal oder Schuld?

Bemerkenswerterweise gelingt es dem Menschen nicht so leicht, sich mit rein biologischen Auskünften über den Tod zu beruhigen: der Tod sei eben ein natürliches Ableben, sei eine List der Natur, viel Leben zu haben (immer neue Generationen durch Abräumen der alten), sei zu feiern als entscheidender Faktor der Evolution (als selektierende Macht diene er der Höherentwicklung). Wohl leuchtet uns ein, daß in dem uns vorliegenden biologischen System der Tod »natürlich«, ja notwendig erscheint: Alle Wesen, die sterben, müssen sich fortpflanzen (sonst stirbt die Gattung aus); alle Wesen, die sich fortpflanzen, müssen sterben (sonst wäre die Überbevölkerung nicht zu bremsen). Aber, so fragen wir weiter, *ist denn dies ganze System »natürlich«?* Liegt ihm nicht ein tiefer Defekt zugrunde?

Die mythischen Erzählungen der Alten wissen zu berichten, daß der Mensch nahe daran war, die ersehnte Unsterblichkeit zu erringen: Der Urmensch Gilgamesch hält die Pflanze des Lebens bereits in Händen. Aber als er sie – für einen Augenblick nur, wie er meint – beiseite legt, um, verschwitzt und verschmutzt, zu baden, wird sie ihm von einer listigen Schlange gestohlen. – Adapa, der Sohn des Gottes Ea, soll in die Versammlung der Himmlischen eingeführt werden und die Speise der Unsterblichkeit kosten, Wasser und Brot des Lebens. Aber Ea, die Gottheit der Tiefe, hat ihm zugeraunt, diese Speise sei vergiftet. So weigert sich Adapa zuzugreifen und bleibt der Sterblichkeit verfallen. – Nahe dran am Leben war der Mensch, aber man hat ihn arglistig betrogen und bestohlen. Bei dieser »Panne«, diesem Unglück war der Mensch nichts als unschuldiges Opfer. Eine *Tragödie* hat sich ereignet. Das *Schicksal* hat ihm übel mitgespielt, ihn um den verdienten Erfolg gebracht.

Hier ertönt – hell wie ein Trompetenstoß – das *dritte Nein*. Nein, der Tod ist nicht einfach Schicksal, Unfall, Tragödie. »Du bist der Mann!« (2. Sam. 12,7) schallt es dem Menschen entgegen. Bei seiner personhaften *Schuld* wird er behaftet, als Täter, nicht als unschuldiges Opfer wird er festgestellt. »Ich, ich und meine Sünden . . .«, so zu singen, wird ihm zugemutet.

Gericht über unsere Sünde

Die Bibel bleibt also nicht bei dem Faktum Tod stehen, hinterfragt es, vertieft die Problematik. Auf dem Grunde aber sieht sie *des Menschen Schuld.* Durchs Alte Testament wird der Stab ins Neue weitergereicht: ». . . an dem Tage, da du von ihm (dem Baum der Erkenntnis) issest, mußt du des Todes sterben« (1. Mose 2,17); »Das macht dein Zorn, daß wir so vergehen, und dein Grimm, daß wir so plötzlich dahin müssen; denn unsere Missetaten stellst du vor dich . . .« (Ps. 90,7-8); »Der Sünde Sold ist der Tod« (Röm. 6,23; vgl. 1. Kor. 15,56b); »Es ist den Menschen gesetzt, einmal zu sterben, danach aber das Gericht« (Hebr. 9,27).

Für das biblische Denken ist der Tod nicht einfach ein Naturgesetz, auch nicht eine »Panne«, nicht nur (wie H. Gese mit Recht betont) »ein Fehler in der Weltordnung«, sondern *Gottes Gericht über unsere Sünde.* Wie aber die Sünde in die Welt kam, wird nicht erklärt, weil es hier nichts zu erklären gibt. »Erklären« heißt, etwas auf seine Ursache zurückzuführen, also auf die »Sache«, das »Es«, das den Vorgang kausal herbeigeführt hat (zu solch kausaler Erklärung erdreistet sich Adam: »Das Weib, das du, Gott, mir gegeben hast ...« 1. Mose 3,12).

An die Stelle des Erklärens gehört das *Bekennen,* und das geschieht nie in der Form der dritten Person (»Es kam über mich«), sondern stets in der ersten: »An dir allein habe *ich* gesündigt.« (Ps. 51,6)

Auch dieses dritte alttestamentliche Nein ist Grundlage unseres Christenglaubens, auch hier ist das Nein mit einem Ja untrennbar verknüpft: *Das Nein zum Schicksalsglauben* verbindet sich mit dem *Ja zur personhaften Schuld des Menschen vor Gott.* Paradoxerweise ist gerade darin die Würde des Menschen festgehalten: Täter ist er, nicht nur Opfer; Subjekt, nicht einfach Produkt von Umwelt und Erbmasse; verantwortlich und zurechnungsfähig ist er, nicht nur manipulierte Masse. Das bekennende Ja zur eigenen Sünde des Menschen wird vor den gestellt, von dem es heißt: »Die Strafe liegt auf ihm, auf daß wir Frieden hätten, und durch seine Wunden sind wir geheilt.« (Jes. 53,5)

»Eschatologische Gehalte des christlichen Glaubens sind in Israel vorgebildet« (Peter Brunner). Die Wahrheit dieser Aussage wird durch die drei fundamentalen Ja- und-Nein-Aussagen nachdrücklich bestätigt. Mit diesen »Axiomen« biblischen Glaubens stehen wir auf dem »Felsen«, dem tragenden Fundament. Alles andere erhebt sich über dieser Basis. Denn im Nein wie im Ja, in der Abkehr wie in der Hinkehr vollzieht sich der Glaube an den einen lebendigen Herrn, der der Vater Jesu Christi ist.

2. Drei »Epochen« der Offenbarungsgeschichte

Das Fundament haben wir eben zu beschreiben versucht. Darauf erheben sich nun nacheinander »Bauabschnitte« von sehr unterschiedlichem »Stil«. Die tiefgreifenden Wandlungen und Umprägungen, denen wir dabei begegnen, mögen uns überraschen und befremden. Aber wir halten fest: Nicht bloß mit *frommen Menschen,* den Israeliten, haben wir es zu tun, nicht nur mit *menschlichen Ansichten* (Vor-stellungen, Auf-fassungen). Nicht von einer Frömmigkeitsgeschichte und ihren Veränderungen reden wir, sondern von *Gott,* von dem, was er nacheinander an *Ein-sichten,* an Ein-blicken in sein Geheimnis gewährt. Dieser Spur gilt es zu folgen.

a) Leben als Bewahrung vor dem Tod

Ein Sterben »alt und lebenssatt« bedeutet für die Väter in Israel den Abschluß eines reichen Lebens (Abraham: 1. Mose 25,8; Hiob: Hiob 42,17). Was solchem Leben aber Tiefe und Fülle gibt, die »Lebensqualität«, ist das *Gotteslob.* Den Namen des HERRN zu preisen, den Schöpfer des Himmels und der Erden, den Erlöser aus dem Zuchthaus Ägypten, den Spender des guten Landes anzurufen, das ist Lebenssinn. Gerade an dieser Stelle aber setzt die Feindlichkeit und Furchtbarkeit des Todes ein. Mit Krankheiten und Unfällen dringt der Tod aggressiv ins Leben ein. »Die Scheol (=Totenwelt) hat etwas Offensives; sie drängt sich allenthalben in den Bereich des Lebenden ein« (v. Rad). »Der Mensch muß nicht sterben, weil er von einer Krankheit befallen ist, sondern er wird krank, weil er sterben soll« (H. Gese). Der »letzte Feind« geht um. Zwar vermag der Tod das Leben nicht schlechthin auszulöschen (= »Ganztod«): Die Verstorbenen gehen in die Unterwelt ein, in die »Scheol« (im Neuen Testament steht das griechische Wort »Hades«). Aber dort – in einer nur noch schemenhaften Welt – sind sie bloß noch Schatten ihrer selbst, die »refaim« (Schwachen, Kraftlosen), die nur noch flüstern, »zirpen« können (Jes. 8,19; 29,4). Drastisch kennzeichnet ein Sprichwort die »verkehrte« Welt: »Ein lebender Hund (das verachtete Tier!) ist besser als ein toter Löwe« (Pred. 9,4).

(1) *Tod = Trennung von Gott*

Die eigentliche Bitterkeit des Todes ist jedoch noch etwas anderes: *Tod, Scheol – das heißt Trennung vom Gott des Lebens.* Die Gemeinschaft, die Kommunikation zwischen Gott und den Menschen ist zerbrochen. Und zwar von beiden Seiten her: Gott »*gedenkt*« der Toten nicht mehr, sie sind für ihn nicht mehr »da« (Ps. 88,6) – und die Toten vermögen Gott nicht mehr zu *loben.* Das macht die Furchtbarkeit des Todes aus: Aller Lebenssinn ist ausgelöscht, das lebendige Gegenüber zu Gott, die »Gottesebenbildlichkeit« ist dahin. Dunkel erklingt es in den Gebeten der Bedrohten: »Die Scheol lobt dich nicht, und der Tod rühmt dich nicht, und die in die Grube fahren, warten nicht auf deine Treue; sondern allein, die da leben, loben dich . . .« (Jes. 38,18-19 aus der Klage des Königs Hiskia).

In Psalm 88 begegnen wir rhetorischen Fragen, die als Antwort ein bitteres Nein verlangen: »Wirst du an den Toten Wunder tun, oder werden die Verstorbenen aufstehen und dir danken? Wird man im Grabe erzählen deine Güte und deine Treue bei den Toten? Werden denn deine Wunder in der Finsternis erkannt oder deine Gerechtigkeit im Lande des Vergessens?« (Ps. 88,11-13) »Aber ich schreie zu dir, HERR«, fährt der Beter fort. »Reiß mich heraus aus dem Tod, hol mich zurück ins Leben, daß ich dich neu loben kann!« Mit grimmigem Humor sagt Hiob: »Nun werde ich mich in die Erde legen, und wenn du mich suchst, werde ich nicht mehr dasein« (7,21). Hiob argumentiert: Paß auf, Gott, selbst für dich gibt es »ein zu spät« (H.W. Wolff).

Immer wieder wird erfahren, daß Gott bereits von den »Banden des Totenreichs« Gefangene befreit und ins Leben zurückführt (Ps. 18,5-7, vgl. 1. Sam. 2,6), und die Klage schlägt in Jubel um. Aber – wer so singen kann, ist eben (noch) nicht gestorben, ist (noch einmal) genesen. Was wird jedoch aus den anderen, was letztendlich aus dem Sänger selbst? – Zwar haben Tod und Unterwelt nur begrenzte Macht. Jahwes Arm umgreift sie; sein Herrschaftsbereich endet nicht an der Pforte des Todes: »Bettete ich mich bei den Toten, so bist du auch da« (die Scheol eignet sich also nicht als Fluchtort). »Und wenn sie sich auch unten bei den Toten vergrüben, so soll sie doch meine Hand von dort holen« (Ps. 139,8; Amos 9,2). Aber was hilft das jenen, die sich anschicken, zu den »refaim«, den schemenhaften Wesen versetzt zu werden, die irgendwie noch »sind«, ohne doch zu »leben«?

Gott hat hier die Seinen in ein Dilemma geführt, von dem aus er ansetzt zu einem neuen Schritt seiner Offenbarungsgeschichte. Das Dilemma, die doppelt notvolle Lage, sieht so aus: Einerseits gibt es im Tode keine andere, eigene göttliche Macht neben Jahwe, dem Lebendigen. (Man kann sich also keineswegs getrösten, dort in andere göttliche Hände zu kommen, die vielleicht auch gut sind, und man will das auch gar nicht!) Andererseits ist die Scheol eine »heillose« Zone, jeder Heils-, jeder Offenbarungsbezug ist zerschnitten, es herrscht »Gottesfinsternis«. – Damit tut sich ein »theologisches Vakuum« auf (H.W. Wolff): Entweder muß der Glaube an die Einzigkeit und Allherrschaft Gottes (1. Gebot!) zerbrechen, das wäre letztlich des Todes Sieg und Gottes Tod! – oder Gottes Macht muß das dämmrige Land der Scheol für sich »erobern«, das Gebiet der Unreinheit mit seiner Heiligkeit erfüllen – das wäre am Ende des Todes Tod!

Nicht um menschliche Wünsche und Sehnsüchte geht es hier (Feuerbach); die Ehre des Bundesgottes, seine Treue steht auf dem Spiel. Die innere Logik der biblischen Offenbarung ruft nach einem neuen Schritt! Wird Gott die im Tode lassen können, die er sich als

»Ebenbild« zum ewigen Gegenüber schuf? Wird Gott die ins Schweigen der Scheol stoßen, denen er selbst das Loblied auf die Lippen legte? Wird der Tod, der »letzte Feind«, die Macht und das Recht haben, die Bundesgemeinschaft zu zerbrechen, die doch der Ewige selbst gestiftet hat?

(2) *Längst überholt?*
Eine Bemerkung: Man sage als Christ nicht allzu rasch: Was geht uns das noch an? Das ist doch eine längst überholte Glaubensstufe! Wir Christen stehen doch im Osterlicht! – Erstens tut es uns Christen gut, nie zu vergessen, über welch dunklem Land dies Osterlicht aufgegangen ist; die biblische Nüchternheit gegenüber dem »letzten Feind« darf nicht verschwinden. »Die alttestamentliche Anschauung von einem Totenreich, welches alle aufnimmt, ist ein großartiges Zeugnis und Anerkenntnis der allgemeinen Sündhaftigkeit des menschlichen Geschlechts.« (H. Cremer)

Zweitens gehören auch jene dunklen Psalmworte in das Lied- und Gebetbuch der neutestamentlichen Gemeinde. Viele haben sich in schwerster Anfechtung in jene Sätze geflüchtet. »Was die lange Todesnacht mir auch für Gedanken macht« (EKG 330,1) – das haben wir nie in Glaubens*sicherheit* ein für allemal *hinter* uns, aber wir dürfen es in Glaubens*gewißheit* im Namen Jesu immer neu durchschreiten und von Ostern her *unter* uns liegen lassen.

Wir halten fest: Aus dem gehorsamen Ja zu dem einen, wahren, lebendigen Gott folgt ein dreifaches schroffes Nein: (a) das Nein zu allem eigenmächtigen (spekulativen) Überschreiten der Todesgrenze: Gott allein vermag diese uns gesetzte Mauer zu durchbrechen; wir können nur auf Ihn hoffen und warten; (b) das Nein zu allem eigenwilligen Eindringen in die Todeszone, zu allem Totenkult und Spiritismus: wir stehen angesichts der Todesfrage vor Gott allein, der keine Götzen neben sich duldet; (c) das Nein zu einem »harmlosen« Schicksalsglauben: der Tod ist nicht bloß ein »Verhängnis«, das Ahnungs- und Schuldlose überkommt, er ist nicht einfach »Natur« oder eine »Panne« im Weltlauf: der Tod ist Gottes heiliges Gericht über unsere Schuld.

b) Die unzerstörbare Gottesgemeinschaft

In der älteren Zeit wußte sich der einzelne Israelit zutiefst geborgen in der ihn umgreifenden Einheit von Familie, Sippe, Stamm, Volk. Starb er, so »fuhr er zu seinen Vätern« (1. Mose 15,15), ging als

»Nach-fahr« zu den »Vor-fahren«; er »legte sich zu seinen Vätern« (vgl. 1. Mose 47,30), wurde »versammelt zu seinen Vätern« (2. Chr. 34,28). Auch das Gottesverhältnis des einzelnen war ganz eingebunden in Gottes Geschichte mit dem erwählten Bundesvolk. – In späteren Tagen (seit der Königszeit) wurde der einzelne sich seiner selbst bewußter: das Individuum trat hervor, das Ich aus dem »Man«.

Damit wurde auch die Frage nach dem *persönlichen Gottesverhältnis* dringender (der »Gott der Väter« als »mein Gott«, vgl. Ps. 22,2). Die Frage spitzte sich zu im Blick auf den Tod: Was wird da aus meiner Gottesbeziehung? Zerbricht, zerfällt sie im Sterben? Sinke ich hinab in die Zone des Schweigens, der »Gottesfinsternis«?

(1) *»Du nimmst mich am Ende mit Ehren an!« (Ps. 73,24)*
Gott, der treue Bundesgott, der die Geschichte seines Volkes in allen Phasen führt, läßt die Seinen nicht ohne Antwort. Im *73. Psalm* haben wir in den Versen des Dichters und Beters den Niederschlag, den Abdruck der weiterführenden Offenbarung vor uns, sozusagen die »Stilelemente« der neuen Bauphase der »Kathedrale«. Wir werden Zeuge, wie einem zutiefst Angefochtenen eine neue Tür geöffnet wird, und wie er sie glaubensgewiß durchschreitet.

Worin besteht die Not, die dem gläubigen Israeliten alle Besinnung raubt (»ich war wie ein Narr . . . wie ein Tier vor Dir«, V. 22)? Gott und die Welt begreift der Fromme nicht mehr, verliert jede Orientierung, als er wahrnehmen muß: »Schalom ist bei den Gottlosen (den Frevlern)« (V. 3b). – *»Schalom«* ist eins der umfassendsten Wörter des Alten Testaments: Eindeutig klar ist das Zentrum, der Punkt, wo der Zirkel eingestochen ist: Gott der HERR selbst ist Schalom, ist Heil, Leben, »volles Genüge«.

Lang spannt sich von da der Radius dieses Wortes aus, schier unermeßlich ist die Peripherie: Gesundheit, Kinderreichtum, Friedenszeiten, getreue Freunde, gute Ernten, Wachstum in den Viehställen – all das umfaßt der Schalom. Er klettert in die Speicher der Bauernhöfe und in die Kochtöpfe der Hausfrauen.

Das Zentrum und die weite Peripherie sind verbunden: Wer nach Gott fragt, ihm gehorcht, wer ein wahrhaft Frommer ist, der wird von Gottes Segen überschüttet. So hängen Heil und Wohl aneinander wie kommunizierende Gefäße. Eine plausible Sicht, einleuchtend und handlich! – Aber da geschieht vor den Augen des Beters allenthalben das Ungeheure: Den Gottlosen, den Frevlern, den frivolen Spöttern (V. 11) fällt der Schalom im Übermaß in den Schoß:

Reichtum, Gesundheit, öffentlicher Einfluß, jedes erdenkliche Glück (V. 4 bis 12): »Stars« sind die Gottesverächter, »very important persons«, die Creme der Gesellschaft.

Den Frommen dagegen quälen Krankheit und vielgestaltige Not, nicht zuletzt bei der Erfahrung, daß Gott selbst und alles Heilige offenbar ganz ungestraft verhöhnt werden (»ich bin täglich geplagt«, V. 14).

An diesem Auseinanderbrechen von Frömmigkeit und irdischem Glück, von Gottesfurcht und leiblichem Wohl zerbricht der Fromme schier mit (»ich wäre fast gestrauchelt«, V. 2). Bang erhebt sich die Frage: Ist denn aller Glaube, alle Treue, aller Gehorsam umsonst, sinnlos, eitel auch vor Gott (V. 13)? Nur die Erinnerung an die Väter und Mütter im Glauben (»das Geschlecht deiner Kinder«, V. 15) hindert den Beter, seinen Glauben wegzuwerfen.

(2) *Das Ende der Gottlosen*

Da – in Gottes »Heiligtum« (V. 11) – empfängt er erleuchtete Augen: eine neue Dimension der Gotteswirklichkeit wird ihm erschlossen. Tod und Ewigkeit werden ihm vor Augen gestellt, das »Letzte«, das Letztgültige, das »Eschatologische«. Das Ende der »Frevler« ist wahrhaft ein »Ende mit Schrecken« (V. 19).

Dabei geht es nicht primär um etwas irdisch Sichtbares, etwa um »bösen schnellen Tod«, sondern darum, daß sie vor Gott nichts sind; sie verfliegen wie ein Traum (V. 20). Das ist das alles wendende Urteil: Gott kennt sie nicht, »verschmäht« sie (V. 20). Damit sind sie in jedem Sinn »verloren«. Das Jüngste Gericht leuchtet am Horizont auf.

Im »Heiligtum« wird dem Psalmisten aber auch die Zukunft des Gottesfürchtigen, des in Gott Gerechten geöffnet. Aus der Ewigkeitsperspektive fällt Licht auf das, was sich jetzt so qualvoll widerspricht: »Ich bin *stets* bei dir. Du hast meine rechte Hand ergriffen. Du leitest mich nach Deinem Rat, und nachher entrückst du mich zur göttlichen Herrlichkeit. Wen sollte ich im Himmel haben? Und neben dir begehre ich nichts auf Erden. Mag auch mein Fleisch und mein Herz geschwunden sein, mein Fels und mein Teil (Anteil = Lebensunterhalt, -basis) ist der HERR in Ewigkeit.« (Verse 23–26, Übersetzung nach Gese, Wolff)

(3) *Ununterbrochene Gemeinschaft mit Gott*

Was ist das Neue? Die persönliche Gottesgemeinschaft, der Bund, den Gott mit jedem einzelnen Glied seines erwählten Volkes schließen will, tritt hervor. Und weil Gott, der lebendige und ewige, diese Gemeinschaft stiftete, weil Er ihr Herr und Hüter ist, kann sie vom Tod nicht unterbrochen werden (»ich bin stets bei dir«), sondern nur vollendet (»... zur göttlichen Herrlichkeit«).

Das Gespräch, das Gott eröffnete, vermag der Tod nicht zum Schweigen zu bringen; es geht fort in Ewigkeit. Mag auch die ganze Weite von Schalom auf sein Zentrum schrumpfen, so daß ich »nur noch Gott« habe, mögen mir »Leib und Seele verschmachten« (= vergehen), Gott ist mein »Anteil«, mein Lebensgrund für immer.

Wer »nur Gott« hat, hat alles; wer alles hat – ohne Ihn – hat nichts! Mag der Mensch im Tod auf den »mathematischen Punkt« reduziert werden, Gott ist ihm Himmel und Erde, sein Leben, sein Jenseits, sein Alles. Gott – und die Gemeinschaft mit Ihm – ist die Wirklichkeit aller Wirklichkeiten, das einzig »Reale«. – Hier werden wir in den *Kernbereich der Glaubensgewißheit* geführt: Hier regieren nicht Sehnsüchte, Wunschträume, Postulate (»Ich möchte doch so gern, daß es nach dem Tod weitergeht!«), hier werden keine weltbildlichen Modelle aufgebaut, *wie* ewiges Leben aussieht, *wann* und *wo* es seinen Ort hat. Hier wird das eine, das not ist (*der* Eine!), erkannt. Um Seinetwillen, um Seiner Treue willen hält Gott mich fest, nimmt mich für immer bei sich auf. Ich bin in Gott geborgen. Die Gottesgemeinschaft ist unzerstörbar. Das macht gewiß!

Diesem Durchbruch zu neuen Offenbarungserkenntnissen, dessen Spur wir in Psalm 73 entdeckten, ordnen sich andere Aussagen zu. In Psalm 63,4 heißt es: »Gottes Güte (seine »Treuverbundenheit«, Wolff) ist besser als Leben«. Da ist wieder die »revolutionäre« Entdeckung: Gott ist mein Alles!

In der vorigen »Epoche« waren das irdische Leben und die Gottesgemeinschaft eins. Nur der (vital, biologisch) Lebende konnte Gott loben; in der Scheol herrschte tödliches Schweigen. Jetzt wird das irdische Leben relativiert und überholt. Gottes »Güte« ist mehr: Mag dieses mein Leben zerfallen, Gott bleibt, und ich bleibe mit und bei und in ihm.

(4) *»Ihm leben sie alle« (Luk. 20,38)*

Jesus hat diese Grunderkenntnis von der ewigen Gottesgemeinschaft den rein diesseits-orientierten Sadduzäern gegenüber geltend gemacht (Streitgespräch »Sadduzäerfrage«, Mark. 12,18-27, Parallele bei Mat. 22, Luk. 20). Als »Herr der Schrift« legt er ihnen die Selbstvorstellung Gottes (aus der Geschichte »beim Dornbusch«) souverän neu aus: »Ich bin der Gott Abrahams, Isaaks, Jakobs«. »Ich *bin* es, nicht *war* es!« Wenn Gott sich bleibend an Abraham gebunden hat, wenn Gott sich definiert als der Gott Abrahams (wer also diesen Gott kennenlernen will, muß die Abrahamsgeschichte lesen!), dann definiert sich Gott nicht an Leichen, an Gewesenem und Verwestem. So wahr der Gott Abrahams lebt, so wahr lebt Abraham mit ihm: »Ihm leben sie alle« (Luk. 20,38).

Die Sadduzäer mit ihrem am Tod orientierten »Realismus« haben Gottes Gottheit mißachtet, sind (ohne es zu wissen) »Gott-ist-tot-Theologen«. Von dem Gott der Bibel aber gilt: »Gott ist der Lebendigen Gott« (Mark. 12,27). »Mit wem Gott gesprochen hat . . .«, sagt Luther, »der ist gewiß unsterblich«. Mit wem Gott eine Geschichte begonnen, einen Bund geschlossen hat, der ist – um Gottes Treue, um seiner Gottheit willen! – schon jetzt »jenseits des Todes«.

c) Die Auferstehung der Toten

Aus der Prophetie des alten Bundes wächst eine neue Bewegung, die man »Apokalyptik« nennt (von griech. »apo-kalyptein« = entdekken, offenbaren). Gott offenbart »Geheimnisse« (Dan. 2,28a), »entdeckt« seine universalen Ziele mit Welt und Geschichte (Hauptvertreter im Alten Testament sind das Danielbuch und die Kap. 24-27 im Jesajabuch; von hier führen viele Wege zum letzten Buch der Bibel).

Der Gott der Schöpfung läßt das Werk seiner Hände (»Himmel und Erde«) nicht los. Ihm geht es nicht nur um die einzelne »Seele«, auch nicht allein um das erwählte Volk, er zielt auf die ganze Welt. Ihm geht es um *jeden,* aber er greift auch nach *allem.* Der »alte Äon«, in dem Gottes gute Schöpfung von Sünde, Tod, dämonischen Mächten pervertiert ist (vgl. die Monster aus dem Abgrund in Dan. 7!), wird abgelöst von der neuen Weltzeit, von dem »Reich der Himmel«, in dem Gott alles in allem ist. Durch Gericht und Katastrophe hindurch schafft Gott den neuen Himmel und die neue Erde. Leiblichkeit in Vollendung ist das Ende der Wege und Werke Gottes.

An dieser neuen Welt läßt Gott die Seinen Anteil gewinnen durch die »*Auferstehung von den Toten*«. In Jesaja 26,19 klingt die neue Melodie auf: »Deine Toten werden leben, deine Leichname auferstehen . . . die Erde wird die Toten herausgeben.« In Daniel 12,2 heißt es: »Viele, die unter der Erde schlafen liegen, werden aufwachen, die einen zum ewigen Leben, die andern zu ewiger Schmach und Schande.«

Diese Linie setzt sich in der frühjüdischen Literatur fort (zwischen den Testamenten, z.B. im »äthiopischen Henoch« oder im »syrischen Baruch«). Manche Vorstellungen sind zunächst noch unausgeglichen (Auferweckung nur der Gerechten? – Auferweckung aller Bösen und Guten zum Gericht, zu Verdammnis und Heil? – Die neue Leiblichkeit als gesteigerte Fortsetzung des Bisherigen oder als ganz »verklärte« Gestalt?).

Wichtig ist das Verständnis des Wortes »Verwandlung« (Paulus benutzt es in 1. Kor. 15,52). In »*Verwandlung*« steckt immer beides: radikale Veränderung, umfassender Abbruch und Neubau, also scharfe Diskontinuität – und zugleich: Bleibendes, im Umbau Bewahrtes und Durchgehaltenes, also Kontinuität.

Mein neuer Leib wird gewiß nicht aus den Atomen des jetzigen bestehen (»Fleisch und Blut können das Reich Gottes nicht ererben«), aber »ich« werde auf wunderbare Weise wieder »ich« sein. Das alte Instrument ist zerbrochen, ein neues, ganz vollkommenes entsteht nun. Am Gipfel der Offenbarungsgeschichte, die Gott sein Volk im Alten Testament im Blick auf den Tod führt, steht strahlend das Verheißungswort: AUFERSTEHUNG.

3. Jesus – der »Schlußstein«

Von den drei unterschiedlichen »Bauphasen« und ihren »Stilelementen« sprachen wir. Zuerst rief der Beter: »*HERR, bewahre mich vor dem Tod,* reiß mich weg vom Abgrund der Scheol, wo das Gotteslob schweigt und die Gottesfinsternis herrscht!« – Dann wird der Angefochtene getrost in der festen Gewißheit: »*Auch im Sterben bleibe ich in Gottes Hand;* Er läßt mich nicht; bei Ihm bin ich gut aufgehoben.« – Schließlich wartet der Glaubende auf *die neue Welt,* die sein Herr erbauen wird, auf das neue Haus, in dessen Wohnungen er für immer einziehen darf. So jubelt er: »Ich werde auferstehen!«

Wie eine Kathedrale sich im Gewölbe zusammenfaßt, wie ein Gewölbe im Schlußstein seine Krönung empfängt, so laufen all die genannten Bauelemente in *Jesus Christus* zusammen, erfahren in ihm ihre Vollendung.

(1) »*Auch in der Hölle (Scheol) bist du da*«
Der erste Petrusbrief spricht geheimnisvoll von der »Hadesfahrt Christi« (3,19-20a). Das Geschlecht derer, die bei der Sintflut umkamen, galt den jüdischen Schriftgelehrten als restlos und endgültig

verloren. Das äthiopische Henochbuch schildert (Kap. 12 – 16), wie diese Unseligen Henoch um eine Bittschrift, um ein Gnadengesuch an Gott anflehen. Aber Henoch kann nur den furchtbaren Entscheid überbringen: »Ihr werdet keinen Frieden (= kein Heil) haben« (16,4). Eben diesen Letzten unter allen Verlorenen richtet Jesus die Heilsbotschaft aus.

Nach 1. Petrus 4,6 verkündet der Retter (über diese Gruppe hinaus) *allen Toten* das Evangelium. »Die Heilswirkung seines Todesleidens reicht auch hin zu den Menschen, die in diesem Leben nicht zu einer bewußten Begegnung mit Christus kommen, selbst zu den verlorensten unter ihnen« (L. Goppelt; das bedeutet nicht Allversöhnung, aber doch »All-evangelisation«!). Die »Hadesfahrt« spricht also von Jesu *Anwesenheit* in der Scheol und von seinem *Wirken* dort. In Jesus betritt Gott selbst jene letzte grauenhafte Zone der Gottesferne, jenen tiefsten Abgrund der Unreinheit und des tödlichen Schweigens. (Man darf nie vergessen: Der Tod ist der Sünde Sold!)

Jesus durchschreitet also alle Tiefen, ist auch auf der untersten Sohle gegenwärtig. Aber mehr: Dort in der Scheol wird das Evangelium ausgerufen, das Heil proklamiert. Jesus pflanzt mitten im Reich des Todes, im gottverlassenen Land der Unreinheit seine Siegesfahne auf.

Das einstige »Gottesvakuum« ist jetzt »voll von Jesus«, voll vom Heil. Hier mündet die erste alttestamentliche Linie im Triumph der Gnade. Das ist Evangelium auch für uns: »Was die dunkle Todesnacht mir auch für Gedanken macht . . .«, ich sterbe nicht in die Scheol, sondern in die geöffneten Arme Jesu hinein, nicht in Nacht, in Einsamkeit und Schweigen, sondern in seine lichte Gegenwart.

(2) *»Jesus lebt – mit ihm auch ich«*

Auch die zweite alttestamentliche Linie (die unzerstörbare Gottesgemeinschaft, Ps. 73) kommt bei Jesus an ihr Ziel.

Die neue Gottesgemeinschaft, die Jesus stiftet, unser »In-Christus-Sein«, kann vom Tode nicht angetastet werden. Diese Gewißheit ist im Johannesevangelium und im 1. Johannesbrief kräftig ausgesprochen: Jesus ist »das Leben« in Person. Wer an ihn glaubt, »wird leben, auch wenn er stirbt«; ja, recht betrachtet muß es heißen: »der wird nimmermehr sterben« (Joh. 11,25).

Das Letzte, das Endgültige und Bleibende, ist in Jesus jetzt schon da. (Die Theologen sprechen von »präsentischer Eschatologie«.) »Wer mein Wort hört und glaubt dem, der mich gesandt hat, der *hat* das ewige Leben . . ., er ist vom Tode zum Leben hindurchgedrungen« (Joh. 5,24; vgl. 1. Joh. 3,14;5, 12).

(3) *»Lässet auch ein Haupt sein Glied . . .?«*
Die dritte Hoffnungslinie (Auferweckung) bekommt überhaupt erst mit Jesus einen festen Grund, wird erst durch ihn zur »fundierten Hoffnung«. Mit seiner Auferweckung »definiert« Gott sich neu; er fügt seinem alten, schon »österlichen« Namen »Gott Abrahams, Isaaks, Jakobs« (Ihm leben sie alle!) den neuen hinzu: »Der Gott, der Jesus von den Toten auferweckt hat« (Röm. 4,24; vgl. Röm. 1,3-4; 8,11; 10,9; 2. Kor. 4,14). Durch seine Wundertat stellt sich Gott neu vor.

Es geht ja im Neuen Testament nicht darum, daß eine neue Theorie über den Tod, eine neue Anschauung, ein neues Denkmodell angeboten würde. Vielmehr wird bezeugt, daß Gott dem Tode selbst etwas angetan habe, daß *dem Tode selbst etwas Entscheidendes geschah*: An jenem Morgen des Ostertages fand im Garten des Joseph von Arimathäa nichts Geringeres statt als *»des Todes Tod«!* Nun ist der »letzte Feind« tödlich getroffen, ist dabei, »auszubluten«; nur seinen Todeszuckungen sind wir noch ausgesetzt (die sind noch erschreckend genug), aber Macht und Recht hat er verloren.

Das, was an dem toten Jesus geschah, war nicht ein auf ihn beschränktes Ereignis, nicht ein sozusagen »privates Ostern« (etwa als Belohnung) für einen »privaten Karfreitag«. Der auferweckte Jesus ist nicht »Privatperson« für sich, sondern der *»Erstling«* für alle (1. Kor. 15,20). Der »Erstling« repräsentiert das Ganze (so wie die Erstlingsgarbe die ganze Ernte Gott weihte), sein Geschick greift nach allen.

Jesus ist der Messias, und der Messias ist nie ohne sein Volk; Jesus ist das Haupt seines Leibes, und das Haupt ist nie ohne seine Glieder. Deshalb kann Luther rühmen: »Wie die Weiber sagen: Wenn bei einem Kindlein bei der Geburt der Kopf hervorgekommen ist, hat's nicht mehr not« (alles ist bereits gewonnen). »So ist unsre Auferstehung . . . mehr als zur Hälfte schon geschehen, weil unser Haupt da ist. Das ist's: daß seine Auferstehung . . . mir und dir gilt. Dieser Tod und diese Auferstehung ist um deinet- und meinetwegen geschehen.« (Predigt zu 1. Kor. 15,20-22, in: D. Martin Luthers Epistelauslegung, hrsg. v. E. Ellwein, Bd. 2, Göttingen 1968, S. 225)

Vertiefung: Hoffnung über den Tod hinaus – in der Welt der Religionen und im Christenglauben

Die Frage nach einem Leben jenseits des Todes gehört »zum Zentrum von Religion überhaupt«. An der Frage nach dem Tode und seiner Überwindung hat sich Religion zu bewähren, hier ist geradezu ihr Ernstfall. Der Marburger Theologe und Religionswissenschaftler Carl Heinz *Ratschow* hat in einem Aufsatz (»Erwarten wir noch etwas jenseits des Todes?«) einen sehr erhellenden *Strukturvergleich* zwischen den außerchristlichen Religionen und dem Christenglauben durchgeführt. Solche »Vergleiche« haben nicht den Sinn, den Christenglauben in die Welt der Religionen einzuebnen, gar, ihn aus bestimmten Religionen »abzuleiten«. Sie helfen vielmehr, gerade das Besondere, das Einmalige zu erfassen.

a) Hoffnungstypen in den Religionen

Professor Ratschow unterscheidet im Bereich der außerchristlichen Religionen *drei* typische Ausprägungen, drei Grundmodelle einer »Lebenserwartung, die dem Tode trotzt«:

(1) *Die »ganzheitliche Lebenserwartung«*
Bei den (gewiß unsachgemäß so genannten) »primitiven«, d.h. den vor- und außergeschichtlichen, den schriftlosen Völkern (in der Antike wie der Gegenwart) wird das Leben als unscheidbare *Einheit* gesehen. Geistiges und Stoffliches lassen sich da nicht trennen. Mut ist nicht etwa nur eine geistige Haltung, eine Eigenschaft – »Mut« hat der Mensch, weil sein Beutel mit »Medizin«, d.h. mit magischer Kraft, wohl gefüllt ist (v.d. Leeuw). Zu dieser Ganzheit gehört nicht nur das, was wir als »Seele« und »Körper« gern unterscheiden, es gehören ebenso Nahrung und Kleidung dazu. Es gehört dazu der Ort des Menschen in der Welt, seine »Rolle«. Der Mensch *ist* unaufhebbar Mutter, Vater, Ehemann, Häuptling, Priester, Fischer. Diese Einheit umfaßt selbstverständlich das Werkzeug des Fischers, sein Boot, seine Netze. Was wäre der Jäger ohne Wald und Wild, der Bauer ohne Acker und Pflug, der Hirt ohne seine Herde und seine Weide? In dieser umfassenden Ganzheit geht der Mensch in den Tod und – wenn alles gelingt – mit dieser Ganzheit in ein neues Leben ein. »Der Tod ist ein Übergang, ebenso wie die Geburt, das Mannbarwerden, die Heirat« (v.d. Leeuw). Der Tod ist freilich ein beson-

ders einschneidender, ein kritischer Übergang. Deshalb umgibt eine Fülle von religiösen Bräuchen und Handlungen, von Riten, die Bestattung; Grabbeigaben (bei dem Häuptling natürlich andere als bei dem Jäger) sollen gewährleisten, daß der Verstorbene nach dem Übergang seinen Platz, seine Rolle, seine »Identität« als Bauer, Hirt usw. wiederfindet. Es geht um nichts Geringeres als um »Wiedergeburt« des ganzen Lebens. Die Riten leisten dabei den entscheidenden »Hebammendienst«. Denn: »Wer nach dem richtigen Ritus begraben ist, wird wiedergeboren.« »Wer gut begraben ist, lebt.« (v.d. Leeuw)

(2) *Die »teilhafte Lebenserwartung«*
Sie ist besonders im griechischen Denken klar ausgeprägt. Hier wird der Mensch gerade nicht als Einheit und Ganzheit begriffen, sondern »zwei-schnittig« verstanden. Ein Ewiges tritt im Menschen einem Vergänglichen gegenüber. Der Mensch »zerfällt« in Seele und Körper. Bei ekstatischen Erscheinungen, im religiösen Rausch, kann es geschehen, daß der Körper wie tot, wie »entseelt« am Boden liegt, während die Seele sich gleichzeitig in himmlische Gefilde erhebt. Die »Seele«, der eigentliche Kern der Person, ist in sich selbst – da göttlichen Ursprungs – unsterblich, der Körper in sich selbst – da aus Materie zusammengesetzt – dem Zerfall preisgegeben. Der Dualismus setzt also eine tief unterschiedliche Wertung der beiden »Teile« des Menschen. Nur der kostbare Teil wird leben. Tod ist hier die Befreiung des Wahren, Eigentlichen am Menschen (vgl. das in Kapitel II. 2, S. 31–34 zum Tod des Sokrates Gesagte).

(3) *Die »zyklische Lebenserwartung«*
Sie begegnet uns in den indischen Religionen. Die *Taten* des Menschen bewirken einen »unendlichen Wirkungszusammenhang, der sich über den Tod ihres Subjektes hinaus einen neuen Träger bildet« (Ratschow). Die Taten des Menschen schaffen das Karma, das das Rad der Wiedergeburten immer neu in Gang setzt (deshalb »zyklisch«, kreishaft). Immer neue Transformationen schließen sich an (auch in tierische Gestalten hinein). Erlösung ist der endliche Stillstand dieses Prozesses, das Ein- und Aufgehen der individuellen Form, der einzelnen Existenz in die selige Leere, ins Nirwana. Erlösung ist jene letzte Transformation, bei der der Tropfen sich im Ozean auflöst und so erfüllt. –

Was fangen wir mit diesen drei unterschiedlichen Typen an? Wir können Zugang zu ihnen finden, sie verstehen, wenn wir bemerken, daß hier mit der jeweiligen Jenseitserwartung tiefe Einsichten über den Menschen in *diesem* Leben verbunden sind. Die drei Modelle sagen sehr viel darüber aus, *wie der Mensch sich hier erfährt und begreift.* Das jeweilige Menschenbild und das Zukunftsbild entsprechen einander ganz und gar. »Die Lebenserwartung des Menschen und sein Selbstverständnis (befinden) sich in direkter Korrelation« (Ratschow). Die Frage nach dem Leben nach dem Tode ist stets »die Frage nach dem Wesen, dem Ziel und Sinn des diesseitigen Lebens« (v.d. Leeuw) – und umgekehrt.

Zu (1): Die *ganzheitliche Sicht* hat zu tun mit der auch uns vertrauten Erfahrung, daß der Mensch nie als isoliertes Ich, nie als fensterlose »Monade« für sich allein existiert. Wir leben stets »*als*«, als Vater, Kind, Lehrer, Bürger ... Wir leben stets »*in*«, in einer bestimmten Landschaft, in einem Arbeitsbereich ... Wir leben stets »*für*«, als Mutter für die Kinder, als Hirte mit der und für die Herde. Für die (gar nicht) »primitiven« Völker *ist* der Mensch gleichsam diese seine Welt und kann von ihr schlechterdings nicht abstrahiert werden. Entsprechend muß seine »Wiedergeburt« ihn neu in diese seine Welt hineinführen. Auch in unsern Breiten kann man Verwandtes beobachten. Auf einem Grabstein las ich: »Hier ruht *der Hausbesitzer* XY ...« Diese seine »Qualität« definierte ihn offenbar für die Angehörigen noch im Tode.

Zu (2): Die *teilhafte Lebenserwartung* ist Spiegelung der Erfahrung und Einsicht, daß der Mensch (wie Kierkegaard sagte) »ein Verhältnis« ist. Ich verhalte mich zu mir selbst (mich lobend, tadelnd, vergötzend, verachtend). Ich verhalte mich auch zu meinem Körper. Ich *habe* Beine, Arme, eine Galle (wie ich eine Jacke und eine Hose habe). Höre ich auf, ich selbst zu sein, wenn man mir Arme und Beine amputiert? Der Mensch erfährt sich aber, und das führt noch tiefer, in sich als *zwiespältig,* erfährt sich im Widerstreit, ist oft nicht »Herr im eigenen Hause«: Der gebrechliche Körper versagt dem Willen den Dienst, das einsichtige Ich rebelliert verzweifelt gegen die Gier, die Sucht des Körpers nach Alkohol ... Diese zwiespältige Selbsterfahrung verdichtet sich in der dualistischen Aussage über den Menschen als »Seele« und »Körper«. Erlösung vom Zwiespalt wird im Tod als einem Akt der befreienden Trennung gesucht.

Zu (3): Bei dem *zyklischen* Modell kommt heraus, wie sehr sich der Mensch in Einheit mit seinen *Taten* begreift. Meine Taten sind nichts mir Fremdes. In ihnen »äußere« ich mich, gestalte mich, indem ich in die Um-Welt eingreife, bringe mich in meinem Tun sozusagen »zur Welt«. »Diese Taten gehören zu ihm (dem Menschen). Ja, sie machen ihn aus.« (Ratschow) Wie könnte der Tod diese von mir in Gang gebrachte Wirkungsgeschichte (sie mag befruchtend wie ein Regen sein oder verheerend wie eine Lawine), dieses Karma, einfach auslöschen? Die Inder sind überzeugt: Es wirkt weiter, ruft, ja schafft sich einen neuen Träger (das Verhängnis der sog. »Reinkarnation«).

Es ist deutlich: Das »Hier« und das »Dort«, Menschenbild und Hoffnungsbild, bedingen einander und legen einander aus.

b) Hoffnung im christlichen Glauben

Der christliche Glaube kann nicht ansetzen bei der Selbsterfahrung, dem Selbstverständnis des Menschen. Er schaut zunächst vom Menschen weg auf *Gottes Tat,* auf jenen Akt, in dem Gott sein »Herz« offenbart: Wir haben die Gottesgemeinschaft verloren und damit das Leben, uns selbst. Nun macht sich die »Heimat« auf, uns Heimatlose zu suchen: Gott kommt selbst zu uns als der Mensch Jesus von Nazareth. »Für uns« hat Gott seinen Sohn dahingegeben, »für uns« ihn zum »Kyrios«, zum Herrn, erhöht. *Jesu Auferweckung* aus dem Tode *ist Grund und Maß aller christlichen Hoffnung.* Er ist der »Erstling unter denen, die entschlafen sind« (1. Kor. 15,20); dieser »Erstling« garantiert das Ganze, das »Haupt« zieht seine Glieder nach. – Es ist erregend zu sehen, was geschieht, wenn wir die drei Modelle aus der Welt der Religionen mit der Auferweckung Jesu zusammenhalten, beides miteinander konfrontieren.

Zu (1) »*ganzheitliche* Sicht«: Wohl begegnet nach Ostern der auferstandene Herr seinen Jüngern als der gekreuzigte Jesus. Aber das machen alle Berichte von den Erscheinungen Jesu ganz deutlich: Er kehrt nicht einfach als »der alte« und in »das Alte« zurück. Seine Jünger vermögen ihn zunächst gar nicht zu erkennen, er muß sich ihnen vorstellen. Dieses Thema der »Selbstidentifikation«, dies »Fürchtet euch nicht, ich bin's«, (Matth. 14,27) begegnet uns in allen Erscheinungsberichten. Jesus ist durch eine tiefe *Verwandlung* hindurchgegangen, ist in das ganz »Neue«, das endgültig Neue eingetreten, in eine Wirklichkeit, in der der Tod grundsätzlich besiegt und damit diese Gestalt (dieses »Schema«, wie Paulus sagt) der Welt überwunden ist. – »Wir werden verwandelt werden« (1. Kor. 15,52), denn »Fleisch und Blut« können das Reich Gottes nicht erben. Das Leben nach dem Tod ist »österliches« Leben, und damit eben nicht die gesteigerte, vollendete Fortsetzung dieser Existenzweise. Wie tief die Unterschiede greifen, zeigt Jesu Wort: »Sie werden nicht freien noch sich freien lassen« (Mark. 12,25). Paulus unterscheidet den

Fleisches-Leib vom Geist-Leib. Dennoch: Gott wird mich auch »dort« und »dann« mit *meinem Namen* rufen. Der Schöpfer führt sein Geschöpf, der Vater sein Kind durch die »Verwandlung« so hindurch, daß die konkrete Person bewahrt, erhalten bleibt, ja, vollendet wird und so erst wirklich »zu sich selbst kommt«.

Zu (2) »*teilhafte* Sicht«: Die Osterbotschaft schließt aus, daß es Gott lediglich um den Fortbestand der »Seele« geht. Das Wort »Auferweckung« wäre andernfalls ganz sinnlos. Es geht Gott um sein ganzes Geschöpf. Um das scharf und anstößig zu pointieren, hieß die Formulierung in der alten Fassung des Apostolischen Glaubensbekenntnisses: »Ich glaube . . . die Auferstehung des *Fleisches* (übrigens in genauer Übereinstimmung mit der lateinischen und griechischen Fassung, die »caro« bzw. »sarx« bieten). Zeichen der leibhaften Auferstehung Jesu ist das von allen Evangelisten bezeugte leere Grab. Das hebt den Unterschied nicht auf: »Es wird gesät verweslich und wird auferstehen unverweslich, gesät in Niedrigkeit, auferstehen in Herrlichkeit, gesät in Armseligkeit, auferstehen in Kraft.« Aber Paulus fügt hinzu – und bindet damit Unterschied und Einheit zusammen: »Es wird gesät ein natürlicher (›psychischer‹) *Leib* und wird auferstehen ein geistlicher (›pneumatischer‹) *Leib.*« (1. Kor. 15,44) *Leiblichkeit* ist das Ende der Werke und Wege Gottes (Fr. Chr. Oetinger).

Zu (3) »*Zyklische* Sicht«: Jesu Auferweckung ist nicht eine »Reinkarnation im Zyklus, in der langen Kette von Geburten und Toden, nicht eine Reinkarnation, zu der ihn das im Leben angesammelte Karma zwingt. Und als Endziel wird nicht das Aufgehen der individuellen Person Jesu in der All-Einheit erwartet. Nein, es geht um den einen Jesus, den einen und selben Herrn mit seiner einmaligen Geschichte (Weihnachten, Karfreitag, Ostern); in ihm ist unser Heil beschlossen. Jesu Sühnetod bedeutet für uns gerade: Wir sind losgesprochen von unserm »Karma«, von der unheilvollen Wirkungsgeschichte unserer Taten. Wir sind losgesprochen von unserer Schuld, sind zusammengesprochen mit dem lebendigen Herrn. Diese Verbindung zielt nicht auf eine »unio«, eine Einheit, bei der wir in der Gottheit versinken, sondern eine lebendige »communio«; eine personale Gemeinschaft mit Gott ist uns verheißen. – Ratschow faßt zusammen: »Mit der Botschaft von der Auferweckung Jesu betreten wir neben den übrigen Religionen einen neuartigen Antwortbereich, und in ihm geht es um Gottes den Tod zerbrechendes Tun«. Um Gottes Tat geht es, um sein Werk an Jesus, in das er uns hineinreißt. Wir sind »mit-gestorben«, »mit-begraben« und bereits an bruchshaft in die »Neuheit des Lebens« versetzt (Röm. 6). Durch sein Wort und seinen Geist hat Gott uns bereits »in Christus eingeleibt«. *Diese Gemeinschaft mit Jesus gibt unserm Leben hier Sinn und Tiefe, diese Gemeinschaft mit Jesus ist unterwegs zu ihrer Vollendung »dann« und »dort«.* Die formale Regel gilt auch hier: Das Verständnis *dieses* Lebens und die Erwartung des *kommenden* entsprechen einander.

Ein Hinweis ist am Schluß nötig. Was erwarten unsere *Zeitgenossen?* Die Antwort muß erschrecken: Viele erwarten *nichts.* Nur ganz wenige Todesanzeigen signalisieren noch in irgendeiner Form eine Hoffnung über den Tod hinaus. Ein unheimliches, aber beredtes Schweigen breitet sich aus. Wenn aber die Beobachtung stimmt, daß Hoffnungsbild und Menschenbild einander genau entsprechen, dann muß gefolgert werden: Für viele Zeitgenossen steht auch ihr Leben (ihnen zumeist nicht bewußt) bereits im Zeichen des Nichtigen, gefüllt vielleicht mit leerer Geschäftigkeit im Alltäglichen oder mir neurotisierender Langeweile. Das Nichts, die Leere als Bestimmung dieses Lebens, das Nichts, die Leere, das Schweigen als Horizont der Hoffnung – das ist gegenüber den unterschiedlichen Modellen der Religionen etwas *völlig Neues.* Es ist Zeichen einer nachchristlichen Zeit, in der man meint, das Evangelium von dem auferstandenen Jesus hinter sich zu haben. Es ist nicht verwunderlich, daß zunehmend okkulte, spiritistische Elemente sich in der Leere ansiedeln, daß man – wie nach Treibgut – nach bestimmten Elementen aus der Welt der Religionen greift (Reinkarnation u.a.). Von den »Heiden«, den Menschen in den nichtchristlichen Religionen, urteilt das Neue Testament schon, daß sie »*keine Hoffnung*« haben (1. Thess. 4,13), nämlich keine fundierte Hoffnung, weil diese allein in Gottes Ostertat liegt. Diese wesenhafte Hoffnungslosigkeit hat sich heute akut verschärft.

Uns Christen gilt die Mahnung des Apostels: »Seid allezeit bereit zur Antwort vor jedermann, der von euch Rechenschaft fordert über die *Hoffnung,* die in euch ist« (1. Petr. 3,15). Gilt aber die Regel, daß die Hoffnung auf das Zukünftige und das Leben im Gegenwärtigen sich wechselseitig kommentieren, dann muß unser Christenleben heute ein anschauliches »Bilderbuch« sein von »lebendiger Hoffnung«, zu der wir in Christus »wiedergeboren« sind (1. Petr. 1,3).

IV. Wo sind unsere Toten?

Die Frage nach dem »Ganztod«

Vor einigen Jahren erregte eine Predigt im Bayerischen Rundfunk lebhaftes Aufsehen und viel Widerspruch. Dabei hatte der Prediger nichts anderes getan, als das deutlich auszusprechen, was seit Jahrzehnten herrschende Meinung in der protestantischen Theologie war: *die Lehre vom »Ganztod«*. Ich zitiere einige Sätze:

»Hätten wir eine unsterbliche Seele, dann könnten wir den Tod auf die leichte Schulter nehmen. Das Wertvollste an uns würde ja gar nicht davon betroffen. Wir haben uns aber mit Leib und Seele an Gott verfehlt; darum müssen wir mit Leib und Seele die Konsequenzen tragen. Das göttliche Todesurteil betrifft uns ganz, die Todesstrafe wird radikal vollstreckt. Es ist alles aus, die Toten sind tot. Wenn unser letztes Stündlein schlägt, werden wir nichts hindurchretten, gar nichts. Gleichwohl sind wir bei Gott nicht vergessen ... Gott hat uns als Ganzes geschaffen mit Leib, Seele und Geist, er läßt uns als Ganzes sterben, um uns als Ganzes zu neuem, unvorstellbarem Leben zu erwecken.«

Ein persönliches Vor-Wort

Bevor ich versuche, die Hintergründe dieser »Ganztod-Theorie« darzustellen und diese kritisch zu besprechen, möchte ich eine persönliche Bemerkung vorausschicken. Die Frage nach dem »Ganztod« ist mir in meinem bisherigen Leben *viermal* auf die Haut und ans Herz gerückt.

Den *ersten* »Anstoß« erhielt ich als Gymnasiast im Religionsunterricht der Oberstufe. Mit Eifer trug unser Lehrer die – davon war er überzeugt – fundamental biblische Auffassung vor, daß beim Tod der Mensch total sterbe und schließlich am Jüngsten Tag ebenso total auferweckt werde. Für mich war das alles vollkommen neu und fremd, buchstäblich »unerhört«.

Meine Vorstellung orientierte sich etwa an dem Gleichnis »vom reichen Mann und armen Lazarus« (Luk. 16,19-31). Dort war doch zweifellos zwischen Sterben und Jüngstem Gericht ein »Zwischenzustand« vorausgesetzt: Vater Abraham, Lazarus und der Reiche waren offensichtlich bei vollem Bewußtsein; Rede und Gegenrede fanden statt . . . Entsprechendes fand ich auch im Gesangbuch – etwa in jener Strophe, mit der J.S. Bach seine »Johannespassion« beschließt: »Ach Herr, laß dein lieb' Engelein/an meinem End die *Seele* mein/in Abrahams Schoß tragen. Der *Leib* in seim Schlafkämmerlein / gar sanft ohn ein'ge Qual und Pein / ruh bis zum Jüngsten Tage. *Alsdann* vom Tod *erwecke* mich, daß meine Augen sehen dich / in aller Freud, o Gottes Sohn, mein Heiland und mein Gnadenthron . . .« (EKG 247,3).

Ich weiß noch, wie ich meinem Lehrer beharrlich widersprach: »Es heißt doch: ›Fürchtet euch nicht vor denen, die den *Leib* töten, doch die *Seele* nicht töten können, fürchtet euch aber viel mehr vor dem (Gott), der Leib und Seele verderben kann in der Hölle‹ (Mt. 10,28). Da sind doch deutlich Leib und Seele unterschieden, sterblich der eine, unsterblich die andere.« Aber ich konnte mich nicht durchsetzen; mir wurde erklärt, ich müsse das Wort »Seele« eben biblisch und nicht griechisch verstehen. Aus Protest und um meine Waffenkammer zu füllen, habe ich mir damals ein Griechischlehrbuch gekauft (ohne mit dem Selbststudium weit zu kommen) . . .

Die *zweite*, viel intensivere Begegnung mit der Ganztodlehre hatte ich, als ich zu Beginn meines Studiums schwerkrank neunzehn Wochen im Krankenhaus zubringen mußte. Mir kam damals ein schon klassisches theologisches Werk in die Hand: »Die letzten Dinge – Lehrbuch der Eschatologie« von dem bedeutenden Erlanger Professor Paul Althaus. Hier lernte ich den Ernst des Todes sehen: Ich werde entseelt, entgeistet, nicht nur entleibt! »Der christliche Glaube weiß nicht von Unsterblichkeit der Person . . . es gibt Existenz nach dem Tode nur durch Auferweckung« (S. 114).

Hier wurde nicht etwa oberflächliche »modernistische« Theologie geboten; Paul Althaus und seine Freunde wollten die biblischen Urfarben von allen philosophischen Übermalungen reinigen. Das Ur-Biblische sollte neu zum Leuchten kommen. Die Auferweckung kann nur als ganze Neuschöpfung begriffen werden, »weil sie den Tod als vollständiges Ende der irdischen Existenz voraussetzt« (W. Elert).

Dieser radikale Kahlschlag hat damals bei mir radikal durchgeschlagen. Gerade weil die theologischen Argumente das biblische Urgestein von allem griechisch-philosophischen Unkraut befreien wollten, überzeugten sie mich vollständig. Viele Jahre war ich Anhänger der »Ganztod«- und »Ganzauferweckungs«-Theorie . . .

Der *dritte* Anstoß war ganz anderer Art, er traf nicht den Kopf, sondern das Herz! Wir standen (inzwischen ist ein Jahrzehnt vergangen) am offenen Sarg meines Schwiegervaters. Da sagte die Schwiegermutter den schlichten Satz: »*Jetzt sieht er ihn.*« Jetzt darf der Ehemann und Vater den schauen, den er so lange schon liebte.

Was mich bewegte, war nicht nur dies Glaubenszeugnis allgemein, – in dem Wörtchen »*Jetzt*« saß der Stachel. Ich versuchte mir zu helfen: Hier begegnet mir echter biblischer Auferweckungsglaube in der theologisch unzulänglichen Gestalt des Seelenglaubens: Dereinst, am Jüngsten Tage, ist es wahr: Jetzt sieht er ihn! Doch das Wörtchen »Jetzt« erwies sich – im wörtlichen Sinn – als »Stich-Wort«, das keine Ruhe gab. Es kam – im Umgang mit der Bibel und neuerer theologischer Literatur – zu einem Umdenken: Die Ganztod-Theorie (ihre »biblischen« Anliegen in allen Ehren!) erwies sich mir nun als ein theologischer Irrweg. Sie bewährte sich nicht an den biblischen Texten, nicht im Streitgespräch mit der Philosophie, nicht im Dialog mit der modernen Medizin und ebenfalls nicht (ein wichtiges Indiz!) in der Seelsorge ...

Ganz frisch ist noch die *vierte* Begegnung mit diesem Thema, das sich nun wahrhaft als Existenzfrage aufdrängte: Wir mußten im Sommer 1986 unseren Ältesten, mit neunzehn Jahren tödlich verunglückt, zu Grabe tragen. Wirklich *ihn* oder nur seinen tödlich versehrten *Leib*? Liegt wirklich er in dem dunklen Loch? Wo ist *er jetzt*?

Wer könnte solchen Fragen wehren? Wer dürfte sie als unangemessen, unqualifiziert abweisen? In solchem letzten Betroffen- und Verwundetsein hat sich als Evangelium, als göttlicher Trost bewährt, was die Großeltern auf die Kranzschleife schreiben ließen: »Jesus lebt, mit ihm auch ich.« Eben das gilt *jetzt*!

Diese »persönlichen Bemerkungen« mögen dokumentieren, daß auch die »theologische Existenz« – jenes Verwobensein von Kopf, Herz, Gewissen mit dem biblischen Wort und dem göttlichen Geist – ihre Geschichte hat, daß sie Irrwege, Umleitungen, Kurskorrekturen kennt, daß auch der Christ in seinem Theologietreiben lebenslänglich »nicht im Geworden-(=Fertig)-Sein, sondern im Werden« ist (Luther), ja, daß die Theologie (nicht anders als etwa die »Heiligung«) »Stückwerk« ist und bis zur Vollendung bleibt. Wir haben also vorsichtig zu sein mit »letzten Urteilen« über Theologen. Nicht umsonst entwickelte der Vater des Pietismus, Philipp Jacob Spener, immer wieder seine »Lehre vom Irrtum« (»Kein Irrtum des Glaubens und der Lehre verdammt, der in dem Irrenden selbst den einzigen Grund des Heils, das herzliche Vertrauen auf Gottes Gnade in Christus, nicht tatsächlich umstößt«, so referiert von E. Hirsch).

1. Darstellung der Ganztod-Theologie

Natürlich machen solche Überlegungen eine gründliche Prüfung und gewissenhafte Würdigung der Ganztodsicht nicht überflüssig. Dieser Entwurf muß zuerst in seiner Ernsthaftigkeit, in seiner bewundernswürdigen Geschlossenheit, mit der Bedeutsamkeit seiner positiven »Anliegen« vor uns stehen, bevor wir ihn kritisch hinterfragen können. Unter vier Aspekten möchte ich das Bild der Ganztod-Theorie nachzeichnen.

a) Der ganze Mensch

Paul Althaus spricht abwehrend von »dem alten Seelenglauben« und urteilt: »Er aber ist der ›letzte Feind‹ in der Eschatologie (= Lehre von ›den letzten Dingen‹), der abgetan werden muß« (S. 155). Damit will er gegen das griechische (pauschal gesprochen!) und für das biblische Menschenbild kämpfen. Charakteristisch für das *»platonische« Denken,* das im Abendland weithin bestimmend wurde, ist die *Aufspaltung* des Menschen in einen wahrhaft edlen Teil, die von Hause aus ewige, unsterbliche, »göttliche« *Seele* (das eigentliche Ich), und den bedauerlicherweise mit ihr verbundenen minderwertigen, von Trieben durchwogten, materiellen und darum vergänglichen *Körper.* Geist (»Seele«) contra Materie!, heißt die Devise. »Soma – säma«, so lautet ein griechisches Wortspiel: »der Körper ist das Grab *(das Gefängnis) der Seele.«* So ist für die Seele die Stunde des Todes ein Fest! Der Tod führt sie als Freund und Erlöser ins himmlische Reich der Freiheit.

Zwischen dieser »griechischen« und der *biblischen Sicht* liegen Welten. Kennt etwa der biblische Schöpfungsglaube eine solche Mißachtung des Körperlichen? Ist alles Materielle grundsätzlich minderwertig? Steht nicht am Anfang ausnahmslos über allem Gottes »Sehr gut!«? Und wo spricht die Bibel von solch einer dualistischen Zerschneidung des Menschen in Hohes und Niederes? Weiß sie nicht herrlich die *Ganzheit* des Menschen zu bezeugen, wenn es etwa in 1. Mose 2,7 heißt, daß Gott dem Erdenkloß den »Odem des Lebens« einblies – »und so ward der Mensch ein lebendiges Wesen«?! »*Hat*« der Mensch einen Leib (wie er etwa einen Anzug »hat«), oder gilt nicht: Er *»leibt«* und lebt? Dem entspricht doch auch – so betonen die Theologen – die moderne medizinische Einsicht in die *Ganzheit* des Menschen. Findet man je eine isolierte Seele? Zeigt nicht die psychosomatische Betrachtung beständig die enge Verwobenheit (seelische Störungen führen zu körperlichen Leiden und umgekehrt)? Also gegen allen »griechischen« Dualismus, gegen den Wahn, daß die Seele als solche »göttlich« und der Körper als solcher »vom Bösen« sei, gilt es Farbe zu bekennen: »*Der Mensch ist eine Ganzheit!*«

b) Der ganze Tod

»Der Tod als Freund« – das mag ein romantisches Märchen sein. Die Bibel nennt ihn ungeschminkt »den letzten Feind«, dessen Vernichtung noch aussteht (1. Kor. 15,26). Bis dahin aber muß dieser Feind Gott zu Diensten sein – als Werkzeug des Gerichts. »Der Tod ist der Sünde Sold« (Röm. 6,23): Die Sünde wirbt Aktivisten, Kämpfer für ihre widergöttlichen Aktionen, und sie zahlt pünktlich – mit dem Tod! Gottes Urteil wird durch den Tod vollstreckt.

Was wäre das für ein gotteslästerliches Unterfangen, wenn der Mensch sich höhnend aufbauen wollte: »Komm nur, Tod! Mich bekommst du doch nicht. Sieh, ich habe eine feuerfeste, kugelsichere, eine todbeständige (weil unsterbliche) Seele!« Was für eine Blasphemie zu meinen, der Mensch könne (unter Berufung auf seine Seele) Gottes Gericht Trotz bieten, darüber spotten!

Weiter: Wenn der Tod alles Sündige am Menschen trifft, was am Menschen ist dann sündig? Etwa nur der Körper, der Bereich der Sinne und Triebe? Nicht auch »Seele und Geist«? Ist die Vermessenheit, Gott gleich sein zu wollen, nicht gerade in den »höchsten« Kräften des Menschen beheimatet? Ist nicht »alles Dichten und Trachten böse von Jugend auf« (1. Mose 6,5; 8,21)? Wenn Gott gefürchtet und geliebt sein will »mit ganzem Herzen, ganzer Seele und allem Bewußtsein« (Mark. 12,30; 5. Mose 6, 4-5), hat da der Mensch nicht den vollen Bankrott anzumelden, gibt es da noch irgendeine sündenfreie Provinz in uns?

Nein, der *radikalen Sünde* entspricht das *radikale Gericht,* dem *totalen Sünder* der *totale Tod.* Mit Leib, Seele und Geist hat der Mensch gegen Gott rebelliert, nun wird er entleibt, entseelt, entgeistet. Wie kann das Todesurteil anders lauten als *»ganzer Tod«*?!

c) Die ganze Auferweckung

Das ist in der Ganztod-Theologie das positive Gegenstück: Wie Gottes heiliger Gerichtsernst den »ganzen Tod« verhängt und vollzieht, so schafft Gottes Gnade in Jesus Christus am Jüngsten Tage *die »ganze Auferweckung« zu neuer Geist-Leiblichkeit!*

Wir stoßen hier auf eine besonders wichtige Überlegung der Ganztod-Theologen. Jede Konkordanz belehrt uns auf einen Blick: Das zentrale Stichwort des Neuen Testaments ist gewiß nicht »*Unsterblichkeit*« (nur von Gott wird diese Vokabel benutzt – 1. Tim. 6,16: »der *allein* Unsterblichkeit hat« – und zweimal für das Heilsgut der Zukunft 1. Kor. 15,53-54). Gebieterisch das Besondere des biblischen Evangeliums unterstreichend, tritt das Wort »*Auferweckung*« (»Auferstehung«) hervor. Hier treten wir ins Zentrum des Evangeliums: »Gott aber hat den Herrn auferweckt und wird auch uns auferwecken durch seine Kraft« (1. Kor. 6,14).

(1) *Unklarer Kompromiß*

Von »Auferweckung«, von einem »neuen Himmel und einer neuen Erde«, von der »Ankunft« (der Parusie, der Wiederkunft) des einen Herrn wissen Griechen und Römer, Hindus und Buddhisten, Philosophen und Gelehrte nichts zu sagen. Die Christen dagegen kommen beim Thema »Auferweckung« erst recht zur Sache! Wird aber diese zentrale Auferstehungserwartung nicht verdunkelt und entleert, wenn man gleichzeitig von der »unsterblichen Seele« spricht und zwischen persönlicher Todesstunde und dem Jüngsten Tag einen »Zwischenzustand« annimmt?

Da werden zwei Akte hintereinandergeordnet: Unmittelbar nach dem Sterben kommt die »Seele« zu Gott, gelangt zu ihrem Herrn Jesus Christus (wie Lazarus in Abrahams Schoß); am Jüngsten Tag, bei Jesu Wiederkunft, wird dann auch der Leib erweckt und der Mensch sozusagen wieder »komplett«.

Aber – so fragen die Ganztod-Theologen – ist das nicht ein unklarer Kompromiß zwischen griechischem Denken (Unsterblichkeit) und biblischem (Auferweckung)? Und wird dieser Kompromiß nicht zu einer gefährlichen Konkurrenz? Ist die »Seele« schon bei Gott, genießt sie schon die Freude des ewigen Lebens, was soll dann noch der Jüngste Tag, was vermag die Auferweckung noch Wesentliches zu bringen? Wird hier das biblische Zentralwort »Auferweckung« nicht degradiert zu einem letztlich unwichtigen Nachspiel? Ist die »Seele« schon im Anschauen Gottes selig, was kann es ernsthaft »mehr« geben? Was besagen dann noch »Jüngstes Gericht«, »Auferweckung«, »neuer Himmel, neue Erde«? Lediglich, daß es »noch schöner« wird? Liegt jetzt nicht alles Gewicht auf meinem und deinem »seligen *Stündlein*«, während die große *Stunde* der Wiederkunft sich verflüchtigt? Liegt nicht aller Ton auf dem individuellen »daß *ich* in den Himmel komm'«, während das große »*Dein Reich komme*« verblaßt?

(2) *Entweder – Oder?*

Ist das, was Paul Althaus einwendet, nicht völlig konsequent? »Diese Lehre setzt das Kommen zu Christus durch den Tod und das Kommen Christi am Jüngsten Tage in Konkurrenz: Was von dem einen erwartet wird, wird dem anderen an Bedeutung genommen. Je erfüllter der Zustand der Einzelnen nach dem Tode gedacht wird, desto mehr wird die Spannung auf den Jüngsten Tag gelöst; je mehr (umgekehrt) dem Jünsten Tag aufbehalten wird, desto mehr muß die Lebendigkeit und Seligkeit vorher beschränkt werden« (S. 158). Kurz: Was man dem einen gibt, raubt man dem anderen. Es ist wie bei einer Waage: Was die eine Schale befrachtet, macht die andere im Verhältnis leichter!

Aus diesem unglücklichen Kompromiß hilft – nach Überzeugung der Ganztod-Theologen – nur eins heraus: Man muß erkennen, daß hier eine strenge Alternative vorliegt. Man darf nicht kombinieren, *wählen* muß man: Entweder Unsterblichkeit (dann verzichtet man auf die Auferweckung!) oder Auferweckung (dann streicht man den »Zwischenzustand«), entweder das individuelle, sozusagen private »Stündlein« oder die große Stunde der Wiederkunft. Es muß gewählt werden!

Wie man aber vom Gesamtzeugnis des Neuen Testaments her zu wählen hat, das kann nach der Überzeugung der Ganztod-Theologen keinen Augenblick zweifelhaft sein: Die Auferweckung am Jüngsten Tag ist auf den Leuchter zu stellen; deshalb ist konsequenterweise der »Zwischenzustand« zu streichen. Nicht der kleine einzelne, sein »Stündlein«, seine individuelle Gottesschau zählen, alles Gewicht trägt Jesu Christi Wiederkunft, sein großer Tag, die universale, kosmisch weite Neuschöpfung!

»Ganzer Mensch« – »ganze Sünde« – »ganzer Tod« – »ganze Auferweckung«! Ist das nicht ein Bravourstück theologischer Logik? Kann jemand die Konsequenz, die Schlüssigkeit dieses Gedankengangs bestreiten? Kann irgend ein Zweifel bestehen, daß hier zentrale biblische »Anliegen« mit Nachdruck geltend gemacht werden?

(3) *Radikales Nicht-Sein*

Eine Frage ist vielleicht für manchen offen geblieben: *Wo sind unsere Toten jetzt?* Wenn sie ganz sterben, gilt dann zwischen dem persönlichen Sterben und dem Tag der Wiederkunft ein Zustand der Bewußtlosigkeit, des radikalen Nicht-Seins, des »Schlafes«? Mit dieser Frage sucht man unter Berufung auf einige Aussagen Martin Luthers fertig zu werden: »Hier muß man die Zeit aus dem Sinn tun und wissen, daß in jener Welt nicht Zeit noch Stunde sind, sondern alles ein ewiger Augenblick«. (WA 10 III, S. 194)

Unsere Fragestellung sei also falsch, die ganze Zeitkategorie greift eben beim Thema Ewigkeit nicht. Hier narrt uns ein Scheinproblem. Erlebnishaft versucht Luther die (Schein-)Frage nach dem zeitlichen Zwischenraum von der Erfahrung des Schlafs her zu überwinden. Wer gut schläft, der empfindet ja auch zwischen Einschlafen und Erwachen keinen Zeitabstand, das Zeitgefühl ist aufgehoben: »Adam und die übrigen, wenn sie aufstehen, werden meinen, daß sie doch gerade und in derselben Stunde gestorben sind« (Luther). Sterbestunde und Jüngster Tag mögen »chronologisch« zweitausend Jahre auseinanderliegen, »erlebnishaft« fallen sie zusammen. Der Auferweckte wird verwundert ausrufen: »Siehe, ich bin doch eben erst gestorben«.

Von unseren Toten gilt: *Sie ruhen in Gott,* sind in seinem Gedenken gut aufgehoben. Ihre Namen sind im Himmel festgehalten. Am Jüngsten Tag wird Gott keinen vergessen! Ist das nicht genug?

d) Der ganze Glaube

Die Ganztod-Theologen fügen ein weiteres gewichtiges Argument hinzu: Die Reformation hat erkannt: »Der Glaube allein!« Und dieser Glaube gründet sich auf nichts und niemand als auf »Christus allein«! Glaube bedeutet stets: wegsehen von sich selbst und allem Eigenen, heißt wörtlich »sich auf Christus hin verlassen«. Wollte man sich in der Sterbestunde auf die »unsterbliche Seele« stützen, also auf eine Qualität an und in uns, dann wäre das ebenso verderblich und gottlos, wie wenn man sich sterbend auf seine »guten Werke« berufen wollte. Erst im Sterben kommt wirklich heraus, was Glaube heißt:

»Sterbend glauben heißt, im Moment der Entselbstigung Gott als Gott bejahen, dann seine Liebe und Gabe preisen, wenn uns alles genommen wird, wenn wir selbst uns genommen werden. Dieser Glaube hat sonderliche Größe und Herrlichkeit, weil ihm kein Schauen mehr zur Seite steht, keine Erfahrung hilft . . ., weil er einzig auf Gott schaut, einzig ihn meint, einzig in ihm seine Begründung hat« (A. Schlatter, Jesu Gottheit und das Kreuz, Gütersloh, 12. Aufl. 1913, S. 61).

»Ganzer Mensch« – »ganzer Tod« – »ganze Auferweckung« – »ganzer Glaube«: »Ganztod-Theologie« – in der Tat ein imponierendes Modell von großartiger logischer Konsequenz! Wir haben versucht, uns seine beeindruckende Gestalt vor Augen zu führen. Ob dieser Entwurf sich wirklich als eine so »feste Burg« erweist, ob er wirklich auf Fels oder doch nur auf »theologischen Sand« gebaut wurde, werden wir zu prüfen haben.

2. Kritik der Ganztod-Lehre

a) Bibel im Prokrustesbett

Mit das Imponierendste an der Ganztod-Theorie ist ihre innere Geschlossenheit, ihre geradezu zwingende Logik, ihre erstaunliche »Systematik«. Ist das etwa ein Nachteil? Theo-logie hat mit Logik zu tun, ist keineswegs »Zungenrede«, irrationales Stammeln. Bei guter Theologie geht es um innere Folgerichtigkeit. Aus der Sachmitte heraus werden Folgerungen gezogen, begründete Konsequenzen. Es geht nicht nur um einzelne biblische Atome; ein Gesamtverständnis muß sichtbar werden. Das lehrt jedes Glaubensbekenntnis, jeder Katechismus.

Unmöglich wäre freilich eine »Theologie«, bei der die menschliche Vernunft den Maßstab setzt, gleichsam freischaffend (»spekulativ«) tätig wird und sich das »System« nach ihrem eigenen Bilde schafft. (Die absurde »Gott-ist-tot-Theologie« war etwa so ein Monstrum). Gewaltsam und gewalttätig ist aber auch jeder Entwurf, der einen einzigen (wenn auch biblischen) Kerngedanken absolut setzt und ihn zum alles beherrschenden Prinzip macht (»Feindesliebe« oder »Hoffnung«). *Rechte* Theologie kann nur im wörtlichen Sinn *»Nach-Denken«* sein, »Nach-Folgen«: Sie geht denkend, ordnend, gestaltend den »großen Taten Gottes« hinterdrein, sucht gehorsam der ganzen Breite des biblischen Zeugnisses auf der Spur zu bleiben.

Hier stoßen wir auf einen entscheidenden Geburtsfehler der Ganztod-Theorie: *Sie spannt die biblische Weite in das Prokrustesbett ihres Systems.* (Der sagenhafte Prokrustes war ein ob seiner Gewalttätigkeit berüchtigter »Herbergsvater« in der Antike. Bei ihm regierte das Bett über die Schlafgäste: Wer für das Bett zu kurz geraten war, wurde mit Foltermethoden solange gestreckt, bis er paßte, auch wenn ihn das das Leben kostete. Bei zu lang Geratenen wurde schonungslos oben oder unten Überstehendes abgesägt. Das Prinzip

»Bett« war allmächtig. Von daher spricht man vom »Prokrustesbett«, wenn ein Gedanke, eine Parole, ein System die Vielfalt des Lebens gewaltsam »formiert« und normiert.)

Biblische Aussagen (vgl. dazu Punkt b), die nicht systemgerecht sind, werden uminterpretiert oder als belanglos beiseite geschoben. Professor H. Thielicke hat schon 1946 auf diesen Fehler im Ansatz des Entwurfs aufmerksam gemacht (»Tod und Leben«, Tübingen, 2. Aufl. 1946, S. 218). Er referiert zunächst knapp die Position des »Ganztodes«: *»Wenn wirklich die Aufteilung des Ich in Leib und Seele nicht angängig ist und der Tod sich folglich auf die Ganzheit der Person bezieht, so scheint mit der ›Unsterblichkeit der Seele‹ auch jener Zwischenzustand«* (zwischen Sterbestunde und Jüngstem Tag) *»hinfällig und ein völliges Erlöschen des leib-seelischen Ich im Nichtsein der Todesnacht die Folge zu sein. Die Auferweckung wäre dann eine neue creatio ex nihilo (= Erschaffung aus dem Nichts) an Gottes Tag.«*

Thielicke spricht dann sein Unbehagen aus, und es ist höchst interessant, woran er sich stößt: *»Ich stehe selbst viel zu stark unter dem Eindruck der Geschlossenheit dieses Gedankens, um nicht das prinzipielle Mißtrauen gegen alle ›theologischen Geschlossenheiten‹ an dieser Stelle besonders deutlich zu empfinden. Könnte es nicht sein, daß die Geschlossenheit zugleich eine Verengung gegenüber dem Reichtum und der strömenden Fülle biblischer Aussagen wäre? Daß also die ›Geschlossenheit‹ nur im Monolog des reflektierenden Denkens möglich wäre und auf Kosten einer ständigen Bereitschaft des Hörens ginge?«* Thielikke wehrt sich also im Namen der biblischen Weite gegen den gewaltsamen »Prokrustes«.

b) Ein »roter Faden« im Neuen Testament

Thielicke spricht von »gleichsam punktierten Linien« (S. 219), die im Neuen Testament in eine ganz andere Richtung laufen, als die Ganztodtheorie das erlaubt. Beim näheren Zusehen erweisen sich die »Punkte« (obwohl es nicht sehr zahlreiche Stellen sind) miteinander als ein festes Band, als roter Faden, der ganz verschiedene Teile und Traditionen des Neues Testaments durchzieht.

(1) *»Zwischenzustand« und Unterscheidung von Körper und Seele (Geist)*

Jesus erzählt das Gleichnis vom reichen Mann und armen Lazarus (Luk. 16,19-31). Nach dem Tod findet sich der eine im »Hades« (hebr. »Scheol«), der andere »in Abrahams Schoß« (gemeint ist der besondere Ehrenplatz zur Rechten des Erzvaters beim himmlischen Mahl, vgl. Joh. 13,23).

Hier wird deutlich ein »Zwischenzustand« vorausgesetzt, der bei aller Vorläufigkeit schon Merkmale des Endgültigen (Qual – Freude) trägt. Da zugleich von »Sterben« und »Begrabenwerden« die Rede ist, ist auch eine Unterscheidung von Körper und »Seele« vollzogen.

Bei diesem Text hat man immer wieder den Einwand vorgebracht, es handele sich nur um ein Gleichnis, Jesus bewege sich in den Denkbahnen der Pharisäer, um sich auf die Vorstellungswelt seiner Hörer einzulassen, und der Zielpunkt (der »Skopus«) sei keineswegs »Belehrung über Zustände im Jenseits«, sondern Ruf zum Gehorsam gegen das heute ergehende Wort (V. 29-31). Aber Jesus vertritt dieselbe Sicht, wenn er dem Schächer zusagt: »Amen, ich sage dir: Heute wirst du mit mir im Paradiese sein« (Luk. 23,43). Auch hier ist ein »Zwischenzustand« ins Auge gefaßt, ein vorläufiges »Wo« und »Wie«: »Paradies« und »mit mir« heißen die Stichworte.

Die Unterscheidung zwischen Körper und »Seele« findet sich auch in dem Jesuswort Mt. 10, 28: Die Menschen können wohl den Leib (Körper) töten (das ist die äußerste Grenze des ihnen Möglichen!), die »Seele« aber steht allein in Gottes Macht.

Im letzten Buch der Bibel ist von den »Seelen« der Märtyrer die Rede, die sich unter dem (bzw. unten am) Altar aufhalten und ungeduldig wartend nach dem letzten Gericht und der Endvollendung rufen: »Wie lange noch?« (Offb. 6,9-10) »Mag auch der Leib vergehen, die Seele ist als himmlisches Opfer Gott zugehörig« (E. Lohmeyer).

Im 1. Petrusbrief (3,19) wird bezeugt, daß Jesus selbst (ob nach seiner Auferweckung oder in den »drei Tagen« zwischen Karfreitag und Ostern, ist umstritten) den »Geistern im Gefängnis« gepredigt habe. Dabei ist an die besonders verstockte und verdammte Generation zur Noahzeit gedacht: Selbst ihnen wird das Evangelium ausgerichtet, und sie sind offenbar in der Lage, es zu vernehmen. Ihr Wachsein, ihre Bewußtheit verstehen sich dabei von selbst (vgl. auch 1. Petr. 4,6), sie sind Kennzeichen des Zwischenzustands.

Die damit verbundene Unterscheidung von Körper und »Seele« (bzw. »Geist«) spricht Jesus sterbend aus, wenn er betet: »Vater, ich befehle meinen Geist in deine Hände« (Luk. 23,46). Der sterbende Stephanus birgt sich in dasselbe Gebet: »Herr Jesus, nimm meinen Geist auf!« (Apg. 7,59)

(2) *»Ehrenkleid«, nicht »Sträflingsgewand« – Bibel gegen Platonismus*
Unterscheidung »Körper – Seele (Geist)«, das klingt nach griechischem, nach platonischem Denken. Aber die Verwandtschaft ist nur scheinbar: Unter ähnlichen Begriffen verbergen sich geradezu gegensätzliche Überzeugungen. Im *Platonismus* ist der Körper als solcher, da materieller Natur und von Trieben bestimmt, minderwertig (wie könnte das zum biblischen Schöpferglauben passen?); die »Seele« dagegen ist als solche, da geistiger, ewiger Art, von bleibendem Adel (wie könnte sich das zur radikalen Sicht der Bibel vom Sünder reimen?). Der Körper ist deshalb Gefängnis der Seele, ist schändliches Sträflingskleid.

Ganz anders klingt, was *Paulus* in 2. Kor. 5,1-7 sagt: Der Apostel sehnt sich danach, die Wiederkunft Jesu zu erleben, dann wird er nämlich bei der »Verwandlung« (1. Kor. 15,52) mit der neuen himmlischen Leiblichkeit »überkleidet« werden. Der wiederkommende Herr bringt den neuen, den »Geistleib« (1. Kor. 15,44) mit und streift ihn gleichsam über das alte, nun überholte »Erdenkleid«; nun prangt der neue Mensch im Festgewand, in der Ehrenrobe. (Mit einem andern Bild: Im Mittelalter wurde gelegentlich eine mächtige Kathedrale über einer kleinen Dorfkapelle errichtet; aber erst wenn der Schlußstein das neue Gewölbe krönte, wurde das alte Kirchlein darunter abgetragen.)

Dieses »Überkleidetwerden« wünscht sich Paulus. Denn müßte er zuvor durch den Tod hindurch, so würde das »Entkleidung«, Blöße, Nacktsein bedeuten. Vor diesem Sterbenmüssen, dieser »Blöße«, graute dem Apostel.

Anders als Platon, der den Tod als Befreier begrüßt, sieht der Apostel in ihm den letzten Feind (1. Kor. 15,26), und der irdische Körper ist – wenn auch jetzt brüchig und rissig – Gottes gute Gabe, ist bergende Hülle – nicht wie bei Platon Sträflingsanzug! Paulus benutzt gleichzeitig ein weiteres Bild: Der alte Leib ist einer »Hütte« (Luther), einem leichten Nomadenzelt zu vergleichen, das auf Abbruch angelegt ist (keineswegs Platons »Gefängnis der Seele«); der neue Leib gleicht einem festen Haus, »nicht mit Händen gemacht«.

Am Ende aber bekennt der Apostel: Auch wenn es durch das peinvolle »Entkleidetwerden« hindurchginge, so ist er doch getrost, denn lebend wie sterbend gehört er einzig seinem Herrn (vgl. Röm. 14,7-9).

An 2. Korinther 5,1-7 wird das dem griechischen Seelenglauben gegenüber völlig andere »Klima« im biblischen Denken deutlich. Nicht der Begriff »Seele« als solcher ist »platonisch«, er ist vielmehr durchaus biblisch (auch das Alte Testament kennt keinen Ganztod!). Der Unterschied liegt in dem »Wertsystem«, in dem das Wort jeweils steht. Was Paulus nach seinem Sterben erwartet, sagt er in Philipper 1,23 ganz ohne Bild: »Ich habe Lust, aus der Welt zu scheiden und *mit Christus zusammen* zu sein.« In diesem »syn Christo« sammelt sich alle Freude!

(3) *Im Todesschlaf oder hellwach?*
Auf ein gelegentlich mißdeutetes Stichwort ist noch hinzuweisen: Im Neuen Testament wird das Sterben mehrfach als »Entschlafen« bezeichnet (z.B. Apg. 7,60; 1. Kor. 15,6.18.51; 1. Thess. 4,14; 2. Petr. 3,4). Zweierlei ist hier zu beachten.

Erstens: »Entschlafen« ist im Neuen Testament geradezu ein Fachausdruck für das Sterben von *Christen*, meint das »durch Christus vom Gericht befreite Sterben« (F. Heidler), das gläubige, selige »Heimgehen«. (Durch die Lutherbibel ist das Wort so sehr Allgemeingut geworden, daß Sterben allgemein »Entschlafen« genannt wird und die Toten »Entschlafene« heißen).

Zweitens: Der Ausdruck will nicht den *Zustand* der Verstorbenen als langen Tiefschlaf (= Bewußtlosigkeit) charakterisieren, sondern zielt auf den *Vorgang* des friedvollen, weil in Christus geborgenen Sterbens. Die äußeren Umstände sind dabei ohne Belang. Geradezu paradox zugespitzt heißt es vom Märtyrertod des Stephanus mitten im Steinhagel: »Er entschlief« (Apg. 7,60). Aus dem Wort »entschlafen« kann also die falsche Vorstellung, die im Glauben Verstorbenen befänden sich in einem der Narkose oder dem Koma ähnlichen Zustand der Bewußtlosigkeit, gerade nicht abgeleitet werden. *Wer – wie Paulus sagt – »mit Christus zusammen ist«, der schläft nicht!* (Vgl. dazu Heidler, S. 71ff.)

Zusammenfassung
Wenn wir jetzt den »roten Faden« zusammenwickeln und das Beobachtete bündeln, so ist ein Dreifaches festzustellen:

– Das Neue Testament kennt den Unterschied von Körper und Seele (Geist) und versteht das Sterben als Trennung beider (»Entkleidetwerden«). Aber die Sicht ist ganz unplatonisch. Das Ende aller Werke und Wege Gottes ist nicht die vom Körper befreite »unsterbliche Seele«, sondern die »Geist-Leiblichkeit«.

– Das Neue Testament kennt einen Zwischenzustand zwischen dem Sterben des einzelnen und dem Jüngsten Tag, zwischen dem »Stündlein« und der großen Stunde der Wiederkunft. Dabei benutzt es unterschiedliche Bildaussagen: »Paradies«, »Abrahams Schoß«, »am Fuß des Altars«; doch diese alle meinen nicht geographische Orte (etwa irgendwo im Weltall), sondern eine personale Gemeinschaft: das wache, bewußte »Mit-Christus-zusammen-Sein« ist die Mitte.

– Die Ganztod-Theorie muß all diese neutestamentlichen Aussagen »über die Klinge springen lassen«, sie muß sie als uneigentlich beiseite schieben und als gefährlich verdächtigen (»aus dem Spätjudentum überkommene Vorstellung«, »Schlupfwinkel für den Platonismus«, so P. Althaus). Damit disqualifiziert sich die Ganztod-Theorie als *unbiblische Konstruktion.*

c) Marx statt Platon?

Von der philosophischen Problematik der Ganztod-Lehre:
Das Boot, in dem Odysseus und seine Gefährten saßen, mußte (so erzählt Homer) eine gefährliche Meerenge passieren. Zwei Seeungeheuer drohten: auf der einen Seite die Skylla, eine gefährliche Klippe, auf der anderen die Charybdis, ein unheimlicher Strudel. Man mußte scharf Kurs halten; suchte man der einen Gefahr auszuweichen, geriet man leicht in den Sog der anderen.

Das ist ein passendes Gleichnis für den Weg der Ganztod-Theorie: Sie will den Platonismus (den idealistischen Seelenglauben) vermeiden und gerät dabei in die Fänge des Materialismus (»Der Mensch ist, was er ißt«, L. Feuerbach). Scharf formuliert H. G. Pöhlmann: *»Die Ganztodthese ist materialistisch, aber nicht christlich«* (Abriß der Dogmatik, Bielefeld, 3. Aufl. 1980, S. 328).

Es war nicht nur das »biblische« Interesse an der Ganzheit des Geschöpfes Mensch am Werk, man war auch bemüht, mit dem biologisch-medizinischen Denken jener Jahrzehnte im Einklang zu sein; so opferte man nicht nur auf dem Altar Gottes, sondern auch (gewiß nicht bewußt) auf dem des »Zeitgeistes«. Wenn der medizinische »Papst« des 19. Jahrhunderts, Rudolf Virchow (1821-1902), verkündete, so viele Menschen er auch schon sezierte, eine Seele habe er nicht gefunden, so konnte man ihm antworten: Darin stimmen wir Ihnen voll zu, der Mensch stirbt ganz; aber am Ende erwarten wir das göttliche Wunder der Auferweckung.

Das ergibt freilich ein seltsames Konzept: das erste Kapitel ist materialistisch (wie bei Virchow), das letzte bringt ein wunderhaftes »biblisches« Finale. Pöhlmann urteilt zu Recht: »Es wäre töricht, wenn die Theologie den Nach-dem-Tod-ist-alles-aus-Materialismus apologetisch (d.h. im Gespräch mit der modernen Welt anknüpfend und verteidigend) bemühen würde als Eideshelfer oder Anwärter für die Auferstehung« (S. 328). »Das Ringen ... um die Freiheit der Theologie von der Philosophie« (ein Titel von W. Link) ist ein lobenswertes Unternehmen; nur ist man hier dem einen Gegner ausgewichen und dem anderen auf den Leim gegangen. Aber ist die Charybdis des Materialismus harmloser als die Skylla des Idealismus?

Bei dem Weg zwischen der Skylla des Idealismus und der Charybdis des Materialismus hindurch geht es um das Folgende: Für den »Idealismus« (Platonismus, Neuplatonismus, die Gnosis, die New-Age-Bewegung) ist die »Seele« in sich selbst, in ihrer *»Substanz«*, göttlich und ewig. Für den »Materialismus« ist die »Seele« wie der Körper nichts als aus Atomen zusammengesetzter Stoff und deshalb in sich selbst, in ihrer *»Substanz«*, vergänglich, zum Zerfall bestimmt. – Für den »Idealisten« ist die Unsterblichkeit selbstverständlich (»Es gibt keinen Tod«, so E. Kübler-Ross), für den Materialisten ist die Verwesung ebenso eindeutig. Beides ergibt sich jeweils aus der »Substanz«, von der man ausgeht.

Luther hat diesem *»Substanzdenken«* widersprochen, für ihn ist entscheidend die *»Beziehung«*, nämlich zu Gott, dem Schöpfer. Was die »Seele« in und an sich selbst ist, besagt für den Christen nichts. Alles kommt darauf an zu fragen, was es für die »Seele« bedeutet, daß Gott sich in eine unaufhebbare *Beziehung* zum Ich des Menschen gesetzt hat. (Zu dieser wichtigen Unterscheidung von »Substanzontologie« und »Beziehungsontologie« vgl. U. Eibach.)

d) Die »Seele« nur Gehirn?

Von der humanwissenschaftlichen Problematik der Ganztod-Lehre: *Virchow* dachte im Modell des monistischen Materialismus (d.h. alles wird aus einem Prinzip – hier der Materie – erklärt). »In allen materialistischen Philosophien ... ist der sich seiner selbst bewußte Geist oder die Seele nichts weiter als ein durch die Evolution geschaffener Emporkömmling aus dem hochentwickelten Gehirn« (Eccles, S. 190, s. unten!). Alle geistigen Prozesse sind nur Hirnprozesse. Enden im Tod die physikalisch-chemischen Prozesse im Gehirn, so erlischt damit gleichzeitig das Ich. Hier ist der Mensch auf sein Gehirn eingeschrumpft.

Der australische Gehirnforscher Sir John C. *Eccles*, für seine Arbeiten mit dem Nobelpreis geehrt, vertritt eine ganz andere Position (Eccles / Zeier, Gehirn und Geist, Frankfurt 1984). Er betont ausdrücklich, daß seine »Hypothese wissenschaftlicher Natur ist, da sie sich auf empirische Fakten stützt und einer objektiven Nachprüfung zugänglich ist« (S. 181). Eccles denkt dualistisch, d.h. er geht von zwei Größen aus, von dem Körper, der sich im Gehirn zusammenfaßt, und dem Geist (Seele, Selbst). Zwischen beiden vollzieht sich eine ständige »Interaktion«, eine Wechselwirkung zwischen Geist und »Liaisongehirn«, »sowohl aufnehmend als auch abgebend« (126). Eccles' Argumentation kann hier nicht dargestellt werden (siehe die Literaturangabe). Ich will, bewußt auswählend und verkürzend, nur *einen* Aspekt in einem Bild veranschaulichen.

(1) *Organist und Orgel*
Ich stelle mir vor: Der Körper des Menschen mit dem Gehirn als Steuerzentrum gleicht einer Orgel, das Selbst (die Seele) dem Organisten. Der Organist ist stumm, er vermag sich nur durch sein Instrument zu äußern, er ist auch unsichtbar, wohnt in seinem Instrument verborgen. Zerfällt die Orgel (aus Altersgründen oder durch gewaltsame Zerstörung), so ist der Organist damit keineswegs vernichtet. Aber er ist uns nicht mehr zugänglich, kann sich uns nicht mehr mitteilen. Ich denke weiter: Es gibt herrliche, vielmanualige Orgeln, es gibt bescheidene Positive, es gibt auch kaum bespielbare Bruchstücke (etwa ein paar verbogene Pfeifen). So begegnen uns genial begabte Menschen, daneben alltägliche, aber auch sehr arm ausgestattete, vielleicht extrem behinderte, die nie eine uns »vernünftig« erscheinende Äußerung von sich geben können. Aber was sagt das über den Organisten? Kann nicht hinter dem elenden Instrument ein reich begabter Spieler stehen? Wenn man im Dritten Reich geistig behinderte Menschen »lebensunwertes Leben« nannte, so stand dahinter das materialistische Modell »Mensch = Gehirn«.

Der folgende Bericht unterstützt stark die Auffassung, daß das eigentliche Ich des Menschen (die »Seele«) keineswegs mit dem Gehirn identisch ist:

D. Le Seur berichtet, wie aus den Anstalten Hephata in Treysa der dortige Direktor vom Sterben eines der schwächsten, armseligsten Kinder folgendes erzählt:

»Etwa zwanzig Jahre lang wurde in unserer Anstalt ein Mädchen namens Käthe gepflegt. Es war von Geburt an geistesgestört und hatte nie ein Wort sprechen gelernt. Stumpf vegetierte Käthe dahin ... Sie aß und trank, sie schlief, stieß auch einmal einen Schrei aus. Andere Lebensregungen hatten wir an ihr in den langen Jahren nie wahrgenommen. An allem, was in ihrer Umgebung vor sich ging, schien sie nicht den geringsten Anteil zu nehmen. Auch körperlich wurde das Mädchen immer elender ... Da rief mich eines Morgens unser Doktor an und bat mich, mit ihm gleich einmal zu Käthe zu gehen, die im Sterben liege. Als wir in die Nähe des Sterbezimmers kamen, fragten wir uns, wer wohl gar Käthe in ihrem Zimmer die Sterbelieder dort singe. Als wir dann ins Zimmer traten, trauten wir unseren Augen und Ohren nicht. Die von Geburt an völlig verblödete Käthe, die nie ein Wort gesprochen hatte, sang sich selbst die Sterbelieder. Vor allen Dingen sang sie immer wieder: Wo findet die Seele die Heimat, die Ruh ... Etwa eine halbe Stunde lang sang sie mit selig verklärtem Gesicht und ging dann sanft und still heim ... Herr Dr. W. erklärte immer wieder: ›Medizinisch stehe ich vor einem Rätsel. Durch zahlreiche Hirnhautentzündungen sind derartig schlimme anatomische Veränderungen in der Hirnrinde eingetreten, daß es völlig unbegreiflich ist, wie das sterbende Mädchen plötzlich *klar und deutlich mit Verständnis singen kann.*‹« (entnommen aus: Fritz Rienecker, Das Schönste kommt noch, Wuppertal, 4. Aufl. 1988)

(2) *Zu Eccles' Modell*
Eccles betont, daß »der Zentralpunkt unseres Daseins ... in unserer persönlichen Einzigartigkeit liegt« (S. 188). »Die Einzigartigkeit des von mir erlebten Selbst ist es, die diese Hypothese über einen unabhängigen Ursprung ... der Seele erforderlich macht, dieser Seele, die sich dann auf eine Weise, über die wir nichts wissen, mit einem Gehirn verbindet, das dadurch zu meinem Gehirn wird« (S. 192). »Die Komponente unserer Existenz in Welt 2 (gemeint ist die geistige Innenwelt des einzelnen) ist nicht materieller Art und braucht daher beim Tod des Menschen nicht der Auflösung unterworfen zu sein, der alle zu Welt 1 (Außenwelt) gehörenden Komponenten des Individuums, d.h. sowohl der Körper als auch das Gehirn, anheimfallen« (S. 190). »Indem wir dieses wunderbare Geschenk von Leben und Tod entgegennehmen, müssen wir ... auf die Möglichkeit irgendeiner anderen Existenz vorbereitet sein« (S. 194). »Ich glaube, daß die Wissenschaft zu weit gegangen ist, als sie den Glauben des Menschen an seine geistige Größe ... zum Einsturz brachte und ihm statt dessen die Überzeugung einflößte, daß der Mensch bloß ein unbedeutendes animalisches Lebewesen ist, das aus einem Gemisch von Zufall und Notwendigkeit auf einem unbedeutenden Planeten entstanden ist« (S. 193).

Was bedeutet das? Es geht für uns nicht um die Behauptung: Die

Wissenschaft (!) hat jetzt festgestellt, daß der Mensch eine »unsterbliche Seele« besitzt. Die Deutungsmodelle liegen weiter im Streit. Wichtig ist, daß in der modernen Wissenschaft vom Menschen der materialistische Monismus seine Herrschaft verloren hat und daß nun eine *neue Offenheit* besteht für das Gespräch mit dem biblischen Glauben. Die Ganztod-Theorie aber ist auf das »alte« Modell fixiert und taugt deshalb für das Gespräch, das jetzt fällig ist, nicht.

e) Die missionstheologische Frage

Der Missionswissenschaftler Walter Freytag hat immer wieder darauf hingewiesen: In der Missionssituation, bei den jungen Kirchen sehen wir manches, was zur Botschaft des Neuen Testaments gehört, viel klarer und plastischer, manches, »was unter dem Staub unserer langen Geschichte den Glanz verloren hat und unkenntlich geworden ist«, kommt neu zum Leuchten.

Der Münchener Theologe Horst *Bürkle* hat gezeigt, wie wichtig die Frage nach den Toten für das Kirchenverständnis der Gemeinden in *Afrika* ist (Einführung in die Theologie der Religionen, Darmstadt 1977, bes. S. 106 – 113). Der Afrikaner versteht sich niemals als ein isoliertes Individuum. Er ist lebendig und lebensfähig nur als »Glied«; er ist eingewachsen in den Organismus des Stammes, eingewurzelt in dem Geburtsverband. Zu diesem Stamm (im Wortsinn!), aus dem das Leben (Äste, Blätter, Frucht) herauswächst, gehören an entscheidenden Platz die *Ahnen,* die den Lebensweg bahnenden »Vor-fahren«. »Der Ahnendienst ist die Brücke, die ›Diesseits‹ und ›Jenseits‹, das Leben hier und das Leben dort, verbindet« (S. 108). Es ist lebensnotwendig, an dieser Ganzheit, die die Ahnen repräsentieren, Anteil zu haben. Das ist die Sicht des vorchristlichen Afrikaners. Die Stammesgemeinschaft hat durch und durch religiöse Bedeutung.

Werden so geprägte Afrikaner Christen, dann erfassen sie besonders tief, was es heißt, »in Christus« und »Glied seines Leibes« zu sein. Der alte Stammes- und Ahnenkult muß mit der Taufe sterben; aber etwas Größeres tritt an seine Stelle: die Gemeinschaft der Heiligen. Die Gemeinde Jesu tritt an den Platz des (religiös befrachteten) Stammes, die »Wolke der Zeugen«, die Väter und Mütter im Glauben, an den Ort der Ahnen. Entscheidend ist für den Afrikaner: Die neue Christusgemeinschaft ist »nicht oberflächlicher und partieller . . ., als es die Gemeinschaft des Stammes in ihrer religiösen Tiefe war« (S. 110). Die Wirklichkeit, die mit »in Christus« bezeichnet wird, überschreitet die Gegenwart. »Sie geht über die sichtbare Gemeinde der Lebenden weit hinaus und umgreift alle – auch die Verstorbenen, ja – die uns noch nicht bekannten, noch ungeborenen zukünftigen Glieder seines Auferstehungsleibes. Für die Verkündigung des Evangeliums in Afrika ist es entscheidend, daß die Toten in das neue Sein in Christus einbezogen sind. Es gibt kein extra ecclesiam (= außerhalb der Kirche) für diejenigen, die im Leben zu ihm gehört haben.« (S. 111)

Von dieser Grundeinsicht in den umfassenden Charakter des Leibes Christi her, wie sie den afrikanischen Christen besonders auf- und einleuchtet, kritisiert Bürkle heutige theologische Aussagen: »Die moderne Skepsis hat auch die Theologie unter Berufung auf das Selbstverständnis des heutigen Menschen dazu gebracht, die Toten in Christus in eine eigentümliche Schweigezone zu bannen. Damit ist sie nicht nur vielen Hinterbliebenen den Trost des Evangeliums schuldig geblieben. Sie hat den Herrschaftsbereich Jesu Christi ... in das schmale Gefilde gegenwärtiger Anschaulichkeit gezwängt.« (S. 111-112)

Hier wird einmal das *ekklesiologische Defizit* der Ganztod-Theorie sichtbar. Schafft man (nicht nur in Afrika!) angesichts der Frage »Wo sind unsere Toten?« ein Vakuum, einen Bereich der Sprachlosigkeit, so dringen zwangsläufig okkulte, spiritistische Praktiken ein. Räume, die der Glaube nicht füllt, beansprucht der Aberglaube.

Zum andern ist auch das *seelsorgerliche Defizit* deutlich: Daß wir im Ganztod »irgendwie« im Bewußtsein Gottes in unserer Identität festgehalten sind, ist unendlich viel blasser, abstrakter und darum weniger tröstlich als das Bekenntnis: »Jetzt sieht er IHN«. Dabei geht es nicht um die taktische Frage: Wie schneidet man das Evangelium so zu, daß es zu den besonderen Bedürfnissen afrikanischer Christen paßt oder zu der besonderen seelischen Situation von Trauernden? Es geht um die grundsätzliche theologische Frage: Wo wird das Evangelium verkürzt, dem Zeitgeist der Moderne zuliebe eingeschrumpft, und wo entfaltet es seine ganze tröstende Fülle?

f) Bilanz

Das bisher Gesagte nötigt uns, die scheinbar so »feste Burg« der Ganztod-Theorie als Fehlkonstruktion anzusehen. Wir bündeln die Argumente:

(1) Sie zwingt die Fülle der biblischen Aussagen in das Prokru-

stesbett ihres Systems, ist demnach der Bibel nicht »abgelauscht«, sondern wird ihr diktatorisch übergestülpt.

(2) Sie meidet zwar den platonischen Idealismus (»Seelenglauben«), läuft aber statt dessen dem Materialismus in die Arme und nähert sich dessen Parole an: »Mit dem Tode ist alles aus.« Es wurden also lediglich die philosophischen Vormünder ausgetauscht, nicht aber die Bindung an ein philosophisches Vorverständnis überwunden.

(3) Sie erweist sich gegenüber neuen Ansätzen in der anthropologischen Forschung (z.B. bei dem Hirnphysiologen Eccles) als nicht gesprächsfähig, weil sie dem alten monistischen Menschenbild verpflichtet ist.

(4) Sie zeigt ein gefährliches missionstheologisches Defizit: Weil z.B. afrikanischer Ahnenglaube und -kult christlich nicht »aufgehoben« (d.h. abgetan und zugleich erfüllt) werden können, öffnet sie faktisch okkulten Praktiken die Tür.

(5) Sie läßt Trauernde mit abstrakten Formeln allein, ist also ein schlechter Seelsorger.

3. »Kann uns doch kein Tod nicht töten . . .«

In einem dritten Anlauf gilt es jetzt, *Umrißlinien einer Gegenposition* zu skizzieren. – a) Dabei zeigen wir zunächst, daß die Frage nach dem »*Zwischenzustand*« unumgänglich ist. Recht gestellt, lautet sie: Steht dieser im Zeichen des Todes oder des Ostersieges Jesus? – b) Sodann fassen wir Fuß im Zentrum des Evangeliums, bei der Botschaft vom Erlöser Jesus Christus und vom *Neuschöpfer Geist.* »Wer den Sohn (Gottes) hat, der hat das ewige Leben.« (1. Joh. 5,12) Vermag der Tod dies *österliche Leben* zu treffen (zu unterbrechen)? – c) Von diesem »harten Kern« als Zentrum aus greifen wir weiter: Gilt nicht erst von der Erlösung, sondern bereits von der *Schöpfung* her: der Mensch als Gottes Gegenüber ist wesenhaft »unsterblich«? – d) Wir fragen: Was bestimmt die Existenz der Glaubenden im »*Zwischenzustand*«? Bedeutet ein »Schon-bei-Christus-Sein« Entleerung der Hoffnung auf »den lieben Jüngsten Tag«? – e) Abschließend sind unsere Aussagen an den Testfragen der Ganztod-Theorie zu überprüfen.

a) Wer regiert den »Zwischenzustand«?

Die Ganztod-Theorie erklärt, die Frage nach dem »Zwischenzustand« (nach der Existenz der Toten zwischen dem individuellen Sterbetag und dem Tag der Wiederkunft und Vollendung) sei grundsätzlich falsch gestellt, sei schlicht »Un-Sinn«. Denn unsere Toten seien »aus der *Zeit* in die *Ewigkeit* abgerufen« und damit in eine ganz andere Dimension, in eine ganz neue Kategorie. Da könne man überhaupt nicht mehr sinnvoll nach einer Zwischen-*zeit* fragen. Gern wird der bereits genannte Satz Luthers zitiert: »Hier muß man die Zeit aus dem Sinn tun und wissen, daß in jener Welt nicht Zeit noch Stunde sind, sondern alles ein ewiger Augenblick.«

Diese Patentlösung klingt eindrücklich und einleuchtend und ist doch – philosophisch wie theologisch – ein »fauler Trick«. Zunächst *können* wir als Menschen die Zeit gar nicht »aus dem Sinn tun«. Immanuel Kant hat zutreffend gezeigt, daß unserm Bewußtsein diese »Denkform« innewohnt: »Zeit-loses« können wir überhaupt nicht denken, uns nicht vorstellen. Aber dieses »subjektive« Argument (von der Struktur unseres Bewußtseins her) ist ganz zweitrangig. Wesentlich ist die Frage: *Heißt Ewigkeit Zeitlosigkeit?* Luthers Satz (er hat auch ganz andere gesagt) setzt das voraus; aber er steht ganz im Banne griechischer Philosophie. Da wird die Zeit grundsätzlich als »Zeitlichkeit« im Sinne von Vergänglichkeit verstanden. Zeit ist der Bereich des Vergehens und Vernichtens (vgl. »der Zahn der Zeit«). Dieser negativen Größe Zeit gegenüber ist Ewigkeit dann »das ganz andere«, das Gegenteil von Zeit, »no-time«, Zeitlosigkeit (nach dem griechischen Philosophen Parmenides: »ewig« = ungeworden/unveränderlich/unvergänglich = zeitlos).

Aber dagegen muß vom biblischen Schöpferglauben her Einspruch erhoben werden: *Zeit* ist von Hause aus *Gottes gutes Geschöpf* (»da ward aus Abend und Morgen der erste Tag«, 1. Mose 1,5 vgl. V. 14!). Wohl hat auch dieses Geschöpf Zeit (wie alle Kreatur) Anteil an der gefallenen Welt (von daher der zerstörende Charakter »Zahn der Zeit«). Aber wie alle Kreatur, so wartet auch die Zeit auf ihre Erlösung, Verwandlung, Vollendung – und nicht einfach darauf, vernichtet zu werden.

Weiter: Gott, der Schöpfer, nimmt sein Geschöpf Zeit ernst und nimmt es in Dienst. *Auch für und vor Gott ist die Zeit Realität:* Auch für Gott gibt es ein »vor« und »nach Christi Geburt«, ein »vor« und »nach der Wiederkunft« und (in unserem kleinen persönlichen Leben) ein »einst« und ein »jetzt« (vor und nach der Wiedergeburt).

Gottes Heil- und Offenbarungsgeschichte bedient sich also positiv des Geschöpfes Zeit. Ewigkeit ist für biblisches Denken nicht das Gegenteil von Zeit. Ewigkeit läßt sich überhaupt nicht an der Größe Zeit definieren (nicht als ihr Gegensatz und auch nicht als ihre Summe: Ewigkeit = Summe aller Zeiten; »ewig lang«). *Ewigkeit ist* in Wahrheit *Gottes Ehrentitel*, meint *sein »Wesen«* (Jochen Klepper: »Der du allein der Ewge heißt«, EKG 45,6; vgl. 1. Joh. 5,20). Schenkt uns Gott »ewiges Leben«, so gibt er uns damit nicht etwas, sondern Anteil an sich selbst, Gemeinschaft mit sich (wie Jesus »das Leben« in Person »ist«, Joh. 11,25). Zeit verhält sich zu Ewigkeit wie das Geschöpf zum Schöpfer. (W. Lütgert)

Wir werden uns also keineswegs gebieten lassen, »die Zeit aus dem Sinn zu tun« und schon die Frage nach einem »Zwischenzustand« als solchem für absurd zu halten. Genausowenig werden wir behaupten, daß »dort« die Zeit nach unseren Uhren sich messen lasse, daß »dort« unsere Zeiteinteilung nach dem Lauf der Gestirne herrsche, unser irdischer Zeitrhythmus. Wir wissen heute: Zeit ist stets »relativ«, auf ein bestimmtes System bezogen, sie hat innerhalb der verschiedenen Systeme ein verschiedenes Tempo. Von solcher »Relativität« der Zeit weiß schon die Bibel zu sagen, wenn es etwa im 2. Petrusbrief heißt: »*Ein* Tag ist vor dem Herrn wie tausend Jahre, und tausend Jahre sind wie *ein* Tag« (3,8). Wir fragen also nicht nach der relativen Dauer, nicht nach der Erlebnisqualität der Zeit »dort«. Aber wir halten fest, daß nach biblischem Zeugnis die Zeit Gottes gutes Geschöpf und vor ihm real ist.

So ist für uns die Frage nach dem »Zwischenzustand« unabweisbar. Wir stellen sie so: *Wer regiert den »Zwischenzustand«?* Unter wessen Herrschaft steht er? Wer setzt hier das Recht? Wer hat hier die Macht? Steht das »Dazwischen« im Zeichen des *Todes*? (Darf »der letzte Feind« die Glaubenden – wenn auch nur auf Zeit – von ihrem Herrn trennen, darf er ihr Gespräch mit ihrem Herrn unterbrechen, sozusagen eine »Gottespause« herbeiführen?) Oder steht das »Dazwischen« ganz im Zeichen des *Ostersiegers*? Sind die im Glauben Verstorbenen *»am Styx«* (am trüben Strom des Totenreichs, wo Vergessen und Schweigen walten) oder sind sie *»beim Herrn«*? Das ist die angemessene Frage nach dem »Zwischenzustand«!

b) Kann der Tod die »neue Kreatur« treffen?

Die Ganztod-Theorie will dem Ernst des Todes, dem heiligen Gericht Gottes über den Sünder Rechnung tragen (»der Tod, der Sünde

Sold«, Röm. 6,23); sie will jeder Verharmlosung des Todes (und damit der Sünde) wehren. Das ist gut und notwendig! Aber: diese wichtige Aufgabe, das *Gesetz* (Gottes richtendes Wort) aufzurichten, darf nicht auf Kosten des *Evangeliums* geschehen. *Das Ernstnehmen des Todes darf das »Frohnehmen« des Ostersiegs nicht verdunkeln.* Das entscheidende Wort über Tod und Sünde lautet: Der Tod ist besiegt (2. Tim. 1,10), und die Sünde ist vergeben!

Von der Mitte des Neuen Testaments – von dem erhöhten Herrn, dem *Kyrios Jesus* (2. Glaubensartikel) und von der neuschöpferischen Macht des *Heiligen Geistes* (3. Artikel) her – haben wir jetzt zu denken und zu argumentieren! Was kann, was darf der Tod noch an denen tun, die »in Christus Jesus« sind? Gewiß, den Leib, dies herrliche »Instrument«, zerbricht er, und wir stehen hilflos weinend und tief gebeugt daneben: »O Tod, wie bitter bist du!« (Sirach 41,1). Aber darf dem Tod, diesem bereits besiegten, wenn auch noch nicht liquidierten »letzten Feind« (1. Kor. 15,26), die Macht und das Recht zugestanden werden, die anzutasten, die »in Christo Jesu« sind, also beheimatet in der Osterwirklichkeit, die den Tod hinter sich hat? Könnte er sie – auch nur auf Zeit – auslöschen? Sind sie nicht Glieder an dem neuen, österlichen Leib (1. Kor. 12,12.27)? Ist Jesu Auferstehen doch nicht ein »privates Ostern«, das nur ihn angeht, sondern Anbruch der neuen Welt, des »Eschaton«, der Vollendung!

Wenn (nach 1. Kor. 3,22) »alles unser ist« – Leben wie Tod, Gegenwärtiges wie Zukünftiges –, wie könnten wir dann auch nur für eine Sekunde »des Todes« werden? Wenn (nach Röm. 8,38-39) »weder Tod noch Leben« uns von der Liebe Gottes (Christi) scheiden können, wie könnte Gott dulden, daß diese Liebes-, diese Gesprächsgemeinschaft auch nur einen Augenblick unterbrochen wird? Wenn (nach Röm. 14,7-8) gilt: »Wir leben oder sterben, so sind wir des Herrn«, wie dürfte der Tod in dieses Herrenrecht Jesu eingreifen? Wenn (nach 1. Joh. 5,12; vgl. dazu Joh. 11,25-26) das strahlende Präsens gilt: »Wer den Sohn Gottes hat, der *hat* das ewige Leben« (»wird nimmermehr sterben«), wie sollte dieses Präsens noch einmal Vergangenheit werden können, ein »Es war einmal«? All diese Fragen von Christus, dem Ostersieger, her zu stellen, heißt, sie zu verneinen, heißt auszurufen: »Das sei ferne!«

Aber auch vom »Geist, der lebendig macht« (2. Kor. 3,6), von der Schöpfung der »neuen Kreatur« (2. Kor. 5,17) her ist entsprechend zu argumentieren. Paulus spricht vom *»inneren Menschen«* (2. Kor. 4,16; Eph. 3,16); gemeint ist »der im Glauben mit dem erhöhten

Christus verbundene Mensch, der als ›neues Geschöpf‹ vom alten, natürlichen Menschen unterschieden wird« (Fr. Lang, Die Briefe an die Korinther, NTD 7, Göttingen, 16. Aufl. 1986). Dieser »innere Mensch« wird »stark durch den Heiligen Geist«, wird »wenn auch unser äußerer Mensch verfällt . . ., von Tag zu Tag erneuert«. Dieser vom Geist geformte »innere Mensch« ist bereits als das endgültig Neue in unserem sterblichen Leib gegenwärtig, ist unsere neue »Person«. Mit Recht sagt Peter Brunner: »Der ›inwendige‹ Mensch ist die Person, die dadurch, daß sie in Christus ist und der Geist ihr einwohnt, bereits in ihrem irdischen, geschichtlichen Dasein in einer verborgenen, aber realen Weise an dem zukünftigen Auferstehungsleib Anteil hat . . . Jener inwendige Mensch, der von der geistgewirkten Lebensgemeinschaft mit Christus gebildet wird, kann vom Tod nicht verschlungen werden, weil er im Leben des auferstandenen und erhöhten Herrn sein Wesen hat. In der Begegnung mit dem Tod wird der in irdischer Leiblichkeit lebende ›äußere‹ Mensch tödlich getroffen, aber . . . der ›inwendige‹ Mensch wird sich gerade dem Tod gegenüber als der ewig unzerstörbare und im ewigen Leben lebendige enthüllen.« (In: Bemühungen um die einigende Wahrheit, S. 284-285)

Wir fassen zusammen: Wer dem Tod Macht über die Glieder am Leib Christi, über die »neue Kreatur«, über den geistlichen, »inneren« Menschen einräumt, *widerruft damit die Osterwirklichkeit.* Das kann und darf eine an den »großen Taten Gottes« orientierte Theologie niemals tun! Hier huldigt eine Ganztod-Theorie dem Tode statt dem auferweckten Herrn; dem muß klar widersprochen werden.

c) Was geschieht, wenn der Mensch stirbt?

Bisher haben wir im innersten Zentrum des Glaubens (bei Jesus, dem Ostersieger, beim Heiligen Geist, dem Neuschöpfer) Position bezogen. Wir haben gefragt: Was geschieht, wenn der *Christ* stirbt? Wir fragen jetzt im Horizont des 1. Artikels, des Schöpfungsglaubens. Wenn der Christ als Glied am Leib Christi bereits im Zentrum jenseits des Todes ist, verfällt dann der Nichtchrist dem »Ganztod«?

Hier kann nur ganz stichwortartig geredet werden. Ich verweise auf die gründliche Arbeit von Fritz Heidler (»Die biblische Lehre von der Unsterblichkeit der Seele«). Heidler argumentiert streng von der Schöpfungslehre her. Der Mensch ist von Gott als Ganzheit von Leib, Seele und Geist geschaffen (vgl. 1. Thess. 5,23). Dabei ist der

Geist das »Seinselement«, das den Menschen zur von Gott ansprechbaren Person macht. (Der Geist ist das schöpfungsmäßige Fundament der Gottebenbildlichkeit.) Im Tode wird diese Geist-Seele-Leib-Ganzheit zerbrochen. Der Leib zerfällt. Die Geist-Seele aber »existiert nichtirdisch postmortal (= nach dem Tode) weiter im Zwischenzustand bis zum Endgericht Christi am Jüngsten Tag« (S. 190). Diese »Unsterblichkeit« bedeutet keineswegs: »Wir kommen alle, alle in den Himmel«, sondern: Durch das Sterben hindurch wird das »Ich«, die »Person« des Menschen ihrem Richter gegenübergestellt – zum Heil oder zur Verdammnis. Gott hat den Menschen so geschaffen, daß er der Gottesbeziehung nie entlaufen kann.

Auch diese knappen Andeutungen zeigen wohl, wie die Arbeit von F. Heidler einem Gleichnis Jesu wie dem vom »reichen Mann und armen Lazarus« (der eine im Hades, der andere in Abrahams Schoß) die schöpfungstheologische Grundlage gibt, wie sie zugleich auch das Gespräch etwa mit John Eccles (vgl. unser Bild »Organist – Orgel«) in Gang bringen und fördern kann. »Unsterblichkeit der Seele und Auferstehung der Toten sind keine Gegensätze. Nach biblischer Erkenntnis gehören sie zusammen; sie bedingen einander« (S. 191).

d) Was tut die »Wolke der Zeugen« im Zwischenzustand?

Eine kritische Anfrage der »Ganztod-Theologen« im Blick auf den »Zwischenzustand« war: Das private »Stündlein«, der »Heimgang« des einzelnen, scheint alles Schwergewicht zu bekommen; die große »Stunde« des wiederkommenden Herrn (mit Totenauferweckung, Jüngstem Gericht, Neuschöpfung von Himmel und Erde) droht dagegen belanglos zu werden, ein blasses, nichtssagendes Nachspiel. Denn wenn die »Entschlafenen« schon bei Jesus und in seinem Anblick selig sind (»Jetzt sieht er IHN!«), was soll da noch Wichtiges ausstehen? – Dieser Einwand ist jedoch nicht schwer zu entkräften; er leidet selbst an der Krankheit, die er bekämpft, faßt die im Glauben »Entschlafenen« viel zu vereinzelt und individualistisch ins Auge. Er vergißt die Dimension des »Leibes Christi«, des Reiches Gottes!

Eindrücklich zeichnet Offenbarung 6,9-10 die innere Lebendigkeit des »Zwischenzustands«. Nicht als »stille Genießer« werden dort die Seelen der Märtyrer unten am Altar beschrieben. Sie meditieren nicht trunken ihre eigene Seligkeit, sondern sind leidenschaftlich engagiert, sind mit ganzem Herzen aus auf die »Sache«

des kommenden Reichs. »Wie lange noch?« rufen sie ungeduldig, brennend vor Sehnsucht nach der Endvollendung. Nicht in einem himmlischen Schlafraum befinden sie sich, sondern im *»Wartesaal zum Reich Gottes«*, in dem die Spannung stündlich zunimmt: »Wie lange noch?« Worauf warten sie mit solcher Ungeduld und solcher Vorfreude?

Es gibt nach dem Neuen Testament nur die eine Gemeinde, den einen »Leib Christi« (1. Kor. 12). Von dem aber gilt, was der Theologe Rudolf Bohren nach dem Sterben seiner Frau sehr prägnant formulierte: »Die Gemeinde Christi umfaßt auch die Toten, umfaßt sie aber nicht *als Tote* (denn ›Ihm leben sie alle‹, Luk. 20,38).« Der eine Leib Jesu umschließt also Glieder, die sich gleichsam »auf unserer Seite«, also diesseits der biologischen Todesgrenze befinden – und solche, die diese Linie bereits überschritten haben. Die einen wie die anderen sind »in Christus«, sind eingefügt, »einverleibt« in sein Osterleben. Was in unserer Optik als die letzte und tiefste Unter-Scheidung erscheint: »Der lebt noch – der ist bereits tot«, wird grundlegend relativiert durch die übergreifende Wirklichkeit des »Leibes Jesu«.

Geradezu atemberaubend beschreibt Paulus die Souveränität Jesu, die jenen uns so unheimlichen Einschnitt überspannt: »Leben wir, so leben wir dem Herrn; sterben wir, so sterben wir dem Herrn. Darum: wir leben oder sterben, so sind wir des Herrn. Denn dazu ist Christus gestorben und wieder lebendig geworden, daß er über Tote und Lebende Herr sei.« (Röm. 14,8-9)

Wer an Christus glaubt, der wohnt »in Christus« wie in einem bergenden Haus; was uns als »eiserner Vorhang« erscheint – von brutaler Unüberwindlichkeit –, ist für den »Hausherrn« höchstens eine punktierte Linie. Der eine Leib Jesu aber wartet auf seine Vollendung, denn alle seine Glieder stehen miteinander noch diesseits des Jüngsten Tages, diesseits der endgültigen Enthüllung und universalen Durchsetzung der Herrschaft Christi. Mit uns, die wir diesseits des Todes unterwegs sind, wartet die »Wolke der Zeugen«; von all den Vätern heißt es: »Sie sollten nicht ohne uns vollendet werden« (Hebr. 11,40).

Dieses *Warten* als die vitale Lebensäußerung im »Zwischenzustand« hat der Kirchenlehrer Origenes (185-255) unübertrefflich veranschaulicht: Jesus selbst wartet. »Mein Heiland kann sich nicht freuen, solange ich in Verkehrtheit bleibe . . . Weil er selbst Fürsprecher für unsere Sünden beim Vater ist . . . Wie also kann er, der Fürsprecher für meine Sünden, den ›Wein‹ der Freude trinken, wenn ich ihn mit meinen Sünden betrübe? (vgl. Mt. 26,29) ... Du siehst, daß Abraham noch wartet, die Vollendung zu erlangen. Es warten auch Isaak und Jakob, und alle Propheten warten auf uns, um mit uns die vollendete Glückseligkeit zu erreichen ... ›Ein Leib‹ ist's nämlich, der der Rechtfertigung harrt. ›Ein Leib‹, der zum Gerichte aufersteht ... Selbst wenn das Auge heil ist und zum Sehen tüchtig – fehlen ihm die übrigen Glieder, was wäre die Freude des Auges? ... Du wirst also zwar Freude haben, wenn du als Heiliger aus diesem Land scheidest; dann aber erst wird deine Freude voll sein, wenn kein Glied mehr fehlt. *Warten wirst nämlich auch du, wie du (jetzt) selber erwartet wirst* ... Wenn es dir aber, der du (nur) Glied bist, keine volle Freude scheint, solange ein Glied fehlt, um wieviel mehr muß unser Herr und Heiland, der das Haupt und der Urheber dieses Leibes ist, es für keine Freude ansehen, wenn er immer noch Glieder seines Leibes entbehrt« (aus der 7. Homilie über das 3. Buch Mose, zitiert bei Ratzinger, S. 153-154).

Jetzt sind wir Erwartete und werden neu Wartende. Wir warten mit unserm Herrn, der schon Sieger ist und zugleich noch dem letzten Sieg zueilt (»Der letzte Feind, der vernichtet wird, ist der Tod«, 1. Kor. 15,26).

Verstehen wir den »Zwischenzustand« so von dem »Leib Christi« her und im Horizont der Bitte »Dein Reich komme«, dann ist er gewiß kein Vakuum, noch weniger steht er in Konkurrenz zu »dem lieben Jüngsten Tag« (Luther). Sind die »Entschlafenen« (mit O. Cullmanns Formulierung) »näher bei Gott«, haben sie das »Schon« der Christusgemeinschaft auf der Zunge, dann wird das Warten, Rufen, Beten um das »Dann« der Endvollendung um so dringender. Die Vollgestalt des »Leibes Christi« und seine Verherrlichung stehen ja noch aus, die Auferstehungsleiblichkeit (das neue Instrument, die vollkommene »Orgel«) und mit ihr die Verwandlung des Kosmos in den »neuen Himmel und die neue Erde« (2. Petr. 3,13) sind noch Verheißungsgut. Vor Jesu Wiederkunft, vor seinem großen Tag ist die Gemeinde Jesu diesseits der Todesgrenze und mit ganz neuer Intensität jenseits dieser Linie – *wartende Gemeinde,* Adventsgemeinde. »Warten wirst nämlich auch du, wie du jetzt selber erwartet wirst.«

Wir Christen stehen – wie Hermann Cremer sagt – »mitten zwischen beiden Ostern«. Auf die erste Ostertat Gottes, der den »Erstling« Jesus aus dem Grab rief und so unser ewiges Leben begründete, blicken wir zurück. Auf die zweite, die alles vollendende Ostertat, die mit der Auferweckung der Toten den neuen Himmel und die neue Erde heraufführt, warten wir gespannt. Dieses Warten erreicht seine Intensivstufe, seine äußerste Verdichtung, bei denen, die schon »bei Christus«, schon »im Paradies« sind. »Das ist freilich noch nicht die Vollendung – die tritt erst ein in der Auferstehung –, aber das ist Seligkeit. Das Warten auf die Vollendung mindert die Seligkeit nicht, da dasselbe schon hier zur Seligkeit der Gläubigen gehört.« (H. Cremer)

e) Fallen wir hinter die Anfragen und Anliegen der Ganztod-Theorie zurück?

In aller Kürze wollen wir uns dieser *Kontrollfrage* stellen. Die Ganztod-Theorie läßt sich in vier eindrücklichen Schlagworten bündeln. Wie halten wir es mit ihnen?

(1) *Ganzer Mensch*: Für uns ist die Ganzheit des Menschen nicht in dem einen, dem materiellen Prinzip begründet, sondern in der Drei-Einheit von Geist-Seele-Leib, die *Gott schuf*. Es ist die furchtbare Macht des Todes, daß er diese Ganzheit zerbricht (dem Organisten die Orgel zerstört). Neu und vollendet stellt der kommende Herr uns in »Geistleiblichkeit« inmitten einer neuen Welt wieder her.

(2) *Ganzer Tod*: Der Ernst und die Radikalität des Todes besteht für uns nicht darin, daß der Mensch ganz ausgelöscht wird. Das könnte manchen so passen! Der Ernst des Todes besteht darin, daß der Mensch durch ihn seinem Herrn und Richter ausgeliefert wird, und darin, daß hinter diesem biologischen Tod jener »zweite Tod« (Offb. 20,14; 21,8) droht, der nicht (was noch recht »harmlos« wäre) Vernichtung und Auslöschung der Existenz bedeutet, sondern ewige Trennung von dem Leben in Person, »Hölle« als Gottesferne. – Die österliche »neue Kreatur«, den geistgeschaffenen »inneren Menschen«, vermag kein Tod zu treffen, denn der neue Mensch hat sein Wesen »in Christus«, ist in ihm immer schon jenseits des Todes.

(3) *Ganze Auferweckung*: Daß der Zwischenzustand, das Bei-dem-Herrn-Sein (»Jetzt sieht er IHN«), nicht Entleerung der Wiederkunftserwartung bedeutet, sondern deren Intensivierung, wurde oben bei Punkt 3.d) ausführlich begründet.

(4) *Ganzer Glaube*: Wird nur dadurch der Glaube im Sterben groß, daß der Tod mich total tötet und nur mein Herr mich total erwecken wird? Nein, denn die eigentliche Frage heißt ja nicht: »Werde ich überleben?«, sondern: »Werde ich ewig bei meinem Herrn sein (›Himmel‹) oder ewig von ihm geschieden (›Hölle‹)?« Meine Selig-

keit aber erwarte ich von nichts in mir (»unsterbliche Seele«) oder an mir (»gute Werke der Heiligung«), sondern allein von meinem Herrn, »der mich verlorenen und verdammten Menschen erlöset hat«. »Christus allein!« – das ist und bleibt das Wahrzeichen des Glaubens.

Eine *abschließende Bemerkung* sei noch angefügt: Im bisherigen wurde versucht, die These vom Ganztod als unangemessene Rede zurückzuweisen und durch eine andere These zu ersetzen, die dem biblischen Zeugnis besser gerecht wird. Am Ende ist zu gestehen: Ein Empfinden des Unbefriedigtseins bleibt. Es ist darin begründet, daß unser theologisches Bemühen hier in Bereiche eintritt, die unser Raum-Zeit-gebundenes, unser »diesem Äon« verhaftetes Denken schlechthin übersteigen. So bleiben notwendig Spannungen. Etwa wenn man fragt, *wann* denn nun der eigentliche Termin des Gerichts sei, nach dem individuellen Tode (als Qualifizierung des »Zwischenzustandes«, ob der einzelne »bei Christus« sei oder von ihm entfernt) oder erst beim universellen Weltgericht am Jüngsten Tage – oder etwa, gestuft, an beiden »Terminen«.

Zwei Grundeinsichten, die beide fest im biblischen Wort verankert sind, müssen ausgesprochen werden, ohne daß sie – für unser Denken – zur logischen Harmonie zu bringen sind (auch im Neuen Testament geschieht das nicht!). Einmal geht es um die schon im Alten Testament beginnende (vgl. Ps. 73) *»persönliche Linie«*: Wer zu dem »lebendigen Gott«, zu dem Retter Jesus Christus gehört, ist jetzt schon im neuen Leben. Der Tod kann ihn von diesem Herrn, der das Leben in Person ist, niemals trennen, kann die »neue Kreatur« niemals töten. Von daher ergab sich für uns das Nein zum Ganztod. – Zum andern geht es um die *universale*, die ganze Schöpfung umfassende Linie: Wiederkunft Jesu bedeutet Schöpfung eines neuen Himmels und einer neuen Erde durch radikale Verwandlung hindurch. Teil dieser neuen Schöpfung ist auch unsere neue Leiblichkeit, die noch aussteht.

Beide Linien lassen sich offenbar nicht spannungslos miteinander mit den Kategorien unserer Raum-Zeit-Welt zum Ausdruck bringen. Es ist uns aber ebenfalls nicht erlaubt, (nach Luthers Wort) die Zeit einfach »aus dem Sinn zu tun«; denn wer die »Heilsgeschichte« Gottes ernst nimmt, muß eben damit auch diese »unsere« Zeit und Geschichte ernst nehmen, so gewiß auch Gottes Kreatur »Zeit« auf ihre Verwandlung und Vollendung wartet.

Es wird spürbar, wie sehr »unser Erkennen Stückwerk« ist (1. Kor. 13,9). Die Väter unterschieden deshalb eine *»theologia viatorum«*, eine Theologie derer, die noch hier im Glauben unterwegs sind, von einer »*theologia beatorum*«, einer Theologie der Seligen, die schauen, was sie geglaubt haben und das Geschaute nun in ganz neuer Weise aussprechen können. So steht auch über dem Stückwerk theologischen Nachdenkens die Verheißung, daß es – durchs Gericht hindurch – verwandelt und vollendet wird.

V. »Von dort wird er kommen zu richten die Lebenden und die Toten . . .«

Das Thema »Gericht Gottes«, »Jüngstes Gericht«, »Endgericht« ist nie populär gewesen. Heute aber wird es weitgehend verneint oder verdrängt. »Der Gerichtsgedanke zählt zu den absichtslos und absichtsvoll verschwiegenen Themen der Theologie«, so urteilt der Theologe K. Stock (zitiert bei Groth, Die Wiederbringung, S. 13-14; vgl. Literatur zu Kap. VII.), und C.H. Ratschow spricht von der gegenwärtigen »Gerichtsvergessenheit«. Gerne hört man die Argumentation: Weil das Golgatha-Gericht stattgefunden hat, erübrigt sich das Endgericht; der »Zorn Gottes« ist kein Thema mehr, nur von Gnade, Heil, Seligkeit, Vollendung ist noch zu sprechen. Um so wichtiger ist die Frage nach der biblischen Aussage.

1. Das Evangelium vom »Jüngsten Gericht«

»Ach, lieber Herr, eil zum Gericht!«, so beginnt die letzte Strophe eines Liedes, das angefüllt ist mit Adventsjubel: »Ihr lieben Christen, freut euch nun/bald wird erscheinen Gottes Sohn . . . Der jüngste Tag ist nun nicht fern./Komm, Jesu Christe, lieber Herr . . .« (EKG 3) – *»Eil zum Gericht!«* Ist das nicht eine sehr befremdliche Bitte? Wir wissen wohl: Das Jüngste Gericht gehört zum Bekenntnis der Christenheit . . . »Von dort wird er kommen, zu richten die Lebenden und die Toten.«

Ein kurzer Blick in die Konkordanz belehrt uns: Das Letzte Gericht wird im Neuen Testament immer wieder bezeugt: Nach 1. Thessalonicher 1,10 gehört die Information über den »zukünftigen Zorn« (= das Zorngericht) zum Elementarstoff der christlichen Missionspredigt (von eben diesem »Zorn« errettet uns Jesus). Nach Hebräer 6,2 ist die Lehre von der »Auferstehung der Toten und vom ewigen Gericht« Teil des ABCs beim Taufunterricht, gehört zum Fundamentalen, zur »Eisernen Ration«. In Römer 2,16 nennt Paulus diese Botschaft (»Gott wird an dem Tag das Verborgene der Menschen durch Jesus Christus richten«) einen wichtigen Bestandteil seines Evangeliums (»nach meinem Evangelium«).

Wir Christen werden uns also auf dieses »Jüngste« (d.h. letzte und endgültige) Gericht einstellen müssen – so wie wir unter Umständen eine strapaziöse medizinische Untersuchung nicht vermeiden können oder uns einer nicht harmlosen Operation unterziehen müssen. Aber – »Adventsjubel« im Blick darauf? Bitte darum? Vorfreude? Evangelium?

Freilich, wenn wir über das »ABC« unseres Glaubens nachdenken, müssen wir zugeben: *Ein Fremdkörper ist diese Botschaft vom Gericht nicht*! Sie ist überall mit eingepackt, impliziert. Wir wollen uns das an drei »Selbstverständlichkeiten« unseres Glaubens verdeutlichen:

(1) Als Christen sagen wir: Der Wert eines Menschen wird letztlich nicht durch sein Können, seinen Besitz, seine Gesundheit, seine Schönheit, sein Wissen, seinen Einfluß, seinen guten Ruf bestimmt, sondern allein davon, *was Gott über ihn denkt*. Was jemand wirklich ist, das sagt nicht sein Selbstwert-(oder Unwert-)Gefühl, nicht die Meinung der Nachbarn oder Kollegen; wir sind das, war wir *vor Gott* sind. »*Gottes Urteil* über uns macht uns zu dem, was wir in Wahrheit sind« (Peter Brunner). Jeder steht und fällt letztlich seinem Herrn.

Wer das als Christ mitspricht (und wer könnte sich dem entziehen?), der blickt damit voraus nach dem Jüngsten Gericht. Denn wie könnte dieses Urteil Gottes, von dem alles abhängt, für immer verborgen bleiben? Wie könnten Spötter es ungestraft ignorieren und verlachen dürfen? Wie könnte es für die Christen selbst beständig ein »Glaubensgegenstand« bleiben, dem Schauen, der Erfahrung verhüllt? Nein, das letztgültige Urteil Gottes muß einmal an den Tag kommen, muß offensichtlich, unwidersprechlich werden – evident! Wie könnte der Glaube es anders wünschen?

(2) Die *»Rechtfertigung des Sünders«* war die große Wiederentdekkung der Reformation: Um Jesu Christi willen nimmt Gott mich Unannehmbaren an – allein aus Gnaden. »Gottes Gnad' durch Christi Blut machet allen Schaden gut«, so heißt es in der Urfassung eines bekannten Abendliedes. Aber eben »allen *Schaden*«! »Rechtfertigung« heißt ja nicht: Über Sünde wird nicht gesprochen, sie wird stillschweigend übergangen (»Schwamm drüber«). Nein, Gottes Geist, Gottes Wort deckt unsere Schuld auf, macht unser Gewissen wach, läßt uns bitten: »Herr, vergib!« Die Sünde wird nicht ignoriert, sie wird *vergeben*. Das üble Geschwür wird nicht einfach überpflastert (nach der Parole: »Es wächst schon Gras darüber«), es wird freigelegt, aufgeschnitten und gerade so geheilt.

Die »heilsame« Begegnung mit Gott ist stets schmerzhafte Diagnose und rettende Therapie, ist Todesurteil und Begnadigung, ist

»Gesetz« und »Evangelium«, heißt: »Du bist der Mann!« (2. Sam. 12,7), und: »Dir sind deine Sünden vergeben.«

Diese doppelte Erfahrung, diese »Zurechtweisung« (im Doppelklang des Wortes), ist für uns Christen ein Leben lang notwendig. Es gilt, »täglich in die Tauf' zu kriechen«, sagte Luther; es geht um tägliches Sterben (»Ersäuftwerden«) und Auferstehen.

Wer als Christ von dieser »Rechtfertigung des Sünders« weiß (und wer wäre ohne diese Erfahrung ein Christ?), der weiß damit vom »Jüngsten Gericht«. Wenn täglich Sünde aufgedeckt wird – und eben *so* vergeben, wie könnt das am »Jüngsten Tag« anders ein? Wie könnte die große, alles entscheidende Begegnung mit Gott, bei der wir ihm »von Angesicht zu Angesicht« konfrontiert werden, anders aussehen als die Weise, in der Gott jetzt stets neu auf uns zukommt?

(3) »Wir warten aber auf einen *neuen Himmel und eine neue Erde* nach seiner Verheißung, in denen Gerechtigkeit wohnt« (2. Petr. 3,13). Gottes Erlösung und Vollendung haben keine geringere Dimension als seine Schöpfung. Nicht nur um »selige Seelen« geht es, sondern um eine neue Welt. Wer sich das ausmalen könnte: »Alles neu«, »Alles gut«! Keine Tränen mehr, kein Tod, nicht Leid noch Geschrei, noch Schmerz (Offb. 21,4). Keine Menschenverachtung mehr, keine sadistische Quälerei, weder Krieg noch Konzentrationslager! Eine Welt ohne Sünde! Wer als Christ darauf hofft (und wer könnte ohne diese Hoffnung Christ sein?), der spricht faktisch vom Jüngsten Gericht!

Man muß sich nur einmal vorstellen: Wir (wir Christen!) würden so, wie wir jetzt sind, in diese neue Welt versetzt; – augenblicklich wäre diese neue Schöpfung schon wieder verseucht, vergiftet durch unsern »alten Stil«, unser »altes Wesen«! Der Humorist W. Busch hat einmal über einen Umzug gewitzelt: »Die Wohnung schön, die Möbel neu – der alte Lump ist auch dabei.«

Wer wirklich den neuen Himmel und die neue Erde ersehnt, der muß wollen, daß der »alte Lump« stirbt. Es kann gar nicht anders sein: Gott muß mit dem Neuen, das er in uns angefangen hat (Phil. 1,6), ans Ziel kommen, und er muß das Alte, das noch in uns wohnt, ans Ende bringen. Um Vollendung geht es *und* um Vernichtung! Nur völlig erneuerte Menschen passen in die neue Welt; *das Alte in uns und um uns muß verurteilt, gerichtet, vernichtet, ausgelöscht werden.* Nichts Dunkles, Böses, Eigensüchtiges und Eigensinniges darf in das »neue Haus« einziehen. Und das ist gut so!

Welcher Christ könnte dem widersprechen, könnte es sich anders wünschen? Denn das *Gott*feindliche – in uns und um uns – ist ja in

Wahrheit auch das *uns,* seinen Geschöpfen und Kindern, Feindliche: Gott macht – in uns und um uns – kaputt, was uns kaputt macht. Nur so wird alles heil, alles gut. Wer bittet: »Dein Reich komme!«, der weiß: Das Jüngste Gericht ist gut, ist notwendig, ist (angesichts unserer durch Sünde »kernfaulen Welt«) Evangelium. Darum: »Ach, lieber Herr, eil zum Gericht!«

2. Letzte Ent-Scheidung und letzte Beurteilung

Das Neue Testament spricht unter *zwei* Gesichtspunkten vom Gericht Gottes. Einmal geht um eine letzte *Entscheidung über Personen,* um ein letztes Entweder-Oder, um ein rundes, umfassendes Ja *oder* Nein, um ein Alles oder Nichts. Und diese letzte Entscheidung über Personen führt zugleich zu einer letzten *Scheidung zwischen Personen.* – Zum andern geht es um eine letzte *Beurteilung,* die das *Tun* eines Menschen betrifft, sein »Werk«, die Geschichte, die Bilanz seines Lebens. Da wird es um ein Aussieben und Aussortieren gehen, um ein »Aufheben« im doppelten Sinn (wie man ein schlechtes Gesetz aufhebt, es annulliert und wie man eine Perle aus dem Sand aufhebt, sie birgt und bewahrt). Da wird es Ja *und* Nein geben, gewiß auch ein differenziertes Mehr und ein Weniger und bei all dem ein *Lohnen* und ein *Strafen.*

a) Letzte Ent-Scheidung

Wenn Gott entscheidet und scheidet, so geht das unendlich tiefer als all das, was wir unter uns Menschen an Trennungen kennen: All unsere Rassen- und Klassenideologien, all unsere Katalogisierung von Menschen nach Besitz oder Intelligenz, nach Sympathie und Antipathie, auch all unsere moralischen und religiösen (z.B. konfessionellen) Kategorien können da in Nichts zerfallen. Andersherum: Alles, was uns Menschen eng verbindet – politische Parteien, religiöse Gemeinschaften, persönliche Freundschaften, all das kann von Gott zerschnitten werden.

Ja, sogar der Bund, den Gott selbst stiftete und den kein Mensch trennen darf (»Was Gott zusammenfügte . . .«), die Einheit, die der Schöpfer selbst wunderbar formte (zwei »ein Fleisch«), kann von Gott, dem Richter, geschieden werden, – Scheidung in allerletzter Instanz! »Ich sage euch: In jener Nacht werden zwei auf einem Bette liegen; der eine wird angenommen, der andere wird preisgegeben werden.« (Luk. 17,34) »Gehe hinein zu deines Herrn Freude«, so lautet das Urteil über den einen. »Den unnützen Knecht werft in die Finsternis hinaus, da wird sein Heulen und Zähneklappern«, so ergeht das Urteil über den andern. Über mich als Person, über meine ganze Existenz wird da ein annehmendes Ja gesprochen – und alles ist gut; oder es ergeht ein verwerfendes Nein – und alles ist vertan, mehr: ich selbst bin verloren. Seligkeit oder Verdammnis, Leben oder Tod, Himmel oder Hölle, Sein oder Nichtsein – das ist hier die Frage.

Was ist der *Maßstab* bei dieser letzten Ent-Scheidung? Wonach bin ich gefragt? Wie heißt die eine, einzige Examensfrage? »Simon, Sohn des Johannes, *hast du mich lieb?*«, so fragt Jesus seinen Jünger (Joh. 21,16). Der wirft sich mit all seinem Denken und Fühlen, mit all dem, was in seinem Leben gelang und in schändlicher Schuld mißriet, mit all dem Hin und Her, dem Auf und Ab seiner ganzen Existenz seinem Herrn in die Arme: »Herr, du weißt alle Dinge, du weißt, daß ich dich lieb habe.« Und alles Zweifeln und Fragen, alles Schöne und Schändliche geht ein, versinkt, wird aufgehoben in dem umfassenden Ja, das der Herr seinem Knecht zuspricht. Alles kommt zur Ruhe in den Armen des großen Vaters, der seinen verlorenen Sohn heimholt.

Was ist der Maßstab? Das Ja zu meiner Person, zu meinem Namen hängt an meiner Stellung zu Seiner Person, zu Seinem Namen. »»*Glaubst du* mir, hängst, klebst du an mir?« heißt Jesu Frage. An Jesu Person entscheidet sich das Geschick meiner Person. »Wer mein Wort hört und *glaubt* dem, der mich gesandt hat, der *hat* das ewige Leben« (Joh. 5,24). Der Glaube an Jesus *ist* das ewige Leben. Für den, der »in Christus ist«, in ihn »implantiert«, in seinen Leib »eingemeindet« wurde, gibt es kein Verdammungsurteil (Röm. 8,1). In ihm »sind wir gerecht, haben wir Frieden mit Gott« (Röm. 5,1). Hier gibt es nur *eine* Sünde, die vernichtet, nur eine »Todsünde« – den Unglauben (Joh. 16,9; 15,22). Hier gibt es nur eine Rettung: den Retter, den Heiland Jesus selbst.

Bin ich bei ihm? lautet die Frage. Die andere fügt sich an: *Bleibe* ich bei ihm? Wir sind in Jesu Nachfolge, aber noch nicht am Ziel. Wir sind von ihm aufgerichtet, auf die Beine gestellt worden, aber wir können noch fallen. Wird's gut ausgehen? Jesus verjagt alle »vermaledeite« *Sicherheit.* Es ist gottloser Übermut, wenn einer meint: »Ich hab es (das Heil), gar ihn (den Herrn) in der Tasche.« Aber Jesus ermutigt uns zu der *Gewißheit,* die allein auf ihn schaut: »ER hat mich in seiner Hand, und niemand – auch ich selbst nicht! – kann mich aus dieser Hand reißen.« (Joh. 10,28-29)

Wird's gut ausgehen? Im 1. Korintherbrief (5,1-5) stoßen wir auf einen Extremfall. Ein Christ ist in schwerste Unzuchtssünde geraten (»wie es sie nicht einmal unter Heiden gibt« – er schläft mit seiner Stiefmutter). Paulus schreitet zu einem uns schier unfaßlichen Akt der »Kirchenzucht«, d.h. der »Zurecht-Weisung«. Die Gemeinde versammelt sich zu einem Gottesdienst, aber nicht zu Jubel und Lobgesang, sondern um den Sünder »dem Satan zu übergeben«: Der Ausschluß aus dem Schutz- und Segensbereich wird (daran zweifelt der Apostel nicht) die körperliche Vernichtung dieses Mannes zur Folge haben (das »Verderben des Fleisches«). Aber da leuchtet über diesem erschreckenden Rechtsakt das Evangelium, die Gnade auf:

Das alles geschieht, »damit sein Geist gerettet werde am (Gerichts-) Tage des Herrn«. Der »Geist« des sündigen Bruders, d.h. seine Person, die im Geist Gottes »neue Kreatur« ist, soll im Endgericht bewahrt werden. Über dem Abgrund der Sünde erhebt sich auch hier der Triumph der Gnade!

Wird's gut ausgehen? Paulus stellt uns in Römer 8,31-39 in den Horizont der letzten Gerichtsverhandlung. Da wird der Satan kommen und seine Anklageschrift überreichen. Er hat sorgfältig recherchiert; alles, was er vorbringt (von uns vielleicht nie bemerkt oder längst vergessen), trifft ins Schwarze, trifft in unser Herz. Jeder Punkt verdammt uns.

Aber: »Christus Jesus ist hier, der gestorben ist, ja vielmehr, der auch auferweckt ist, der zur Rechten Gottes ist und uns vertritt« (V. 34). Jesus beansprucht uns für sich. Jesus erklärt: »Der gehört mir: Ich habe ihn teuer erkauft«. Darum bricht aus den Worten des Paulus der Jubel der *Heilsgewißheit*: »Ist Gott für uns (und er ist in Jesus ausschließlich PRO!), wer kann dann wider uns sein? Wer will verdammen?« Satan muß verstummen. Alle Sünde ist getilgt. Alle Mächte dieser Welt (Paulus stellt in V. 38-39 einen umfassenden Zehner-Katalog zusammen) sind machtlos. Schlechterdings nichts kann »uns scheiden von der Liebe Gottes, die in Christus Jesus ist, unserm Herrn«.

»Bist Du ›in Christus‹? Glaubst Du an Jesus? Liebst Du diesen Herrn? Kannst Du sagen: ›Christi Blut und Gerechtigkeit, das ist mein Schmuck und Ehrenkleid‹?« Um diese eine Frage geht es im Jüngsten Gericht. Diese Frage nach Glaube oder Unglaube wird aber heute schon beantwortet. Deshalb sagt Jesus im Johannesevangelium: »Wer glaubt, der hat das ewige Leben und *kommt nicht in das Gericht*, sondern er ist (bereits) vom Tode zum Leben hindurchgedrungen (5,24; entsprechend gilt 3,18: »Wer nicht glaubt, der ist schon gerichtet«). Genauso führt Paulus seine »güldene Kette« aus der Ewigkeit in die Ewigkeit: Gott *hat* die Seinen »ausersehen« – »vorherbestimmt« (so weit ist es her mit uns, ewig weit!) – »berufen« – »gerecht gemacht« (diese beiden Glieder zielen auf unser irdisches Leben) – »herrlich gemacht« (so weit ist es hin mit uns: das ewige Ziel steht schon fest; Röm. 8,29-30).

Wir müssen also sagen: Christen haben das Jüngste Gericht – soweit es um die letzte Ent-Scheidung geht! – bereits *hinter* sich, sind schon hindurch. Das gilt grundsätzlich, gilt »in Christus«, »im Glauben«, »allein aus Gnaden«. Dessen dürfen wir ganz gewiß sein: Jesus läßt die Seinen nicht los! Was aber hier »grundsätzlich« bereits gilt, das muß noch öffentlich an den Tag kommen, muß vom oft angefochtenen, zagenden Glauben ins Schauen gewandelt werden. Insofern haben wir Christen dies Gericht auch noch *vor* uns, aber eben nicht unter dem Motto: »Ende offen«, »Ausgang ungewiß«, sondern unter der Überschrift: »Gott ist treu«.

b) Letzte Beurteilung

Wir hören immer wieder das Stichwort »Gericht nach den Werken«. Es ist entscheidend wichtig, eine sprachliche Beobachtung, die man bei Paulus machen kann, hervorzuheben (vgl. die Arbeit von L. Mattern). Paulus unterscheidet sorgfältig zwischen »den Werken« (im Plural) und »dem Werk« (im Singular).

»*Die Werke*« kommen meist in Verbindungen vor wie »des Gesetzes Werke« (Röm. 3,20.28; Gal. 2,16;3,2.5.10). Diese »Werke« sind gerade das, was im letzten Gericht scheitern läßt: Durch »des Gesetzes Werke« wird niemand vor Gott gerecht. Sie sind der unglückselige Versuch, *statt* »Christi Blut und Gerechtigkeit« *eigenen* Schmuck, eigene Leistung, eben die »eigene Gerechtigkeit« (Röm. 10,3) Gott präsentieren zu wollen. Diese »Werke« retten nicht, sie verdammen!

Wenn Paulus dagegen in der Einzahl von *»dem Werk«* spricht, dann von »Gottes« (Röm. 14,20), »Christi« (Phil. 2,30), »des Herrn« (1. Kor. 15,58; 16,10) Werk (in der Sache stimmt damit Eph. 2,9-10: »Wir sind sein Werk . . . nicht aus Werken . . . sondern zu guten Werken« völlig überein). Es geht hier stets um *Gottes* Werk, aber eben an diesem seinen Werk gibt er seinen Kindern Anteil. Er tut es selbst, aber *durch uns.* Nicht als willenlose Instrumente, nicht als tote Marionetten benutzt er uns dabei; er gewinnt uns zu frohen »*Mitarbeitern*« (1. Kor. 3,9). Gott schenkt uns die Ehre und Freude, mittun zu dürfen. Was Matthias Claudius singt, paßt auch hier: »Es geht durch unsre Hände/kommt aber her von Gott«. Eben weil Gott uns als seine Mitarbeiter ganz ernst nimmt, fragt er am Ende: »Was hast du mit meinem Werk getan? Wie hast du dich in der ›Mitarbeit‹ bewährt?«

Um diese Frage geht es bei dem, was wir *»die letzte Beurteilung«* nannten. Dieses »Gericht« widerspricht keineswegs der »Rechtfertigung allein aus Gnaden«. Diese ist hier vielmehr die Voraussetzung, das tragende Fundament. Begnadigte, gerechtfertigte Gotteskinder werden von dem Herrn, der sie sich »teuer erkauft« hat, nach der *Qualität ihres Dienstes* gefragt.

Mit Recht betont A. Schlatter (in: Gottes Gerechtigkeit. Ein Kommentar zum Römerbrief, Stuttgart, 3. Aufl., 1959, S. 79): »Die Notwendigkeit des göttlichen Gerichts entsteht ... nicht aus dem Sündigen, sondern aus dem Wirken des Menschen«, daraus, daß der Christenmensch in der Liebe »ein dienstbarer Knecht aller Dinge und jedermann untertan« ist. Ging es uns Christen bei all dem, was wir (wie wir oft betonen) »um Jesu willen« taten, wirklich um IHN? In das Werk, das Gott uns anvertraute, in dieses »Werk im Glauben« (1. Thess. 1,3)? Hat sich immer wieder unsere eigene »Werkerei« hineingedrängt, der eigene Ehrgeiz, das eigene Glänzenwollen? Immer wieder sind unsere Motive »gemischt«. Auch im vermeintlich frommen und heiligen Werk nistet der »alte Adam«.

In Gottes neue, vollkommene Welt kann aber nur eingebaut werden, was Gottes Stil an sich trägt. In die »ewigen Scheunen« kann nur die reine »Frucht des Geistes« eingebracht werden. Darum prüft Gott unser Tun, scheidet, schmilzt aus, nimmt an und verwirft. Paul Althaus hat diese Gerichtssituation eindringlich beschrieben: »Wir müssen unsere Geschichte und uns selbst sehen mit seinem (Gottes, Christi) Auge. Wir müssen allen Lebensaufträgen, die Gott uns gab, noch einmal begegnen und dabei all unsere Weigerung und Übertretung, Versäumen und Verfehlen, den Raub und die Zerstörung durch unser Tun und Unterlassen mit entschleierten Augen sehen ...«

Noch einmal: Hier werden wir nicht gefragt, *ob* wir Gottes Kinder sind (daran hängt die Entscheidung über Leben und Tod); hier werden wir gefragt, *weil* wir Gottes Kinder sind, werden gefragt, *wie* »geist-«, wie »christus-haltig« unser Leben war, bzw. wie selbstverliebt, wie ichbezogen. Hier wird die Bilanz eines Christenlebens gezogen, hier wird die »Wirkungsgeschichte« unserer Tage getestet und gewogen.

Dem bösen Wort werden wir wieder begegnen, werden erstmals

die schlimmen Kreise wahrnehmen, die es zog (eine lieblose Bemerkung kann Verkehrsunfälle hervorrufen, kann Familien zerstören – und der es sagte, ahnt nichts davon!). Das gute, befreiende oder zurechtweisende Wort, das wir versäumten – aus Feigheit oder Trägheit – wird ebenfalls vor uns stehen, und mit ihm wird die gute Kettenreaktion vor uns aufsteigen, die wir verhindert haben . . . Es kann sein (Paulus setzt in 1. Kor. 3,9-15 wiederum einen Extremfall!), daß ein ganzes »christliches Lebenswerk« (vielleicht das eines »Hauptamtlichen«) sich bei der Feuerprobe nur als »Stroh« erweist. Alles, was so fromm wirkte, so imponierend aussah, war nur Schein. Da steht jemand mit völlig leeren Händen vor Gott. Alles erweist sich als Schund und Schrott: alles ist vertan, verspielt, verloren. Nichts erweist sich als von Gott gewirkt, nichts als brauchbar, nichts »bleibt« (1. Kor. 3,14). Niemand tritt auf, der Gott dafür dankt, daß dieser Christenmensch lebte. Erschreckend! Und doch gilt von dem Betreffenden: »Er selbst aber wird gerettet werden – doch so wie durchs Feuer hindurch (mit dem Brandgeruch in den Haaren).«

Aber – o Wunder! – auch anderes wird in jenem Gericht sichtbar werden: Perlen mitten im Schlamm, Goldkörner im Dreck, Gottgewirktes mitten im Selbstgemachten! Nicht nur Schlacke – auch »christushaltiges Metall«, Material, das Gott einbaut in das vollendete Reich. Welche Überraschungen da auf uns warten! Erschrekkende wie beglückende. Loben wird der Herr und tadeln, lohnen (mit neuem, größerem Dienst) und strafen (mit der brennenden Scham des Entlarvten).

c) Nur selig! – Ja nicht »nur« selig!

Von dem Jüngsten Gericht haben wir gesprochen. Zwei Aspekte sind sichtbar geworden. Es geht um die *letzte Entscheidung*. Es geht um die Frage: Werde ich selig oder gehe ich verloren? Hier gilt: *»Eins ist not.«* Daß ich bei Jesus bin und bei Jesus bleibe! Hier, wo es um die letzte Entscheidung über die Person geht, gilt der Ruf der Väter, der alles um die eine Mitte sammelte: *»Nur selig!«* »Wenn ich nur durchkomme!« Zittern wir? Wer an Jesus glaubt, kann nicht verloren gehen, ist vom Verdammungsgericht befreit (1. Thess. 1,10;5,9; Röm. 5,9-10).

John Bunyan schildert in der »Pilgerreise« einen Christenmenschen voller Furcht, den »Herrn Verzagt«, mit seiner Tochter »Bänglichkeit«. Als der »zitternde Mann« den »Todesjordan« durchschreiten muß (auch der »Bruder Mutherz«, der ihn bisher immer tröstete, muß da zurückbleiben), ist das Wasser des Stroms nur knöcheltief! Gott macht es gnädig. Mit »Mutherz« anders als mit »Verzagt« und »Bänglichkeit«. Er mag »durch des Todes Türen träumend führen« oder durch ein sehr finsteres Tal. – Seine Leute bringt er durch, bringt sie ans Ziel. Da ist kein Zweifel dran!

Von einer *letzten Beurteilung* war die Rede. Das Wirken der Mitarbeiter wird einer kritischen Schlußbilanz unterzogen. »Gottgewirktes« und »Selbstgestricktes« werden geschieden. Das eine bleibt in Ewigkeit, geht in die neue Welt ein; das andere zerfällt, vergeht, wird vernichtet. Zittern wir? Wir möchten doch nicht gänzlich umsonst gelebt haben, Gottes Gnade doch nicht nur vertan haben. *»Nur« selig!* – welch schrecklicher Gedanke. Herr, erbarm dich unser! Verbirg deine Diener hinter deinem Kreuz, daß DU sichtbar wirst in unserem Leben!

Vertiefung: Der Retter als Richter

Im Johannesevangelium sagt Jesus: »Der Vater richtet niemand, sondern hat alles Gericht dem *Sohn* übergeben« (Joh. 5,22; vgl. 5,27; 9,39). Auch Paulus spricht von dem »Richterstuhl *Christi*« (2. Kor. 5,10; vgl. Röm. 2,16; 1. Kor. 4,4; Apg. 17,31). Ist es uns nicht befremdlich, daß gerade Jesus, den wir den »Heiland«, den Freund, den Retter nennen, der eine *Richter* über Tote und Lebende sein soll? Wieso ist gerade der Retter der Richter? Wieso können Leben und Tod, Himmel und Hölle, ewiges Heil und ewige Verdammnis aus derselben Hand kommen? Wir wollen versuchen, das aus der »Logik«, aus der inneren Konsequenz unseres Christenglaubens heraus zu verstehen. Dazu müssen wir ein wenig ausholen.

a) Gott als heiliger Wille

Der Gott der Bibel, der »lebendige Gott«, begegnet den Menschen nicht als naturhafte Kraft, nicht als magischer Zwang, nicht als rauschhaft fortreißende Gewalt (wie etwa die »Naturgottheiten« Baal und Astarte). Ein Sturm kann Menschen umwerfen, ein Erdbeben sie erschlagen, aber überzeugen, von innen her aufschließen und gewinnen können den Menschen solche Energien nicht. Wir Menschen sind »Person«, deshalb kann nur ein Du uns zum Glauben, Lieben, Hoffen öffnen. JAHWE, der »lebendige Gott«, begegnet den Menschen »*personal*«, als das große, das Weltall schaffende *Ich*;

er begegnet uns so, daß er uns »anspricht«, uns das Du zuspricht. Er will Lebensgemeinschaft. So erwählt er sich in freier Liebe das im »Gefängnis Ägypten« schmachtende Israel, schließt mit ihm den *Bund* seiner freien Liebe, macht es zum Partner.

Begegnet Gott personhaft (als das große Ich), dann schließt das ein: Er begegnet uns als *heiliger Wille.* So gehört zu dem Bundesschluß die Kundgabe des guten, heiligen, lebenserhaltenden Gotteswillens. Gott gibt sein heiliges Recht, gibt seine Weisung (Tora), sein Gebot, ruft nach der Bundestreue, und das bedeutet: nach dem willigen und frohen *Gehorsam.* (Dieselbe »Struktur« finden wir ebenso auf den ersten Blättern der Bibel, vgl. 1. Mose 2,16 das »Du«; V. 17 das Gebot, die Willenskundgabe.)

Wir sagten: Nicht Naturgewalt ist JAHWE, der Lebendige; wir müssen hinzufügen: Er ist auch nicht (wie die Philosophen der Aufklärungszeit meinten) ein abstraktes »Sittengesetz«, ein Katalog von Forderungen, von Geboten und Verboten. Nein, Gottes »Du sollst (nicht)« fließt aus der personhaften Gemeinschaft, ist Ausdruck seiner Liebe, will sagen: »Bleib bei mir, fall nicht heraus aus dem Bund, denn außerhalb wohnt der Tod!« Weil Gott seines Volkes Heil will, nicht sein Verderben, heißt er der »eifersüchtige« Gott (5. Mose 4,9). Bei Gott sein, in seinem Bund sein, in seinem Willen, im Gehorsam bleiben, das ist Leben.

Wir sehen: Bei dem Gott der Bibel gehören personhafte *Zuwendung* und personhafter *Anspruch,* gehören *Bund* und *Gebot* zusammen. Die Frage nach unserm Gehorsam oder Ungehorsam, die Frage nach dem Gericht ist hier fest und wesenhaft verankert: Der Schöpfergott, der Rettergott ist der Richtergott!

b) Der Mensch – frei in der Bindung an Gott

Dem bisher Gesagten entspricht die biblische Sicht des Menschen, des von Gott erwählten Bundespartners. Gott begegnet uns Menschen nicht als der Wesensfremde, nicht als ein Usurpator und Tyrann. Wir können nicht sagen: »Was will der von mir? Wieso maßt er sich ein Recht über mich an?« Gottes Herrschaft ist nicht versklavender Zwang, Fremdbestimmung, Heteronomie, gegen die wir rebellieren und nach Emanzipation schreien müßten. Denn Gott kommt als unser Schöpfer auf uns zu, als der, der uns »erfand«, uns »konzipierte«, uns auf sich hin entwarf, auf Gemeinschaft mit ihm hin anlegte – als sein »Ebenbild«. Der Mensch kommt also immer schon »von Gott her«, ist immer schon »auf Gott hin«.

Freiheit kann für dieses von Gott »qualifizierte« Wesen Mensch nie heißen: Vagabundieren im Beliebigen, im Selbstgewählten. Dieses Wesen Mensch ist frei nur in der Bindung an Gott, ist »bei sich selbst« nur, wenn es »bei Gott« ist. Wie der Fisch nur frei ist in seinem Lebenselement, dem Wasser, und der Vogel nur frei in seinem Lebensbereich, der Luft, so ist der Mensch nur frei – wahrhaft Mensch –, wenn er in seinem »Element« ist, in und bei Gott. Gott verfehlen, heißt darum stets: sich selbst verfehlen. Gott verlassen – Sünde, Ungehorsam –, heißt Selbstmord.

Der Treuebruch trägt das Gericht (das tödliche Nein Gottes) immer schon in sich, und zwar nicht als eine willkürlich »aufgesetzte« Strafe, sondern als innere Konsequenz, als innere Notwendigkeit. Heißt Gottesgemeinschaft Leben und Freiheit, dann bedeutet Ungehorsam Sklaverei, Tod, Selbstvernichtung, Selbstausschluß aus dem Heil. Verläßt der Mensch seinen »Ort« bei Gott, dann ist er »ortlos«, heimatlos, unbehaust, im Wortsinn »verloren«. Gottes heilige Liebe, sein Wille, sein gutes Gebot suchen uns Menschen. Er will nicht *etwas* von uns (das könnte heißen: uns berauben). Er will in »eifersüchtiger« Liebe *uns selbst,* will uns in unserm »eigenen Interesse«, zu unserem eigenen Heil. So gibt er uns seine ganze Liebe und ruft nach der unseren: von ganzem »Herzen« soll sie kommen (d.h. aus dem Willenszentrum heraus), von ganzer »Seele« (d.h. mit der ganzen emotionalen Wucht der Hingabe, der »Passion« für ihn) und mit allem »Denken« (d.h. mit bewußter geistiger Klarheit; vgl. 5. Mose 6,6; Mat. 22,37). Gottes Art soll diese unsere antwortende Liebe an sich tragen: Wie Gott nicht bei sich bleibt, sondern sich selbst überschreitet auf uns hin, so gilt uns: »Liebe deinen Nächsten wie dich selbst.« (3. Mose 19,18; Mat. 22,39)

c) Jesus – die unüberbietbare Selbsthingabe Gottes

Das Neue Testament setzt voraus, daß der Mensch Gott – sein »Lebenselement« – verlassen hat und also dem Tod preisgegeben, bereits gerichtet ist. Aber das Neue Testament setzt damit ein, daß Gott in unbegreiflicher Liebe diesen rebellischen Menschen sucht, ihn »heimholen«, ihn aufrichten statt hinrichten will. Wundersame »Logik« Gottes: Hat der Mensch die Heimat verlassen, so macht sich die Heimat auf und läuft dem Verlorenen nach. Gott tut das in neuer, unerhörter und unüberbietbarer Weise. Er kommt selbst, kommt »in Person«, tritt als Jesus in unsere Existenz ein, tritt unter unsere Schuld und unsern Tod. Jesus *lehrt* nicht nur das Heil (wie ein Guru), er *bringt* nicht nur das Heil (wie ein Arzt), er *ist* es in Person. Darum ist der Anschluß an Ihn – der Glaube – das Leben. Darum ist das Nein zu Ihm – der Unglaube – das Gericht (vgl. 1. Joh. 5,12). Also ist das Gericht nicht Strafe für den Unglauben, zornige Reaktion Gottes; der Unglaube – als Nein zum Leben – trägt den Tod in sich. In der Sprache des Johannesevangeliums gesagt: Wie Jesus die Wahrheit, das Leben, die Auferstehung *ist*, so *ist* er, wo all das verneint wird, *das Gericht*.

Jesus ist Jahwe, ist der Immanu-El (der »Mit-uns-Gott«) in letzter *personaler* Verdichtung: »Wer mich sieht, der sieht den Vater« (Joh. 14,9). Jesus ist zugleich die *Willensoffenbarung* des lebendigen Gottes, ist die Verleiblichung des Gotteswillens: Jesus hat nicht nur (wie ein Prophet oder ein Rabbi) Gottes Willen *gelehrt*, hat nicht nur die Tora bis in die Motivschichten hinein radikalisiert (Ehebruch: »Schon wer eine verheiratete Frau begehrlich anschaut . . .«; Mord: »Schon wer seinem Bruder zürnt . . .«). Das gilt gewiß auch. Also: Willst du wissen, wie Gottes ganzer Wille lautet – *hör auf Jesus*!

Aber mehr! Jesus hat in seinem Reden und Schweigen, in seinem Tun und Leiden den heiligen Gotteswillen »erfüllt« (Mat. 5,17), d.h. ihn tathaft realisiert, mit seiner Existenz *verwirklicht*. ER ist es, der sich Rock und Mantel nehmen läßt (Mat. 5,40) und nackt am Kreuz hängt. ER ist es, der das große Wort von der Feindesliebe (Mat. 5,44) in seinem Sterben besiegelt. »Der Bergprediger ist die Bergpredigt« (E. Thurneysen). Also: Willst du die Erfüllung des göttlichen Willens plastisch vor dir haben – *sieh auf Jesus*!

Aber mehr: Als der für uns Sterbende und Auferweckte hat er das Gericht über unsere Rebellion auf sich gezogen, den »Fluch des Gesetzes« sich aufgeladen (Gal. 3,13). An unserm Platz wurde er der von Gott Verfluchte. Also: Willst du gewiß werden, daß deine Schuld vernichtet, dein Treubruch überbrückt ist – *glaub an Jesus*!

Weiter: Jesus sendet den alles verwandelnden »Schöpfer Geist«. Er heilt unsere »Herzversteinerung« (Mat. 19,8); er transplantiert uns das neue »fleischerne Herz« (Hes. 11,19), das Herz, das durch Gottes Willen von innen erfaßt wird, in das Gottes Geist die göttliche Weisung »internalisiert« (Jer. 31,33). Jesus schafft »neue Kreatur« (2. Kor. 5,17). Also: Willst du Befreiung, Ermächtigung zu einem neuen Leben – *folge Jesus*!

So ist Jesus Gottes Gegenwart, die Heimat, das »Lebenselement« in Person. Er ist Gottes heiliger Wille in der Erfüllungsgestalt. Er ist die umfassende Entschuldung, ist die »Heiligung«, die Berufung und Befähigung zu einer neuen Lebensgestalt. Er tut, bringt, gibt – *ist* das alles. Also: Willst du leben, *unterstell dich Jesus,* sprich: »Mein Herr und mein Gott!«

d) Der Retter als Richter

Nun springt es uns entgegen, ergibt sich von selbst, ist ganz »selbstverständlich« nach der Logik der göttlichen Offenbarung: Niemand anders als dieser *Retter* kann der *Richter* sein: Er ist der Richter, gerade *weil* er der Retter ist. Weil der Stein, den die Bauleute verworfen haben, das einzig tragfähige Lebensfundament wurde, der »Eckstein«, darum gilt andererseits: »Wer auf diesen Stein fällt, der wird zerschellen; auf wen er aber fällt, den wird er zermalmen« (Luk. 20,17-18). Bewußte Ablehnung der Person Jesu ist das Gericht als Selbstausschluß vom Leben. Mißbrauch der Gnade (der »Schalksknecht«, Mat. 18, 23-35) ist das Gericht als Mißachtung der göttlichen Barmherzigkeit. *Nur durch Jesus gibt es Rettung, darum kann man nur in der Konfrontation mit Jesus verlorengehen.*

Die letzte Ent-Scheidung fällt deshalb heute schon an der Stellung zu Jesus. Das »Jüngste Gericht« enthüllt nur, macht nur offensichtlich, vollstreckt, was heute gilt. – Weil in Jesus, dem Retter, das Heil personhaft vor uns steht, gilt: ER ist *der Grund* des Gerichts (das Nein zu ihm ist absolut tödlich, vgl. Hebr. 10,28-31; 12,25). Er ist *die Norm,* der Maßstab des Gerichts (»Hast du mich lieb?«, heißt die eine Examensfrage). Er ist *das Subjekt* des Gerichts. Wie er schon auf Erden als der Menschensohn-Weltenrichter den gültigen Freispruch erteilte: »Dir sind deine Sünden vergeben . . .«, so kommt allein aus seinem Mund das letztinstanzliche Todesurteil: »Ich kenne dich nicht!« – Der Weltenrichter wurde für uns zum Gerichteten, das ist das Wunder der Passionsgeschichte; dieser Gerichtete ist von Gott erhöht und mit dem »letzten Wort« ausgestattet worden, das ist der Ernst der Oster- und Himmelfahrtsgeschichte.

»Was tröstet dich die Wiederkunft Christi, zu richten die Lebendigen und die Toten? – Daß ich in aller Trübsal und Verfolgung mit aufgerichtetem Haupte eben des Richters, der sich zuvor dem Gerichte Gottes für mich dargestellt und allen Fluch von mir weggenommen hat, aus dem Himmel gewärtig bin . . .« (Heidelberger Katechismus, Frage 52).

VI. »O Ewigkeit, so schöne ...«

»Ineffabilis beatitudo«, sagten die Väter, »unaussagbare, unaussprechliche Seligkeit«. Hier geht es um das, »was kein Auge gesehen, kein Ohr gehört, in keines Menschen Herz gekommen ist« (Jes. 64,3; 1. Kor. 2,9). Damit stehen wir an einer letzten Grenze unserer sprachlichen und gedanklichen Möglichkeiten. Denn all unsere Kategorien, all unsere Begriffe und Vokabeln gehören »diesem Äon« (dieser Weltzeit) an, sind eingefangen in die Struktur, in das »Schema« der Todeswelt. Der Apostel Paulus scheut sich nicht, auch sein Erkennen, auch seine Theologie »Stückwerk« zu nennen (1. Kor. 13,9). Nur Bruchstücke hält er in seiner Hand; das Ganze steht noch aus. Nur indirektes Erkennen ist ihm bislang möglich, von »Spiegel« und »Rätsel« spricht er (V. 12); streckt sich aus nach dem Verheißenen, dem »Sehen von Angesicht zu Angesicht«.

»Unaussprechliche Seligkeit« – müssen wir also die Hand vor den Mund halten und schweigen? Macht die christliche Hoffnung stumm? Im Neuen Testament wird nicht geschwiegen. Die kommende Herrlichkeit wird im *Bild*, im *Gleichnis* umschrieben. In den Gleichnissen Jesu wie in der Offenbarung des Johannes finden wir denselben Stil: Das Schönste in dieser Welt – Ernte, Festmahl, Hochzeit, Gold und Perlen – ist gerade gut genug, um zeichenhaft auf das Vollendete zu verweisen. Es wird so sein wie bei den »Hoch-Zeiten« dieses Lebens – nur unendlich größer, schöner, reiner ... Die prophetische Sprache, die Verborgenes »hervor-sagt«, lebt von Bild und Zeichen, nicht von Beschreibung und Definition. Johannes, wie er in der Offenbarung spricht, sei Seher gewesen, nicht Denker, betonte Adolf Schlatter. (»Wir verkehren alles, was er sagt, wenn wir aus ihm einen Denker machen, der den Gang der Weltgeschichte durch Theorien zu erklären sucht.«) Johannes hat nicht berechnet, nicht definiert, sondern »gemalt«.

Ein Beispiel: In Offenbarung 21,16 wird das neue Jerusalem als eine mathematische Figur beschrieben, als Würfel, als Kubus. Länge ist gleich Breite, gleich Höhe, und zwar 12000 Stadien. Sollen wir das nun in unsere Maße umrechnen? Das ergäbe eine Kantenlänge von ca. 2200 km. Sollen wir diese Zahl nun »hoch drei« rechnen und damit das Volumen der himmlischen Stadt bestimmen (und anschließend wie ein Architekt und Landschaftsplaner Skizzen anfertigen)? Wer auf das »Bildzeichen« der Offenbarung die Mathematik dieser alten Welt anwenden will, hat sich in jedem Fall verrechnet.

Wer hier nach irdischen Formeln und Din-Normen hochrechnet, rechnet gerade nicht hoch genug. Worauf deutet der Seher? Würfelförmig war das Allerheiligste in der Stiftshütte wie im Jerusalemer Tempel. Zwölf ist die Zahl der Heilsgeschichte (Stämme Israels, Apostel Jesu); tausend gibt die Fülle, die Vollendung an. Das »neue Jerusalem«, das für die neue Welt Gottes als ganze steht, ist also die Vollendung der Geschichte Gottes mit seiner Schöpfung. Und dieses »neue Jerusalem« ist als ganzes das »Allerheiligste«, ist ganz und gar erfüllt mit der Gegenwart Gottes. Der Tempel war wohl Ort der göttlichen Nähe, aber doch auch »das Wahrzeichen der Raumnot Gottes in dieser Welt« (E. Stauffer). Drinnen war der Bereich des Heiligen, draußen das Profane. Diese Scheidung ist in Gottes Vollendung endlich überholt; Gott ist »alles in allem«, alles Leben nichts als Gottesdienst. Johannes sagt ausdrücklich, daß er keinen Tempel mehr sieht (Offb. 21,22), es ist *alles* »Tempel« geworden.

Prophetische Zeichensprache! *Gleichnis* ist das eine Merkmal: Das Herrlichste dieser Schöpfung deutet auf das Kommende hin. Von der »via eminentiae« sprachen die Väter, vom Weg der (unendlichen) Steigerung und Überhöhung. Daneben finden wir die »Via negationis«, den Weg der *Verneinung*: Das, was in dieser Welt irreparabel alt ist, von Sünde, Tod und Teufel geprägt, das wird ausgeräumt, durchgestrichen, abgetan, vernichtet. »Gott wird abwischen alle Tränen von ihren Augen, und der Tod wird nicht mehr sein, noch Leid noch Geschrei noch Schmerz wird mehr sein; denn das Erste ist vergangen.« (Offb. 21,4) Wir wissen nun: Wir Christen brauchen nicht zu schweigen, wenn es um die Vollendung geht, wir dürfen es nicht einmal: Gottes Güte will stets bezeugt sein. Aber mehr als ein Stammeln und Stottern, mehr als ein Hinweisen und Hindeuten vermögen wir nicht.

Versuchen wir also, »stammelnd« zu sagen, was Christen meinen, worauf Christen sich freuen, wenn sie von »ewiger Seligkeit« sprechen. Sechsmal soll der »Scheinwerfer der Hoffnung« nach vorn leuchten: »*Wohin komme ich*?« Sechsmal soll dann aber auch sein Licht, wie von einem Rückstrahler reflektiert, zurückgeworfen werden: »Wenn mein *Ziel* so aussieht, was bedeutet das für meinen *Weg*? Wenn so das große *Morgen* aussieht, zu dem ich unterwegs bin, was heißt das für mein kleines *Heute*?« Die »Rückstrahlung« soll etwas vom »Morgenglanz der Ewigkeit« über mein jetziges Leben werfen, damit »uns werde klein das Kleine und das Große groß erscheine«.

1. »Ich komme zu Gott«

»Wir werden bei dem Herrn sein für immer« (1. Thess. 4,17) – das ist Sinn und Ziel unseres Lebens. Dazu sind wir geschaffen. »Selige Geschöpfe« sollen wir sein, Geschöpfe in der ganz ungebrochenen Gemeinschaft mit ihrem Schöpfer, ganz eingehüllt in sein Licht (seine »doxa«). Daß wir diesen Punkt mit allem Nachdruck betonen! Um das »Bei- Jesus-Sein« geht es; dies ist »das Eine«, und in diesem Einen ist alles andere eingepackt.

Adolf Schlatter schreibt vom Sterben seines Vaters: »Dem Sterben meines Vaters gingen lange Wochen voran, in denen er nicht mehr aufstehen konnte und seine Kraft langsam verging. Als die Mutter in dieser Zeit einmal den Vers von ›den goldnen Gassen‹ sprach, antwortete er: ›Es verlangt mich nicht nach diesem Plunder, aber danach verlangt mich, am Hals des Vaters zu hängen‹ (Luk. 15,20). Er sah den Sinn des Lebens und den Zweck des Sterbens in jener Begegnung des Vaters mit uns, durch die alles, was finster und sündlich in uns ist, vergeht.« (Erlebtes, Berlin, 5. Aufl. 1929, S. 129) Der berühmte Sohn fügt dann hinzu: »Meine Theologie hat mir nichts anderes verschafft, als was der Vater sterbend ausgesprochen hat; aber ich denke, das ist genug.« Damit ist der Brennpunkt des Christenglaubens angesprochen, die Stelle, an der sich alles Licht, alle Wärme sammelt. Das Zu-Gott-Kommen ist nie etwas anderes als die *Heimkehr des verlorenen Sohnes.*

Das hat der große Bibeltheologe Julius Schniewind dem jungen Vikar Paul Deitenbeck »ins Stammbuch geschrieben«: »Sie sprechen viel von Heiligung und vom Wachstum im Glauben, mein Lieber, und das ist alles schön und richtig. Aber wissen Sie, was das größte ist? – Remissio peccatorum!« (die Vergebung der Sünden; in: Gerd Rumler/Paul Deitenbeck, Eigentlich nichts Besonderes, Wuppertal, 2. Aufl. 1987, S. 36).

Das hat der verstorbene Präses des Gnadauer Gemeinschaftsverbandes, Kurt Heimbucher, nach einer sehr schweren Herzoperation, sozusagen einer »Generalprobe auf die Ewigkeit«, einem jungen Freund als Summe seiner Erfahrungen zugerufen: »Junge, wenn's auf Hauen und Stechen geht, dann hilft nur der CHRISTUS FÜR UNS!« (Von Theo Schneider mündlich berichtet) Also nicht »Der Christus in uns«, nicht all unsere geistliche Erfahrung ...

Als man den bedeutenden Schriftausleger Theodor Zahn (1838–1933) zu Grabe trug, berichtete bei der Traueransprache sein Kollege Ulmer, »wie der Entschlafene kurz vor seinem Tode einen Traum hatte. Er schaute, wie ihm aus der Ewigkeit seine Frau entgegenkam; da rief er ihr zu: ›Zuerst Christus! Zuerst Christus!‹« (in: M. Haug, Er ist unser Leben – Materialsammlung, Stuttgart, 8. Aufl. 1962, Nr. 685) Dies »ZUERST CHRISTUS« muß Leitmotiv und Maß aller »Eschatologie« sein: Es geht da nicht um *»Letzte Dinge«* (Fragen der Entrückung oder des Tausendjährigen Reiches oder der Vorzeichen des Endes); es geht zuerst um *»den Letzten»*, der zugleich »der Erste« ist, um den lebendigen Gott und sein Heil. – Ewigkeit ist für uns Christen nicht das Verschmelzen mit dem Ur-Einen, das Ein- und Aufgehen der Bäche im Meer (wie es die östlichen Religionen lehren und die New-Age-Bewegung es nachspricht); es geht um »communio«, um personhafte *Gemeinschaft* im bleibenden Gegenüber. Unüberbietbar ist das auf dem Grabstein des großen Denkers und tief angefochtenen Christen Kierkegaard ausgesprochen:

»Noch eine kleine Zeit / so ist's gewonnen, / so ist der ganze Streit / in nichts zerronnen. / In Rosensälen darf ich ohn Unterbrechen / in alle Ewigkeit *mit Jesus sprechen.*«

Dazu ist uns der Mund geschaffen. Und das Auge hat uns Gott geformt, damit wir einmal Ihn schauen. Das geht als Sehnsucht schon durch das Alte Testament: Mose bittet: »Laß mich dein Angesicht schauen« (2. Mose 33,17-23). Aber er bittet zu viel. Er darf Gott nur hinterdrein blicken. Das ist der Inbegriff der Auferweckungshoffnung des Hiob: ». . . auch ohne mein Fleisch schaue ich Gott . . . meine eigenen Augen sehen ihn« (Hiob 19,26-27; Übers. H. Gese). Jesus preist die Menschen selig, denen der Vater das Herz reinigte, »denn sie werden Gott schauen«. Was der Türmer in Goethes Faust als seine Bestimmung preist: »Zum Sehen geboren, zum Schauen bestellt«, das ist uns Gott gegenüber verheißen: »Wir werden ihm gleich (ähnlich) sein, denn wir werden ihn sehen, wie er ist.« (1. Joh. 3,2)

»Rückstrahlung«: Wenn das ewige Seligkeit heißt: »Gott schauen«, »ewiglich mit Jesus sprechen«, lockt uns das? Wenn andererseits »Hölle«, Verdammnis, bedeutet, von dieser Schau, diesem Gespräch ausgeschlossen zu sein, schreckt uns das? Das kann eine Testfrage auf unsern Glauben sein: Bedeutet uns diese »Kommunikation mit Jesus« heute schon alles? Sind das die glücklichsten, reichsten, reinsten Stunden, die eigentlichen »Hoch-Zeiten«, wenn uns Jesus in seinem Wort anspricht, wenn wir uns ihm im Gebet zusprechen, uns ihm »verloben« dürfen? »Simon, Sohn des Johannes, hast du mich lieb?«, so lautet Jesu Osterfrage an den schuldig gewordenen Jünger. Nicht unsere Aktivitäten für Jesus, nicht unsere theologi-

schen Anschauungen über Jesus, nicht unsere Erfahrungen mit Jesus, nicht unser Mühen um Jesus sind das Entscheidende. Er selbst ist es, ER, in Person. Das »rückstrahlende Licht« fragt uns: Spielt Jesus bei uns »die erste Geige«? Dann bin ich immer noch der Dirigent, der (etwa mit seinem Gebet) Gott die Einsätze geben möchte (»Jetzt piano! Jetzt forte! Jetzt Pause!«). Oder hat Jesus den Platz am Dirigentenpult und damit das Recht, uns auf einen Platz ganz hinten zu setzen, uns ein »Solo« zu schenken, aber auch eine lange Pause zu verordnen? Das »rückstrahlende Licht« ermutigt uns zugleich: Näher zu Jesus!

»Ich komme zu Gott.« Gott wird für mich »alles in allem«. Damit ist im Grunde alles gesagt! Was jetzt noch folgt, kann nur *Anhang* sein, Fußnote, Anmerkung. Was jetzt noch kommt, kann nur das »Einwickelpapier« sein, in das Gott dies kostbare Geheimnis der Gottesgemeinschaft einhüllt, kann nur das sein, was uns obendrein noch »zufällt« (Mat. 6,33).

2. »Ich komme zu mir«

Manche Christen sagen: Wenn ich – durch den Tod hindurch – bei Jesus bin, dann werde ich *wieder* ich sein (Gott hält meine Identität durch das Sterben hindurch fest). Aber das ist zu wenig! Wenn ich bei Jesus bin, dann werde ich (auch das ist »miteingewickelt«) *endlich* ich sein. Bei Jesus werde ich endlich in Vollendung der sein, als den Gott mich gemeint hat. Dann wird der einmalige, unverwechselbare Gottesgedanke, den jeder von uns darstellt, endlich voll verwirklicht sein – vollendete »neue Kreatur«. Um ein arg strapaziertes Modewort zu benutzen: Dann endlich werde ich »mit mir selbst identisch sein«, »mich selbst finden«.

Christen wissen mit großer Nüchternheit und lassen sich dabei durch kein modisches Gerede verwirren: Gerade als Christ (!) bin ich heute – in diesem Leben - noch *nicht* mit mir identisch. Gerade als Christ bin ich der Mensch, durch den ein tiefer Riß und Widerspruch geht. Luther hat schlicht die Wahrheit gesagt: Als Christen sind wir »Sünder und Gerechte zugleich«. Im Christen streitet das Neue gegen das Alte, streitet Gottes Geist gegen das selbst-süchtige »Fleisch«. Schon sind wir Gottes Kinder und müssen noch täglich beten: »Vergib uns unsere Schuld!« Schon haben wir das ewige Leben und müssen noch hinein in Sterben und Grab. Schon gehören wir zu Jesus, aber noch sind wir nicht am Ziel. Schon glauben wir, aber wir schauen noch nicht. Noch gilt der Satz: »Friede mit Gott bedeutet stets auch Krach mit mir selbst.« Je länger ein Christ mit Jesus lebt, desto verlorener wird er in seinen eigenen Augen, desto mehr enthüllt Jesu Licht die eigene Finsternis, desto größer wird das Staunen darüber, daß Jesus es wagt mit Leuten wie mir. Noch sind wir Bettler (Luthers letzte schriftliche Äußerung). Noch sind wir Angefochtene, gezeichnet von unserer eigenen Lieblosigkeit, unseren Zweifeln, unserem Unglauben, unserer Untreue. Noch sind wir jedenfalls nicht »mit uns selbst identisch« (vgl. Röm. 8,24: »Wir sind zwar gerettet, doch auf Hoffnung«).

Eigenartig wird diese besondere christliche Existenz im »Schon« und »Noch nicht« in Kolosser 3,3-4 beschrieben. Da heißt es zunächst: »Ihr seid gestorben«. In Gottes Urteil – von oben her und von vorn, vom Ziel her betrachtet – ist der »alte Adam« nicht mehr existent, ist mit Christus gestorben, ist bereits »zugescharrt« (Luther). Das schließt nicht aus, daß er in unserer Erfahrung (sozusagen »von unten« und »von innen« betrachtet) sich noch kräftig regt, mächtig im Sarg rumort. Paulus fährt fort: »Euer Leben ist verborgen mit Christus in Gott.« Das neue, wahre Leben, mein Osterleben, meine Christuswirklichkeit, ist also schon da. »Es gibt mich (das neue Ich!) schon.« Aber eben: verborgen in Gott. »Es gibt mich schon.« »Er (Gott) hat mich schon.« Aber ich – so wie ich hier auf Erden lebe – »habe« mich, den neuen, vollendeten Menschen noch nicht. Das neue Ich ist mir selbst noch kein Gegenstand, den ich anderen demonstrieren könnte, mein »neues Ich« ist mir oft selbst zweifelhaft.

J.A. Bengel sagt zu dieser Stelle: »Die Welt kennt weder Christus noch die Christen, kennen sich doch die Christen selbst noch nicht recht.« Aber: In Christus (in seiner Auferstehungswirklichkeit) sind wir schon da! Er schaut uns schon vom Ziel her in vollendeter Gestalt. Der Apostel fährt fort: »Wenn aber Christus, euer Leben, sich offenbaren wird, dann werdet ihr auch offenbar werden mit ihm in Herrlichkeit.« Was bedeutet also der Advent, die Wiederkunft Jesu? Mit Ihm komme auch ich, sagt der Apostel. Ich formuliere einmal so: »*ER bringt mich* (das neue, vollendete Ich) *mir mit.*« Da kommt es dann endlich und endgültig zur »Selbstfindung«. Dann – eingeschlossen in die Herrlichkeitsgestalt Jesu – werde ich endlich »mit mir identisch«. Dann ist alle schuldhafte Verzerrung, Entfremdung, alle Karikatur am Ende, da ist die ganze, vom Ursprung her gemeinte Gottesebenbildlichkeit am Tag. (Wie mögen wir da staunen, wenn wir uns dann »im Spiegel« sehen!)

»*Rückstrahlung*«: »Gibt es mich schon« und »bringt er mich mir mit«, dann darf ich mich *auf* mich freuen, darf gespannt sein, was er aus mir macht, dann darf ich mich aber auch heute schon *an* mir freuen. Auch wenn jetzt manches noch »Karikatur« bei mir ist, im Licht der Vollendung darf ich mein Geschöpfsein nicht nur ernst nehmen, sondern »froh nehmen«. Ich bin keine Fehlkonstruktion, bin nicht überflüssig. Ich lerne das Lied des Matthias Claudius mitsprechen: »Ich danke Gott und freue mich / Wie's Kind zur Weihnachtsgabe, / Daß ich bin, bin! Und daß ich dich, / Schön menschlich Antlitz, habe.« – Ich darf wissen: Ich bin nicht unbegabt. Wen Gott zu seinem Kind macht, den beschenkt er auch mit seinen Dienst- und Freudengaben, seinen Charismen. Wie jeder Christ, so bin ich auch ein Charismatiker Gottes. Ich darf lernen, meine Gaben zu entdecken, sie »wahr-zunehmen«, sie »frohzunehmen« – ohne Neid, ohne Minderwertigkeitsgefühl, auch ohne Überheblichkeit.

Ich darf von der Gewißheit des Endsiegs her (bei Ihm komme ich ja schon in der vollendeten Gestalt vor!) den täglichen Kampf mit dem »alten Adam« mutig aufnehmen. Wohl spüre ich die Gebrochenheit, das »Schon und noch nicht«, in dem ich stehe, die Existenz im Zwielicht, in der Dämmerung. Martin Luther verglich unser Heute mit der *Morgendämmerung*. Mögen Nacht- und Tagmenschen sich darüber streiten, ob es noch Nacht oder schon mehr Tag ist, eins ist gewiß: Die Morgendämmerung ist dem hellen Mittag zugewandt, nicht der Mitternacht. Darum jubelte Luther: »Magis autem dies! Mehr aber ist es Tag!«

3. »Ich komme zu den Schwestern und Brüdern«

Paulus spricht in 1. Korinther 12 von dem einen »Leib Christi«. Wir haben gesehen, daß dieser eine Leib Lebende und Tote umgreift (»Ihm leben sie alle«). Der Leib Christi ist ein gegliedertes Ganzes. Zu Jesus Christus, dem Haupt, gehören die einzelnen, ganz individuellen Glieder. Deshalb ist der Ruf des sterbenden Professors Zahn gut zu beachten. Das so eindeutig die Priorität setzende »*Zuerst* Christus!« schließt ein: »Und *dann* auch meine Frau!« Christus zuerst! Aber Christus nie ohne seine »Glieder«. Insofern ist der Satz völlig richtig: »Christen sehn sich nie zum letzten Mal.« Aber wir halten fest: Nicht unsere Wünsche, unsere Sehnsüchte, unsere Postulate regieren hier. Wir entfalten vielmehr, was in dem Kommen des einen »Letzten« alles »eingepackt« ist, was uns alles mit Christus »zufällt«.

Unserem egoistischen Zugreifen hat (so wird berichtet) Karl

Barth einmal schlagfertig Widerstand geleistet. Auf die Frage: »Sehen wir im Himmel unsere *Lieben* wieder?«, habe er geantwortet: »Ja, aber *die andern* auch!« – Auch hier ist der Aspekt der Verwandlung wichtig. Auch für meine Lieben, meine Schwestern und Brüder steht ja die wahre Identität, die Vollendung, noch aus. Wir leiden als Christen oft aneinander, machen uns Not. Wir kennen einander in unserer wahren Gestalt noch gar nicht. Wir sind einander noch (mit Christus in Gott) verborgen. Was wird das dann für ein »Wiedersehen« sein! Da wird nicht nur (wie Walter Lüthi es in einer Predigt sagte) einer dem andern zurufen: »Ach, du bist ja auch hier!« Da wird einer erstaunt vor dem andern stehen: »*Ach, das bist ja du!* Ich hätte dich fast nicht wiedererkannt. Doch nein, jetzt erst erkenne ich dich richtig!« Die wahre »Kommunikation« der Christen steht ebenso noch bevor wie die wahre Identität!

Paul Deitenbeck sagt sehr plastisch: »Im Himmel werden wir uns nicht vorzustellen brauchen.« Was haben wir für Nöte mit dem Sich-Vorstellen! Ich stelle mich jemandem vor. Jemand stellt sich mir vor. (Floskeln wie »Angenehm« waren dabei früher üblich.) Jetzt stelle ich mir den andern vor, d.h. ich mache mir eine »Vor-stellung«, ein Bild (ein Zerrbild?) von ihm. Oft lassen unsere »Vorstellungen« voneinander ein gutes Miteinander nicht mehr zu. – Oder ich muß mich bei einer Bewerbung »vorstellen«, mich präsentieren, mich produzieren, mich profilieren, ein gutes Bild abgeben. Solch eine Vorstellung ist stets von Angst besetzt oder durchzogen von der Überzeugung: Ich werde mich durchsetzen, mich so vorstellen, daß die andern im Schatten stehen ...

Es wird ein Ende haben mit all diesen Vorstellungen. Wir werden uns nicht mehr etikettieren, katalogisieren, typisieren, fixieren. Wir werden uns in Christus erkennen, wie wir in ihm erkannt sind. Und die Freude an der »Gemeinschaft der Heiligen« wird vollendet werden. Alles Verkennen, alles Mißverstehen wird am Ende sein. Wir werden entdecken, daß der Leib Christi und die Begabungen all seiner Glieder so harmonisch abgestimmt sind, daß dies große Orchester die Jubelfuge der Ewigkeit vollkommen intoniert.

»*Rückstrahlung*«: Wenn wir Christen – unter den Vorzeichen solch einer Zukunft – heute beieinander sind, dann gilt es mit dem Satz des Paulus zu leben: »Wir kennen von nun an niemand mehr nach dem Fleisch« (2. Kor. 5,16). Jemand »nach dem Fleisch« kennen, heißt, ihn beurteilen nach den Maßstäben, den Kategorien und Normen, die unter uns Menschen üblich sind, uns nach den gängigen Testmethoden abtasten und katalogisieren (sympathisch – unsympathisch, intelligent – dumm, hoch oder niedrig auf der sozialen Treppe, kontaktfreudig – eigenbrödlerisch, schwarz – weiß, meinem Frömmigkeitstyp nah – fremd . . .).

D. Bonhoeffer hat gut herausgearbeitet (in: Gemeinsames Leben, München, 23. Aufl. 1988): Die Gemeinschaft von Christen ist nicht »psychisch« bestimmt, sondern »*pneumatisch*«. Ich sehe den andern nicht mehr nach den Maßstäben meines unmittelbaren Empfindens (»sympathisch-unsympathisch«); ich sehe den andern »in Christus«. Nicht die direkte Verbindung, die Strecke zwischen zwei Punkten, ist das Modell (das Sich-nett-Finden, das Händchenhalten und Sich-Umarmen), sondern ein Dreieck. Präzis haben sich die ersten Christen »Schwestern« und »Brüder« genannt; sie wußten sich durch den *Vater* definiert. Freunde kann man sich aussuchen, Lebensgefährten sich wählen, aber Geschwister sind »Schicksal«! Ob ich den Bruder »mag« oder ob er mir »gar nicht liegt«, ist gänzlich unwichtig: »In Christus«, unter dem einen Vater, sind wir Brüder und gehören für ewig zusammen. Der nächste Weg zur Schwester, zum Bruder ist deshalb stets auch der »Umweg« über den Vater. »Via Christus« (in der Fürbitte und im Dank) verkehre ich am intensivsten mit dem andern. Regeln der Gruppenpädagogik (etwa einer guten Gesprächsführung) sind gewiß auch für christliche »Kreise« wichtig; aber das Entscheidende (die Gemeinschaft »in Christus«) wird von dem Kreismodell gar nicht erfaßt.

Was wir hier von den Mitchristen sagten – ich sehe sie in Christus! –, das gilt vom Umgang mit allen Menschen. Auch der »verkommenste Typ« ist vor Gott ein einmaliges Individuum. Ich sehe ihn von Karfreitag her: »Er ist einen Christus wert«; ich sehe ihn vom Ziel her: »Auch er ist ein Kandidat des ewigen Lebens«, und so, von Karfreitag und vom großen Advent her, darf ich ihn in Liebe annehmen, wie mich Christus angenommen hat.

4. »Ich komme zur Welt«

Mit der Redewendung »zur Welt kommen« umschreiben wir die Geburt eines Menschen. Zu uns Menschen, die Hunger und Durst haben, Sinne zum Wahrnehmen, Glieder zum Erfassen, gehört – so hat es Gott, der Schöpfer gewollt – die Welt. Von dieser Welt gilt: Gott läßt das Werk seiner Hände nicht fahren. Die Welt wird nicht eingestampft und durch ein Reich isolierter Seelen ersetzt. Nein, ein neuer Himmel und eine neue Erde sind verheißen (2. Petr. 3,13).

Was von unserm individuellen Leib gilt, gilt für das Ganze der Welt. Auch sie ist gefallene Schöpfung, auch sie muß in den Tod, den Untergang, hinein, auch sie wird durch radikale Verwandlung vollendet. Gott ist nicht der »Kaputtmacher«, sondern der »Neumacher« (Blumhardt).

Diese »Welt-Weite« der Christenhoffnung hat Paulus in Römer 8 ausgesprochen: »Das ängstliche Harren der Kreatur (der außermenschlichen) wartet darauf, daß die Kinder Gottes offenbar werden ...; denn auch die (der Vergänglichkeit unterworfene) Schöpfung wird frei werden von der Knechtschaft der Vergänglichkeit zu der herrlichen Freiheit der Kinder Gottes« (vgl. V. 19-22). Paulus konstatiert: Die ganze Schöpfung »*seufzt*« (V. 22). Das geschieht nicht erst da, wo der Mensch mit Technik und Giftstoffen das ökologische Gleichgewicht zerstört. Das gilt in der gefallenen Schöpfung grundsätzlich. Jede idyllische Waldlichtung, jede blühende Frühlingswiese, die uns wie Inseln des Friedens erscheinen, sind zugleich Schlachtfelder, auf denen der »Kampf ums Dasein« unablässig geführt wird: Leben lebt davon, daß es Leben zerstört, anderem Leben den Lebensraum verwehrt. Innerhalb des »Schemas« unserer gefallenen Welt ist es ganz »natürlich«, daß der Löwe die Antilope reißt, die Katze die Maus frißt, aber eben dieses ganze »Schema« steht unter dem Vorzeichen des Todes.

Seltsamerweise spricht der Apostel aber nicht nur vom »Seufzen«; er fährt fort: Die ganze Schöpfung »*liegt in Wehen*« (so wörtlich V. 22b). In den Krankenhäusern gibt es Seufzen und Stöhnen im Sterbezimmer, aber auch im Kreißsaal. Im Sterbezimmer geht das Stöhnen auf den Tod zu, in der Entbindungsstation ist es unterwegs zum Leben, zur Freude, zum Jubel der Mutter über das Neugeborene. Paulus hört das Seufzen nicht nur in der dunklen Tonart d-moll (weil doch alles »demoliert« ist); er vernimmt darüber und darunter strahlendes A-Dur, weil Auferstehung in der Luft liegt. Der Apostel hat österlich gestimmte Ohren, hat das »absolute Gehör«, das von Gottes Verheißung genormt ist. Von Ostern her ist die gefallene Welt ein riesiger Kreißsaal, ein Wartezimmer zum ewigen Leben.

Luther hat hier Paulus sehr gut verstanden (in: Vorlesung über den Römerbrief 1515/1516, deutsch, München 1965, S. 277 – zu Röm. 8,19): Die Kreaturen wollen gerade nicht festgelegt werden auf das, was sie jetzt sind. Sie sehnen sich selbst (gewiß unbewußt) aus dem Jetzt heraus, strecken sich aus nach der Neuschöpfung. »Ihr werdet ... dann die besten Philosophen, die besten Naturforscher sein, wenn ihr vom Apostel lernt, die Kreatur als eine harrende, seufzende, in Wehen liegende anzuschauen, d.h. als eine, die das, was sie (jetzt) ist, verabscheut und nach dem verlangt, was sie zukünftig sein wird und darum noch nicht ist.« Die neue, vollendete Welt und darin der neue, vollendete Mensch – wir können uns das nicht »vorstellen« (auch all unsere Vorstellungen sind ja vom Tod durchzogen)! Aber wir dürfen uns darauf freuen, dürfen gespannt sein auf das, was die unendliche, schöpferische Phantasie Gottes ins Leben ruft. Wie wird es sein, wenn wir als vollendete Gottebenbilder neu »zur Welt kommen«, zu der Welt voller Glanz und Gotteslob! Der Apostel hat herausgehört, wie im Seufzen sich heute schon das Orchester stimmt für die große »Zukunftsmusik«, für den ewigen Osterchoral.

»*Rückstrahlung*«: »Christ ist erstanden ... Sonst wär' die Welt vergangen ...« Nun aber gibt es fundierte Hoffnung nicht nur für »unsterbliche Seelen«, sondern für unsern Leib und mit ihm für die ganze Welt. Von Ostern her sind Christen in neuem Sinn *»weltoffene« Wesen.* So gewiß sie sich von der »Welt« (als dem Inbegriff der Sünde) zu Christus bekehren, so bekehren sie sich von Christus her zur Welt, zu der von Gott geschaffenen, erlösten, zur Vollendung bestimmten Welt.

Diese im Glauben begründete »Weltoffenheit« unterscheidet sich deutlich von der griechisch-platonischen Haltung: Dort sehnt man sich nach einer Erlösung (der »Seele«) *von* der Welt (auch von der eigenen Leiblichkeit). Christen erwarten die Erlösung *der* Welt (mitsamt ihrer eigenen Leiblichkeit).

Die christliche Haltung unterscheidet sich scharf auch von der indischen (hinduistischen), wo Welt wie eigene Individualität nur Schein sind und alles im Ur-Einen, (im Nichts-Alles des Nirwana) aufgehen soll. In vielen Häusern findet sich die Plastik mit den drei Äffchen. Sie stammt aus Indien und schließt eine ganze Weltanschauung ein. Das eine Äffchen hält sich die Ohren, das andere die Augen, das dritte den Mund zu; die Hände sind durch das Blockieren dieser Organe selbst für jedes Tun blockiert, die hockende Haltung macht jedes Gehen unmöglich. Versenkung in völliger Weltdistanz verdichtet sich in diesem Bild. Ein schärferer Gegensatz zur christlichen Weltoffenheit aus Glauben (vgl. zudem den »Missionsbefehl«!) ist kaum denkbar. – Wer den neuen Himmel und die neue Erde erhofft, wird sensibel für diese vergehende Welt, sensibel für ihre *Schönheit,* sensibel für ihre *Not.*

Die *Schönheit* dieser Welt (die Lilien, Ernte, Hochzeit, Gold und Edelsteine) sind für Jesus wie für den Seher der Offenbarung Hinweis auf Gottes Güte, Gleichnis und Vorzeichen für das Kommende. Ein Christ kann gar nicht anders, als ein »Naturfreund« zu sein. Ein Christ kann unmöglich ein »Kulturbanause« sein. Ein Christ hört etwa bei einem Violinkonzert von Mozart mehr als ein anderer Mensch. Er hört »Obertöne« mit, die von der wunderbaren Schöpferphantasie Gottes singen und in denen etwas von der »Zukunftsmusik« mitklingt. Ein Christ, der nicht sieht, wie etwa Bachs Kantaten und Oratorien Heiligung der *Töne* bedeuten, wie etwa Rembrandts biblische Gemälde Heiligung der *Farben* praktizieren, wie etwa Jeremias Gotthelfs Romane Heiligung der *Wörter* vollziehen, wie die »Systeme« der großen Bibeltheologen (bei Paulus beginnend) Heiligung der *Gedanken* bewirken – ein Christ, der all das nicht wahrnimmt oder sich dem »banausenhaft« verschließt, verdunkelt die Herrlichkeit seines Herrn. – Daß Christen für das *Leiden* der Kreatur empfindsam werden, ist nicht neu. Die Zerstörung der Natur zu verhindern oder doch zu mindern, wächst ihnen heute neu als Aufgabe zu. Und das alles nicht, obwohl diese Welt vergeht, sondern *weil* über dieser vergehenden Welt die Verheißung leuchtet: »Siehe, Ich mache *alles* neu.«

5. »Ich komme zum Fest«

Darüber, daß sich die Auferstehung nicht allein auf die isolierte *Person* des Menschen bezieht, sondern auch sein *Tun*, sein »Werk«, seine »Wirkungsgeschichte« einschließt, haben wir schon im Kapitel über das »Jüngste Gericht« gesprochen. Als »Kinder Gottes« sind wir Erben, als seine »Mitarbeiter« empfangen wir Lohn. Von diesem Lohn der Gnade, der freilich nicht Verdienst ist, auf den wir Anspruch hätten, redet das Neue Testament ganz unbefangen. Den Lohn empfangen, das wird heißen: die Geschenke auspacken dürfen, die Gottes Gnade selbst uns in unserem Leben bereitete. – Paulus schließt das große Osterkapitel 1. Korinther 15 mit der Ermutigung: »Nehmt immer zu in dem Werk des Herrn, weil ihr wißt (eben weil es Ostern wurde und weil Auferweckung angesagt ist), daß eure Arbeit *nicht vergeblich* ist in dem Herrn« (V. 58).

»Non frustra«, nicht vergeblich! Von Ostern her und auf die Vollendung hin ist die Welt nicht ein Leichenfeld, sondern ein »Gottesacker«: Was dort im Namen Jesu »gesät«, investiert wurde, wächst hinein in Gottes ewige Scheunen. Es lohnt! Das berühmte angebliche Lutherwort: »Wenn morgen die Welt unterginge, würde ich heute mein Apfelbäumchen pflanzen« ist nicht in verbissenem Trotz gesprochen (»Ich lasse mich nicht unterkriegen, auch wenn alles sinnlos ist«), sondern voll guter Hoffnung: Die Früchte werden dann eben in Gottes Zukunft hineinwachsen, werden Platz finden in seinen Erntekörben.

In Offenbarung 14,13 heißt es von den Toten, die im Herrn sterben: Sie sind selig (glücklich zu preisen), »sie werden ruhen von ihren Mühen; ihre Werke folgen ihnen nach.« Die Werke *folgen*! Sie gehen also nicht voraus (wie Jakob prächtige Herden als »gute Werke« vorausschickte, um seinen Bruder Esau gnädig zu stimmen; 1. Mose 32), sie öffnen nicht die Himmelstür, aber sie dürfen – durch Gottes gnädiges Gericht hindurch – mit auferstehen. Wenn Paulus vor Gott erscheint, dann wird ihm die »Wirkungsgeschichte« seines Lebens (von »Frucht« spricht er selbst häufiger) nachfolgen. Allein die Auswirkung seines Römerbriefs in den vergangenen zwei Jahrtausenden ist ganz unausdenkbar: Augustin kam durch den Römerbrief zum Glauben, Martin Luther machte daran seine reformatorische Entdeckung, John Wesley wiederum erlebte seine entscheidende Stunde bei der Verlesung von Luthers Vorrede zum Römerbrief. Karl Barths gewaltiger Ruf zur Sache (von der »Religion« des Menschen hin zu dem »Der Herr spricht«) geschah in einer Auslegung des Römerbriefs. Das sind nur ein paar Namen. Ungezählte werden bekennen: Die Botschaft dieses Briefs – Christus allein, die Gnade, der Glaube allein – hat auch mir die Pforte zum Paradies aufgetan. Wie wird es dem Paulus sein, wenn er beim Fest der Gnade all diese Geschenke auspacken darf, wenn er die Karawane all derer ins himmlische Jerusalem einziehen sieht, denen der Römerbrief das ewige Leben erschloß!

Ob dieser »Lohn der Gnade«, mit dem Gott seine Mitarbeiter ehrt, in Gold-, Silber-, Bronzemedaillen bestehen wird? Jesu Gleichnis von den anvertrauten Talenten weist in eine andere Richtung (vgl. Mat. 24, 14-30; Luk. 19,11-27): »Ei, du frommer und getreuer Knecht, du bist über wenigem getreu gewesen, ich will dich über viel setzen. Gehe ein zu deines Herrn Freude!« Da geht es um die Erlaubnis, die Ermächtigung zu neuer Tätigkeit für diesen unvergleichlichen Herrn, darum, ohne Furcht – sicher auch ohne Mühe, ohne Hemmung, ohne Widerstand – Gott dienen zu dürfen (Lukas 1,74-75). Das Dienen ohne »kópos«, ohne Plackerei (Paulus benutzt das Wort mehrfach), ein Dienen ohne Widerstand in uns selbst, ohne Widerstand bei dem Gegenüber, dem wir im Namen Jesu das Beste geben möchten, ohne Ermüdung, ohne Frustration. Ein Dienen, das teilhat an Gottes spielerischer Kreativität (»Er spricht, und es geschieht . . .«). Ein Dienen, von dessen Freude wir Menschen vielleicht gelegentlich etwas ahnen, wenn jemand geradezu von einem »Schaffensrausch« erfaßt wird, wenn ein Werk wie mühelos unter den Händen wächst. Ein Dienen, das (im Sinne von Punkt 2.) zugleich »Selbstentfaltung« ist, ein Dienen, in dem Aktivität und Ruhe, Geben und Empfangen eins werden. C.F. Meyer hat in seinem Gedicht »Der römische Brunnen« dafür eine beglückende Formulierung gefunden. Er zeigt, wie der aufsteigende Strahl die erste der drei übereinanderliegenden Schalen füllt, wie sie das Zuviel an Empfangenem an die zweite weitergibt und diese wiederum sich in die dritte ergießt: »Und jede *nimmt und gibt* zugleich / und *strömt und ruht*«.

Ewiges Leben – das ist sicher keine kirchenmusikalische Dauerveranstaltung, wo Chöre (gewiß makellos) unaufhörlich das große Hallelujah singen. Ewiges Leben – das hat gewiß nichts zu tun mit irgendeiner Form von Langeweile. Es ist Anteilhabe an Gottes unerschöpflichem Reichtum, an seiner unendlichen Phantasie und Schöpferkraft, es ist Anteilhabe an Gottes ewiger Herrschaft.

»*Rückstrahlung*«: »Eure Arbeit ist nicht vergeblich in dem Herrn«, so schließt Paulus das Auferstehungskapitel 1. Korinther 15. Mit demselben Atemzug (eine Kapiteleinteilung kannte der Urtext ja noch keineswegs!) fährt er dann fort: Darum wollen wir jetzt auf die *Kollekte* für die Gemeinde in Jerusalem zu sprechen kommen . . . Weil uns fest zugesagt ist: Was ihr im Namen Jesu tut, aus Liebe zu ihm und dem Nächsten, das ist gewiß nicht vergeblich, dürfen wir unseren Frustrationen ade sagen, dürfen eine erhöhte »Frustrationstoleranz« bekommen, »frustrationsresistent« werden. Wohlgemerkt: Wir dürfen das nicht deshalb, weil wir nun dauernd »Erfolge« sähen (bei dem Alkoholiker, dem wir nachgehen, dem Strafentlassenen, der trotz unserer Bemühung rückfällig wird, dem Familienmitglied, um dessen Bekehrung wir schon solange beten . . .). Auch wenn unser Tun »frustra« erscheint, ist uns *verheißen*: »Nicht vergeblich!«

Hier ist der Osterglaube gefragt, der auch an Gräbern, wo er nur Tod sieht, Auferstehung ausruft. Es ist uns verheißen, daß wir den »Gottesacker« bestellen, der zu seiner Zeit gewiß seine Frucht bringen wird, weil Ostern wurde. Die Hoffnung auf Gottes Fest, bei dem auch ein Schluck kühles Wasser nicht vergessen wird, möchte uns ermutigen. Wir wollen dranbleiben am Werk des Herrn, allen Widerständen in uns zum Trotz (aller Unlust, aller Enttäuschung, aller Müdigkeit) und ebenso entgegen allen Widerständen um uns (allem Widerstreben gegen das Wort Gottes, aller Gleichgültigkeit). Luther hat immer wieder betont: Er selbst, der allmächtige Gott, wirkt durch uns. Und: »Niemand lasse den Glauben fahren, daß Gott Großes durch ihn tun will.« Die Gewißheit des neuen Himmels und der neuen Erde gibt Mut zur alten Erde, die Ewigkeitshoffnung gibt Lebens- und Zukunftsmut. Pfarrer Heinrich Giesen konnte jungen Menschen zurufen (allen »no-future-Parolen« ins Gesicht): »Wer an Ostern glaubt, kann Kinder kriegen!«

6. »Ich komme zur Ewigkeit«

Wir erinnern uns: »Ewigkeit« meint im biblischen Denken – anders als bei den griechischen Philosophen – nicht »Zeitlosigkeit«, nicht das Gegenteil von Zeit. »Ewigkeit« meint auch nicht »unendlich viel Zeit«, die Summe aller Zeiten. So versucht es jene Geschichte zu deuten, die von einem Vogel erzählt, der alle tausend Jahre kommt, um sich an einem gewaltigen Gebirgsmassiv den Schnabel zu wetzen. Wenn er all die Felsmassen auf diese Weise abgewetzt habe, sei gerade eine Sekunde der Ewigkeit vergangen … Ewigkeit meint auch nicht – wie die Existentialisten es darstellten – die Tiefe und Schönheit des großen Augenblicks. »Sind Zeit und Ewigkeit in einem selgen Augenblick« singt im »Rosenkavalier« verzückt das junge Mädchen, dem der Brautwerber die silberne Rose überreicht … – *Ewigkeit ist nicht zu definieren von unseren Zeitbegriffen her* (weder vom »chronos«, der verlaufenden Zeit, die uns den Terminkalender beschert, noch vom »kairos«, dem besonderen Augenblick). *Ewigkeit ist ein Würdeprädikat, das allein Gott gebührt.* Ewiges Leben ist Teilhabe an Gottes Lebendigkeit. Gott gibt uns Anteil an sich selbst.

Gottes Ewigkeit verhält sich zur Zeit wie der Schöpfer zum Geschöpf. Aber auch dieses gute Geschöpf Zeit erfahren wir immer als Teil der gefallenen Welt, als Vergänglichkeit oder Langeweile. Auch Gottes Geschöpf Zeit wartet auf die Verwandlung, auf die Neuschöpfung. So gerät auch hier unser Denken an seine Grenze, wird auch hier unser Sprechen ein Stammeln: Ewigkeit heißt: »Wir werden bei dem Herrn sein.« Das ist genug. – Diese Ewigkeit, dieses »Letzte«, Unüberbietbare und darin Gott selbst, bricht aber immer wieder hinein in unsere vergehende Zeit. Da, wo Gott zu einem

Menschen spricht: »Fürchte dich nicht, glaube nur«, wo jemand erfaßt: »Mir sind meine Sünden vergeben«, wo jemand glauben kann: »Ich bin Gottes Kind«, wo jemand an einem Grab vom Ostertrost erreicht wird – überall da ist Ewigkeit mitten in der Zeit. Ein Freund von mir kann eine Predigt beginnen mit dem Satz: »*Jetzt ist Ewigkeit*«, *jetzt, wo der Name Jesus proklamiert wird*! Mitten in der vergehenden Zeit wissen Christen: »Ich habe in Jesus Christus jetzt und heute schon ewiges Leben.« Diese neue Wirklichkeit vollendet schauen zu dürfen, ist unsere Vorfreude.

»*Rückstrahlung*«: Wenn das wahr ist, daß Gottes Ewigkeit in unsere verrinnende Zeit hell hineinscheint, dann hat das gute Konsequenzen. Dann gibt es ein fröhliches »Auskaufen der Zeit«, ein gelassenes »Zeit haben«, weil uns Ewigkeit geschenkt und verheißen ist. Dann kommt das hektische Jagen nach Lust, getrieben von der Angst (»Ich verpasse etwas«, »Wer weiß, wie lang noch das Lämpchen glüht«), zur Ruhe. Wer Ewigkeit hat, hat damit auch Zeit – jenseits von Hektik und fauler Trödelei.

Ich erlebte mit, wie in einem Werk der Diakonie ein neuer Leiter eingeführt wurde. Dabei gab ihm sein Vorgänger die folgende Geschichte mit auf den Weg:

In einem vornehmen amerikanischen Hotel wird ein kleiner schwarzer »Boy« eingestellt. Als er – mit einer Überfülle von Anweisungen und Ermahnungen befrachtet – seine erste Runde macht, ist er schrecklich aufgeregt. An jede Tür soll er klopfen (nicht zu leise, versteht sich, aber ja auch nicht zu laut!), soll bescheiden nach einem Auftrag fragen und sich dabei vorstellen: »My Lord, it is the boy« (»Mein Herr, hier ist der Boy«). An der ersten Tür angekommen, klopft er sehr zaghaft. Keine Antwort. Das Signal war zu leise. Also noch einmal. O weh, jetzt war es zu laut! Von drinnen kommt eine barsche Stimme: »Wer da?« Ganz verwirrt ruft der Kleine: »*My boy, it is the Lord.*« – Was sollte die Geschichte dem vielbeschäftigten neuen Leiter sagen? Jeder, der verantwortlich arbeitet, muß die Zeit exakt planen, die Termine genau einhalten. Doch entscheidend wichtig ist, daß er sich all das willig über den Haufen werfen, sich gern stören läßt, wenn sein »höchster Chef« – etwa in der Gestalt eines Traurigen, Schuldigen, Ratlosen – bei ihm anklopft. Dieser Herr der Ewigkeit hat immer und überall Vortritt gegenüber unsern Terminkalendern. Ihm gilt es zu dienen, bis er einmal anklopft, um uns zu sich zu holen: »My boy, my girl, it is THE LORD!«

Selige Ewigkeit! Wir kommen zu Gott. Darin ist alles eingeschlossen: Gott kommt mit uns an sein Ziel, und so kommen wir zu uns selbst und zu der vollendeten Gemeinde. Gott kommt mit seiner ganzen Schöpfung zum Ziel, und so gelangen wir in neuer Leiblichkeit in den neuen Himmel und die neue Erde, kommen neu »zur Welt«. Gott bringt das Werk, das er auch durch uns in dieser Welt trieb, zur Vollendung, sammelt seine Ernte in seine ewigen Scheunen. So kommen wir zum Erntefest der Gnade Gottes. In dieser Lebenszeit ist uns der Ewige schon in seinem Wort begegnet, nun holt er uns heim in die ganze Gemeinschaft mit ihm; da ist wahrhaft Ewigkeit. Das alles aber möchte, wie von einem Rückstrahler reflektiert, unser Leben hell machen. Gerhard Tersteegen lehrt uns beten: »O Ewigkeit, so schöne, mein Herz an dich gewöhne« (EKG 367).

VII. Ewige Verdammnis?

1. Die Qual der Hölle

Der Seligkeit steht die Verdammnis, dem »Himmel« die »Hölle« gegenüber. »*Hölle*« – was mag das heißen? Die Wortbedeutung sagt wenig aus. Das deutsche Wort »Hölle« (mittelhochdeutsch »helle«) kommt von »hel« = das Totenreich (Hel – personifiziert – ist die germanische Göttin der Unterwelt). Verwandt ist »helen« (der Heler), etwas verbergen, verhüllen. »Hölle« meint also ursprünglich den dunklen, verborgenen Bereich der Toten. Im griechischen Neuen Testament steht »*Géenna*« (scharf zu unterscheiden von »Hades«, dem Totenreich im Sinne des »Zwischenzustands«). Das Wort stammt von dem hebräischen »ge-(ben-)hinnom«, d.h. Tal des Sohnes Hinnom (Jos. 15,8), eine südlich von Jerusalem gelegene Wadischlucht. Weil dort die Israeliten zur Zeit der Könige Ahas und Manasse dem »Moloch« Kinderopfer darbrachten (2. Kön. 16,3; Jer. 7,31; 9,16), galt das Tal als ein besonders verrufener, ein verfluchter Ort. Seit dem zweiten vorchristlichen Jahrhundert erwartet man (in der sog. apokalyptischen Literatur), daß sich dort nach dem Endgericht der Schlund der Feuerhölle öffnen würde. Schließlich wird die Ortsangabe zur Bezeichnung für die Verdammnis selbst.

Aber was bedeutet Hölle, Verdammnis der Sache nach? Nirgends finden wir im Neuen Testament irgendeine Ausmalung. In mittelalterlichen Bildern feiern Angst und Phantasie schaurige Triumphe (nackte Sünder werden von Dämonen mit raffinierten Instrumenten gefoltert, werden in Kesseln gesiedet, unheimliche Fabelwesen quälen sie, Kröten und Schlangen nagen an ihnen, jede besondere »Todsünde« wird mit speziellen Maßnahmen geahndet . . .).

All das hat mit den Worten Jesu nichts gemein. Von »Finsternis« spricht Jesus (Mat. 8,12), in die Menschen »hinausgestoßen« werden. Das ist alt- und neutestamentliche Bildsprache: Die Verlorenen sind von Gott, vom Licht, vom Leben geschieden. Das »Draußen« ist der Bereich der Gottesferne, der Kommunikationslosigkeit (vgl. die alttestamentliche Auffassung von der »Scheol«). Von »Feuer« ist die Rede und im selben Atemzug von »Zähneklappern«. Ein extremer Gegensatz – unerhörte Hitze und unerträgliche Kälte – wird aufgeboten, um den schlechterdings »unmöglichen«, gänzlich »unwohnlichen« Ort der Verlorenen zu bezeichnen (Mat. 13,42). »Heulen« füllt den Abgrund, Verzweiflung, Fassungslosigkeit. Das Feuer verlöscht nicht, der nagende Wurm der Verwesung stirbt nicht (Mark. 9,44); endlos ist die Qual.

Der »zweite Tod« (Offb. 20,14) heißt nicht Vernichtung, Ausgelöschtwerden, sondern ein »Leben« fern von allem Leben, ein Dasein in absoluter Verlorenheit. Was gibt dem Ort seine Furchtbarkeit? Was preßt die Tränen hervor? Es geht nicht um ein »Was« (Folterungen u.a.). ER fehlt, ER ist fern. Hölle ist die Scheidung des Geschöpfes von seinem Gott. »Die Qual der Verdammten besteht . . . im Verlust der Herrlichkeit Jesu im Augenblick ihrer Anerkennung«, so sagt der dänische Theologe Regin Prenter. Entdecken zu müssen: »HERR ist Jesus« – und diesen Herrn nicht lieben, ihm nicht dienen zu können! Zu bemerken, daß man ganz und gar auf Gott angewiesen ist – und von ihm geschieden zu sein, seine Stimme nicht zu hören, ihn nicht loben zu können, im tödlichen Selbstwiderspruch leben zu müssen, ewig dem »Beißen« des Gewissens ausgesetzt – das ist Hölle!

Paul Althaus spricht von »unentrinnbare(r) Gottlosigkeit im unentrinnbaren Gottesverhältnis . . . dem Bösen endgültig preisgegeben sein und dabei doch Geschöpf Gottes bleiben, das um seine Bestimmung und Angewiesenheit auf Gott weiß und die völlige Nichtigkeit des Lebens ohne und wider ihn ganz wach spürt . . .«

Eindrücklich sind die Worte Hermann Bezzels: »In die volle Sonne sehen sollen, ohne die Sonne gewöhnt zu sein, das ist der Tod, der Tod im Leben . . . dann furchtbares Los: ›Tue weg den Anblick des Nazareners, ich kann ihn nicht sehen!‹ Und das Bild des Heilands bleibt.«

Welch eine Qual: Nur sich selbst gehören zu können, zur Selbstsucht verdammt zu sein und dabei mit Jesus, der Liebe in Person, konfrontiert zu werden. Den alten Götzen dienen zu müssen, an sie geschmiedet zu sein in dem Wissen, daß sie »Nichtse« sind, Eitelkeit, Wahn. Im Alten weitermachen müssen bei vollzogener Desillusionierung, an das Alte gefesselt, daran geschmiedet zu sein, wenn das Neue vor einem aufgegangen ist. Im Bilde gesagt: Als von Geldgier und Geiz Besessener eine Ewigkeit 1000-DM-Scheine zählen zu müssen – im Wissen, daß sie alle gänzlich entwertet sind. Auf die Selbstliebe, die Selbst-Sucht fixiert zu sein – in der Erkenntnis, daß mein Selbst (ohne Ihn!) nichtig, ekelerregend ist . . .

Haben wir damit die Hölle entmythologisiert? Nein, wir haben stammelnd anzudeuten versucht, was schrecklicher ist als all die sadistischen Folterszenen der alten Bilder. Hier wird deutlich, was wir bereits zum »Jüngsten Gericht« feststellten: Nicht um zusätzliche

Bestrafung geht es, um die Prügel nach der bösen Tat, sondern um das schreckliche Aufdecken dessen, was ohne Jesus, fern von Gott, *immer schon unsere wahre Situation ist.* Ohne Jesus ist der Mensch »dahingegeben«; der Jüngste Tag bringt's ans Licht und fixiert den Sünder auf sein Verlorensein. Hölle ist der endgültige, der definitive Selbstausschluß vom Heil. Hölle ist so unbegreiflich wie das, was in sie hinein verdammt, die Sünde.

Das Wesen der *Sünde* ist unfaßlich. Der Mensch, stets ein Wesen, das fragt: Was bringt mir's ein?, dieser Mensch, der sonst stets zweckbestimmt denkt und handelt, sägt den Ast ab, der ihn trägt, und jauchzt beim tödlichen Sturz in die Tiefe: »Jetzt bin ich endlich frei!« Es ist absolut unbegreiflich, wie ein auf Gott angelegtes Wesen, ein Wesen, das in Gott sein Lebenselement hat, sich von diesem seinem Lebensgrund losreißt und das »Selbstverwirklichung« nennt. So unbegreiflich wie die Sünde ist die *Hölle,* die das Sündigen zum unendlichen Sündigenmüssen befestigt, die den Menschen an seine Selbstzerstörung fesselt – und das bei geöffneten Augen, in Erkenntnis des wahren Zustands.

2. »Doppelter Ausgang« oder »Allversöhnung«?

Vom *»doppelten Ausgang«* haben wir gesprochen, haben »Himmel« und »Hölle« konfrontiert, Seligkeit und Verdammnis. Wir haben ernstgenommen, was wir vom Jüngsten Gericht sagten: Es bringt die letzte *Ent-Scheidung.* Das wohl bedeutendste Bekenntnis der Reformation, das »Augsburgische Bekenntnis« von 1530, hat in seinem 17. Artikel das ausdrücklich bekräftigt und sich zugleich gegen Irrlehre abgegrenzt: »Auch wird gelehrt, daß unser Herr Jesus Christus am Jüngsten Tag kommen wird, um zu richten und alle Toten aufzuerwecken, den Gläubigen und Auserwählten ewiges Leben und ewige Freude zu geben, die gottlosen Menschen aber und die Teufel in die Hölle und zur ewigen Strafe zu verdammen. – Darum werden die Wiedertäufer verworfen, die lehren, daß die Teufel und die verdammten Menschen nicht ewige Pein und Qual leiden werden.«

Trotz dieser ausdrücklichen »Verwerfung« erhebt sich die Frage immer wieder neu: Muß dies Gericht wirklich endgültig sein, das Verdammungsurteil unfähig zu jeder Revision? Ist solch eine ewig währende Hölle nicht unmenschlich, ja ungöttlich? Wir wollen dieser Frage nicht ausweichen. Drei *Grundmodelle,* drei Gesamtverständnisse möchte ich skizzieren und kritisch beleuchten. An diese Orientierung anschließend, soll die eigene Position formuliert werden.

a) Vom »freien Willen« und der eigenen Wahl

Hier meint man mit einer einleuchtenden Erklärung für die Sünde aufwarten zu können. Gott wollte den Menschen, sein Ebenbild, doch nicht als Roboter, als Marionette. In freiwilliger Zuneigung sollte der Mensch ihm dienen. Also mußte Gott ihn mit der *Freiheit zur Wahl* ausstatten, mußte ihm eine Alternative bieten. Zur Freiheit des Menschen gehört es, auch von Gott abfallen zu können. – Leider betätigte der Mensch seine Freiheit in der Wahl des falschen Weges. Aber auch als Sünder bleibt ihm die Fähigkeit, sich für oder gegen Gott zu entscheiden. Gewiß hat er keineswegs die Möglichkeit, von sich aus den Weg zurück zu Gott zu schaffen. Aber angesichts des Evangeliums von Jesu Rettertat, angesichts des Gnadenangebots kann er ja oder nein sagen. Mit dem Nein wählt der Mensch definitiv die Gottesferne, und Gott respektiert die in Freiheit gegen ihn gefallene Entscheidung. Die *Hölle,* die ewige Gottesferne, ist so nichts anderes als der *Ort der eigenen Wahl.*

Kritik: Diese Position erscheint auf den ersten Blick durchaus plausibel und ist doch an keinem Punkt haltbar.

Zunächst wird ein *völlig unbiblisches Freiheitsverständnis* vorausgesetzt. Die Griechen sahen den Menschen in dem Modell »Herkules am Scheideweg«: Herkules gerät an eine Weggabelung, wo zwei Gestalten ihm nach der einen Seite Reichtum und Wohlleben, nach der anderen viele Mühen, aber auch unsterblichen Ruhm in Aussicht stellen. Indem Herkules den Weg des Ruhms wählt, legt er sich fest, gibt sich *einer* Lebensrichtung zu eigen. Zuvor aber gehörte er ganz sich selbst, besaß über sich völlige Verfügungsgewalt, war selbständig, *autonom.* – Freiheit als Autonomie, Freiheit, die auch »ganz anders kann« (nämlich von Gott weggehen) ist – biblisch gesehen – nicht die Freiheit des Geschöpfes Mensch, nicht die Freiheit des Gottebenbildes. Hier ist der Mensch ganz und gar »definiert« durch sein Gottesverhältnis; seine Lebendigkeit, sein Glück, seine Freiheit, besteht gerade in dem liebenden Drinsein und Drinbleiben im »Lebenselement« Gott. Würde dieses Wesen auch nur den Gedanken fassen, auch nur mit der Möglichkeit der Trennung von Gott in der Phantasie spielen, wäre das schon Zeichen der Entfremdung. Sehr klar urteilt Karl Heim: »Die *Wahlfähigkeit* schließt somit nicht nur die Möglichkeit der Sünde, sondern strenggenommen den *Anfang einer wirklichen Sünde* . . . ein.« Daß uns dieses Herkules-, dieses Autonomiemodell so einleuchtend erscheint, ist nur ein Beweis dafür, daß wir schon in der Sünde leben, daß uns das »los von Gott« nicht als eine Ungeheuerlichkeit erscheint, sondern als ein ganz »natürliches«, ganz selbstverständliches Motiv. Das ist aber nur ein Signal unseres perversen Zustands. Noch einmal Karl Heim: »Der Begriff eines liberum arbitrium (eines freien Willens), das sich auch gegen Gott entscheiden kann, ist somit ein *Produkt des Sündenzustandes*, kann also zur Erklärung und Entschuldigung desselben nicht herangezogen werden.«

Nicht besser steht es mit der Vorstellung, man könne den Schritt in den Glauben, die *Bekehrung* zu Jesus Christus als eine *Tat der menschlichen Willensfreiheit* erklären. Da sieht man Gott nach dem »marktwirtschaftlichen Modell« vorgehen: Er macht dem Sünder mit dem Evangelium ein *Angebot* (mag das dem Sünder nun lockend oder unattraktiv erscheinen), und der sündige Mensch reagiert wie der »*König Kunde*«, der nach Belieben zugreift oder vorübergeht. Im schlimmsten Fall bleibt Gott auf seinem Gnadenangebot wie auf einem unbegehrten Ladenhüter sitzen, und der Tod Jesu verpufft im Leeren.

Daß dieses Modell völlig unbiblisch, ja ganz und gar gottlos ist, hat Luther in seinem berühmten Streit mit dem Philosophen Erasmus von Rotterdam gezeigt. Luthers Kampfruf hieß: »servum arbitrium«, »unfreier Wille«! Der Mensch ist »*tot in Sünden*« (Eph. 2,1), ist »unter die Sünde *verkauft*«, »*nichts Gutes*« wohnt in ihm (Röm. 7,14.18); über ihm steht Jesu Satz: »Was vom Fleisch geboren ist, das ist *Fleisch*« (Joh. 3,6), d.h. nichts als *Feindschaft* gegen Gott. Vom Satan geritten ist der Sünder nach Luther. Es ist nichts mit dem »König Kunde«, der auswählt; es geht um Tote, die der Auferweckung bedürfen. Und das Evangelium ist nicht ein freundliches, aber letztlich unverbindliches »Angebot« auf dem Markt der religiösen Möglichkeiten, sondern das tötende und lebendigmachende Wort Gottes, ist »Gotteskraft« zur Rettung von Verlorenen (1. Kor. 1,18). Hier gilt nicht »der freie Wille« (der ist in Wahrheit ganz und gar versklavt!), hier gilt »allein die Gnade«, »allein Christus«, »allein das (neuschaffende) Wort«, »allein der Schöpfer Geist«!

Liegen die Dinge so, dann werden die Seligen im Himmel sich einmal nicht die Hände reiben und sich sagen: »Da haben wir es doch recht gemacht und klug gewählt.« Und die Verdammten in der Hölle werden nicht bloß ihren fehlenden Weitblick angesichts des

Evangeliumangebots beklagen. Gewiß, ein Verdammter kann nur bekennen: »Mir geschieht recht; es ist alles, alles meine Schuld«. Aber die Seligen werden nicht stolz von ihrer »Cleverneß« erzählen, sondern fassungslos und anbetend die *ganz und gar unverdiente Gnade* Gottes rühmen (»Einer, den Gottes Gnade fand . . .«).

Die beiden Modelle, denen wir uns jetzt zuwenden, machen gemeinsam Front gegen den Wahn vom »freien Willen«, setzen allein auf die *erwählende Gnade Gottes.* Diese Betonung des »Christus allein« verbindet sie. Sie sind »theo-zentrisch« ausgerichtet. Aber innerhalb dieses Rahmens sind sie tief unterschieden. Das eine Modell betont mit letzter Schärfe (wie Artikel 17 des Augsburgischen Bekenntnisses) den »doppelten Ausgang« und macht ihn fest in einer ewigen Entscheidung Gottes, nämlich in der sog. *doppelten Prädestination.* Der andere Entwurf leitet aus der Übermacht der Gnade Gottes ab, daß am Ende alle Menschen, ja alle Kreaturen Gottes in Gottes Seligkeit heimgeholt werden. Hier wird die »*Allversöhnung*«, die »Wiederbringung aller Dinge«, gelehrt.

b) Von der »doppelten Prädestination«

Hier wird mit letztem Ernst betont: *Alles* kommt von Gott. Er ist der schlechthin überall wirkende Herr; er ist das eine, einzige Subjekt. Es liegt nicht am Wollen und Laufen des Menschen, sondern einzig an Gottes souveränem Wollen und Entscheiden. »*Gott ist Gott*«, das ist das Leitmotiv, ist das alles tragende Fundament. Warum werden Menschen selig? Weil Gott sie dazu bestimmt hat! Warum gehen Menschen ewig verloren? Weil Gott sie dafür vorgesehen hat! *Gott ist Gott*! – Von Ewigkeit her, also bevor die Menschen überhaupt existierten, Gutes oder Böses, Frommes oder Gottloses denken oder wollen konnten – von Ewigkeit her hat Gott die einen zur Seligkeit, die andern zur Verdammnis vorherbestimmt.

Johannes Calvin, der diese Lehre von der »doppelten Prädestination« vertrat, sprach selbst von dem »decretum horribile« (in: Institutio III, 23,7), von der (für unser Empfinden) »schauerlichen Entscheidung«. Sünder sind die Menschen alle, alle haben die Verdammnis verdient. Die positiv Erwählten aber werden durch das Evangelium zum Glauben gebracht und unfehlbar bei Christus festgehalten. Die negativ Prädestinierten werden durch das Evangelium nur verstockter; sie können und wollen, wollen und können nicht glauben. So ist der »doppelte Ausgang«, so sind ewige Seligkeit und ewige Verdammnis (mitsamt den jeweils dazu gehörenden Menschen) von Ewigkeit her vorprogrammiert.

Der große Erweckungsprediger Ch. H. *Spurgeon* hat sich diesen Ansatz zu eigen gemacht, nennt Calvins Lehre »die alte Wahrheit«. Er spricht es deutlich aus: Jesus hat nie geplant, für *alle* Menschen zu sterben; für die *Erwählten,* die dann auch unfehlbar selig werden, gab er sein Leben. Andernfalls (etwa bei der Annahme des »freien Willens«) gäbe es Menschen, für die Jesus sein Blut vergoß, die er damit rechtmäßig erkaufte, die aber diese teure Erlösung verlachen und damit Gottes Eigentumsrecht zunichte machen können, an denen also die Gnade scheitert. Was für ein lästerlicher Gedanke! Ich zitiere Spurgeon: »Wenn Christus vorhatte, alle Menschen zu retten, wie kläglich ist er dann enttäuscht worden ... Zu denken, daß mein Erlöser für Menschen starb, die in der Hölle ... sind, scheint mir eine Vorstellung zu sein, die zu schrecklich ist, um sie aufrecht zu erhalten.« Der Evangelist ist freilich in den geheimen Ratschluß Gottes nicht eingeweiht. Das ist auch nicht nötig. Während der Prediger unterschiedslos *alle* zum Glauben ruft, vollzieht der Heilige Geist die »Selektion«: Er erweckt die *Erwählten* und erleuchtet sie zu Bekehrung und Glaube. »Einfach deshalb, weil die Erwählten keine Kreidezeichen auf ihrem Rücken trügen, so daß man sie von den übrigen ... unterscheiden könnte, predigte er (Spurgeon) – wie er einmal selbst sagte –, als ob alle erwählt und alle noch zu retten wären« (Hayden, S. 71). Die Erwählung kommt aus der Ewigkeit; sie wird biographisch real und konkret beim Durchschlagen des vollmächtigen Wortes und in der gläubigen Antwort darauf. Wer also erwählt ist, gelangt unfehlbar zum Glauben. Wer zum Glauben kam, kann daran sein Erwähltsein erkennen. »Manche Menschen möchten wissen, ob sie erwählt sind. Wir können es ihnen nicht sagen, bevor sie es uns nicht sagen. Glaubst du? Richtet sich dein Glaube fest auf das kostbare Blut? Dann stehst du im Gnadenbund ... Wer glaubt, ist erwählt« (bei Hayden, S. 70).

Kritik: Mancher wird seine Ablehnung der Lehre Calvins sofort in das Argument fassen: »Das ist unmöglich; dann wäre *Gott* ja *ungerecht*!« – Ich glaube nicht, daß das ein berechtigter Einwand sein kann. Hier setzen wir nämlich *unser* menschliches Empfinden für Gerechtigkeit auch für Gott als verbindlich (etwa: Chancengleichheit für alle!), versuchen Gott nach unserer Norm zu messen, fordern von ihm, daß er sich vor dem Forum unserer Einsicht zu rechtfertigen habe. Solche Vermessenheit schlägt der Apostel Paulus rigoros zu Boden: »Ja, lieber Mensch, wer bist du denn, daß du mit

Gott rechten willst?« (Röm. 9,20) Haben wir Menschen, die wir doch »Ton« sind (von Erde genommen, zu Erde werdend), den Schöpfer, den »Töpfer« zu kritisieren? Muß Gott vor uns strammstehen? Oder haben wir uns vor ihm zu rechtfertigen? Nein, vor der Betonung der Freiheit und Souveränität Gottes können wir uns nur beugen. Ist Gnade wirklich *Gnade* (d.h. gänzlich unverdientes Erbarmen), dann kann es ein Recht auf Gnade, einen Anspruch darauf schlechterdings nicht geben. Es ist und bleibt wahr: *Gott ist Gott*!

Unsere Kritik muß gerade von diesem Spitzensatz herkommen. Ist Gott wahrhaft Gott, der uns schlechthin überlegene Herr – wie können dann Menschen, Christen, Theologen wähnen, sie könnten sich in Gottes Ewigkeit vor aller Zeit hineinschwingen, Gott gleichsam bei seinem ewigen Erwählen über die Schultern blicken? Ist das eine menschenmögliche Position? Bei Calvin wie bei Spurgeon *wird die Möglichkeit, die alle Theologie in »dieser Zeit«* hat, wo unser Erkennen »Stückwerk« ist (1. Kor. 13,9), *prinzipiell überschritten.* Aus der Erfahrung, daß an demselben Evangelium Glaube und Unglaube, dankbares Ja und zorniges Nein, Dankgebet und Lästerung entstehen, wird auf eine doppelte ewige Entscheidung Gottes zurückgeschlossen. Damit will der Theologe hineinsteigen in den ewigen Ratschluß Gottes. Das ist ein wahrhaft »ver-stiegenes«, ein im Wortsinn »ver-messenes« Unternehmen; dafür fehlen uns Wesen aus »Ton« grundsätzlich Leiter und Maßstab. Wo wir aber nicht wissen, nicht wissen *können,* da haben wir nicht zu spekulieren, sondern zu schweigen. – Es gibt eine wegweisende Beobachtung am Neuen Testament. Dort wird häufig von dem »ewigen Erwählen« Gottes gesprochen (z.B. Eph. 1,4 und 11; 3,11; Röm. 8,29; 2. Tim. 1,9; 2,10). Aber diese Aussagen sind eingebettet in das Gotteslob der Erlösten. Sie wollen sagen: Unsere Rettung, unser Zum-Glauben-Kommen ist ganz und gar nicht unsere Leistung; eine ewige Bewegung hat da in unser Leben eingegriffen. Aber merkwürdig, das für unser logisches Empfinden notwendige negative Seitenstück, das Pendant, nämlich die negative Erwählung zur Verdammnis, fällt aus! Hier wird gerade nicht von einem Standort außerhalb oder gar oberhalb her geredet (wie könnten wir den auch einnehmen!), sondern von solchen, die sich (für sie selbst unbegreiflich!) wunderbarerweise »in Christus« finden, und das »allein aus Gnaden«. Solange wir als Glaubende noch unterwegs sind, ist uns auch nur eine (wie die Väter sagten) »theologia viatorum« möglich, eine Theologie der Pilgersleute, die wohl Gottes Kinder sind, aber nicht als seine »Geheimräte« mit der Entschlüsselung seiner Geheimnisse beauftragt.

In diesem Sinn ist die Lehre von der »doppelten Prädestination« eine Vermessen- und Verstiegenheit, gerade weil es wahr ist: »*Gott ist Gott*«!

c) Von der »Allversöhnung«

Wir orientieren uns bei diesem dritten Entwurf nicht an der heute häufiger geäußerten, aber höchst oberflächlichen Ansicht, daß mit dem Golgatha-Gericht die Frage nach dem Jüngsten Gericht und der ewigen Verdammnis ohnehin überholt sei; »selbstverständlich« gebe es so etwas wie »Hölle« nicht. – Wir gehen vielmehr aus von den sehr viel tiefer gegründeten, in ihrer Art großartigen Darlegungen der »Schwäbischen Väter«. (Friedhelm Groth hat ihnen eine gründliche Studie gewidmet).

Zu den Wegbereitern der Allversöhnungslehre (Lehre von der Apokatastasis) gehört das freilich nicht aus Schwaben stammende Ehepaar *Petersen* (Johann Wilhelm, 1649-1727, als Superintendent in Lüneburg 1692 abgesetzt, und Johanna Eleonora, 1644-1724, Verfasserin von Erbauungsbüchern). Die geradezu »klassische« Definition der Allversöhnung von J.W. Petersen lautet so: »Es ist das ewige Evangelium eine fröhliche Botschaft von der Wiederbringung aller Dinge / da verkündiget wird / wie daß alle Creaturen / sie seyen im Himmel, auff Erden / und unter der Erden / im Meer / und in allen Tieffen / doch eine jegliche in ihrer von GOtt bestimmten Zeit / und Ordnung / nach ergangener Läuterung hie in dieser Zeit / oder in den zukünfftigen aeonen nach rückstelligen Gerichten / auff die allergerechteste Art und Weise des gerechten / und gütigsten GOttes / durch JEsum Christum / den Anfang / und Ende der Creatur / den Wiederbringer aller Dinge / Versöhner und Friedenmacher / von der Sünde und Straffe der Sünden sollen errettet / und in den vorigen Zustand / darinnen sie waren / ehe die Sünde war / und noch in einen bessern / zum Preiß / Ehre und Herrlichkeit des allerheiligsten und allmächtigen Schöpffers versetzet / und wiedergebracht werden« (nach Groth, S. 44).

Wesentlicher Inhalt des »ewigen Evangeliums« ist also die Allversöhnung. Gestützt wird die Lehre durch universalistisch klingende Bibelstellen (besonders gern benutzt: Röm. 5,10 und 18; 11,32; 1. Kor. 15,21-28; Eph. 1,9-10; Phil. 2,10; Kol. 1,15 und 20; Offb. 5,13; 20,13-14). Dabei bekommt das Wort »aionios« (»ewig«) einen jeweils anderen Klang, ob es auf die ewige Seligkeit bezogen wird (dann bedeutet es tatsächlich »ohne alles Ende«) oder auf die Pein (dann soll das Wort »Äon« nur einen sehr langen Zeitraum meinen).

Petersen: »Es ist ein ewiges Leben / und es ist eine ewige Pein; aber diese Ewigkeit seind (sind) nicht von einerley Art und Länge.« (Diese Deutung haben dann auch die Schwabenväter benutzt.)

Mit den Petersens bekannt, aber durchaus eigenständig ist Johann Albrecht *Bengel* (1687- 1752). Er zählt sich zu denen, »die ins *Ganze* arbeiten«, die »einen ganzen Plan der Wahrheit haben müssen« (nach Groth, S. 26). Diese Ganzheitsschau bewährt Bengel in dem umfassenden System, das er aus dem letzten Buch der Bibel gewinnt. Der krönende Abschluß des »Ganzen« ist eben die »Wiederbringung aller Dinge«. Bengel hat sich (weil er um den Widerspruch zum Augsburgischen Bekenntnis wußte, aber auch aus seelsorgerlichen Gründen) gescheut, die Allversöhnung öffentlich zu vertreten.

Sein Schüler Friedrich Christoph *Oetinger* (1702-1782, man hat ihn den »Vater der Wiederbringungslehre« im württembergischen Pietismus genannt) hat sich dagegen öffentlich auf der Kanzel dazu bekannt: Das ist »kein Vorwitz, keine unnöthige Lehre, sondern eine Sache, die wir zur Ehre Jesu und zum ächten Verständnis des neuen Testaments glauben ... müssen.« Wenn man den umfassenden, ewigen »Vorsatz Gottes« (die »prothesis« von Eph. 1,11 und 3,11) nicht erkennt, fehlt einem »der Sehe-Punkt der heiligen Schrift«, damit die ganze Perspektive (nach Groth, S. 123). Diese Schau machte Oetinger auch im Blick auf seinen verstorbenen Vater zuversichtlich, der »mit dem Herrn Jesu Christo nicht so vertraut war, als er ... hätte sollen«. Eine Folge von Entwicklungen und Läuterungen füllt den Zwischenzustand nach dem Tod. Am Ende aber wird die Universalität des Heils, die auch »die Lästerer des Geists« (Mat. 12,31-32) »samt dem Teufel« umfaßt, zum herrlichen Ziel kommen.

Auch Oetingers Schüler Philipp Matthäus *Hahn* (1739–1790) und Christian Gottlob *Pregizer* (1751–1824) propagieren die Allversöhnung. P.M. Hahn hat den auf dem Hohenasperg eingekerkerten Dichter Schubart zum lebendigen Glauben an Jesus geführt; nach Hahns Tod rühmt Schubart dankbar, daß er Hahn eine entscheidende Erkenntnis verdanke: das »ganze große Geheimnis seines (Gottes) Willens, in Christo alles wieder herzustellen«. Und *Pregizer,* dessen Anhänger ihres fröhlichen Glaubens wegen gelegentlich »Juchhe-Christen« genannt wurden, dichtete (bei Groth, S. 170):

»Die Liebe führt das Regiment ...
Die Hölle wird durch sie verbrennt ...
Wie sollte doch dein theures Blut
nicht *alle Creatur versöhnen*?

Du löschest aus des Zornes Gluth,
Du machest Alles neu und gut,
Du wirst mit Gnaden alles krönen.«

Der überaus originelle *Michael Hahn* (1768 – 1819), ein Bauernsohn, der nie ein kirchliches Amt innehatte, erlebte zweimal eine besondere Erleuchtung, die »Zentralschau«, die ihm den Schlüssel gab zu seinem großen theosophischen System, in dem die Allversöhnung eine zentrale Stellung hat. Der Brüdergemeine, die die »Wiederbringung« ablehnt, wirft er vor, »eine kleine Bibel« zu haben.« M. Hahn nimmt eine interessante Kombination vor. Er will beides lehren: den »doppelten Ausgang« und die Allversöhnung. Das Gericht muß ganz ernstgenommen werden. Es gibt Heil und Unheil, Seligkeit und für die unvollendeten Seelen ein schreckliches Geschick. Es geht durch große Qual. Aber an unterschiedlichen »Reinigungsörtern« werden durch »Abstreifungen und Reinigungen« schließlich alle selig. Der »doppelte Ausgang« ist also bei allem Ernst nur vorläufig, am Ende triumphiert für alle und über allem die Gnade. Die Unheilslinie (Feuersee) und die Heilslinie (Neuer Himmel, Neue Erde, Neujerusalem) werden »wieder aufeinander zugeführt« (Groth), die erste geht in die zweite ein und in ihr auf. Michael Hahn kann scharf polemisch werden gegen solche, die angesichts zeitlicher Sünden eine ewige Verdammnis behaupten. Er hält sie für die »unbarmherzigsten Menschen«; »den Menschen kann ich für keinen menschlichen Menschen halten«.

Nach Gottlob Lang bringt Hahn für seine Wiederbringungslehre drei Reihen von Gründen vor:

(1) *Schriftstellen,* die von der umfassenden Barmherzigkeit Gottes reden.

(2) Er beruft sich auf sein *Gefühl:* »Ich gestehe: meine eigene Seligkeit fühlte eine ewige Kränkung, wenn mein Mitmensch, der kurze Zeit gesündiget hat, unendlich gestraft würde.« »Erst dann ist die Seligkeit völlig, wenn die arme Kreatur im Ganzen genommen mitselig ist im vollkommensten Sinn.« Von den Gegnern gilt: »Es ist nicht möglich, daß sie den königlich-priesterlichen Sinn und Geist Jesu haben . . . wie könnten sie sonst den Gedanken einer unendlichen Höllenstrafe nur einen Tag ertragen!« Der Hahn nahestehende G. Lang macht hier die kritische Anmerkung: »Merkwürdig ist immerhin, daß nun hier das sinnlich-seelische Gefühl (das ›Ich könnte es nicht ertragen!‹) so ganz als Norm gelten soll, dem sonst so wenig zugetraut war.«

(3) Hinzu tritt eine *spekulative Begründung*, die in dem ganzen theosophischen System Hahns wurzelt, in dem philosophische (neuplatonische) Denkmuster sichtbar werden. »Das Böse ist ja für Hahn ... ein Steckenbleiben in den *unteren Natur*eigenschaften Gottes, aber eben doch: *Gottes*« (G. Lang). – Die umfassende Arbeit von Fr. Groth hat gezeigt: Für die Schwabenväter ist die Lehre von der Allversöhnung nicht ein relativ belangloser Nebengedanke, nicht eine kleingedruckte Fußnote, die man streichen könnte, sondern – wie Groth über M. Hahn urteilt – der »Ausgangspunkt ... oder die Mitte des Systems«.

Kritik: Wer wäre nicht beeindruckt von all diesen Argumenten! Wem würde das nicht einleuchten: »Zeitliche Sünden können nicht ewig bestraft werden!«? Wer würde nicht die seelsorgerliche Hilfe sehen, die sich im Blick auf geliebte Verstorbene ergibt, die Jesus Christus fernstanden (vgl. Oetingers Vater)? Wer würde das nicht ganz genauso empfinden: Wie können die Seligen Hallelujah singen, wenn die Verdammten in ewiger Pein heulen?! Wem würde bei den Ausführungen der Schwabenväter über die alles heil- und gutmachende Liebe Jesu nicht das Herz warm werden? Ja, wer möchte nicht sein menschlich mitfühlendes und zugleich sein von dem Wunder der Gnade angerührtes Herz in beide Hände nehmen und wünschen, bitten, beten: »Ach, Herr, laß das alles wahr werden!«? – Aber das alles gibt nicht das Recht, das kritische Überdenken beiseite zu stellen.

Zu (1) *Zum Schriftgebrauch*: Der schwäbische Prälat D. Th. Traub zählt (in: »Von den letzten Dingen«, 1926) die große Ahnenreihe der Allversöhner auf (von Origenes über Jung-Stilling, Oberlin zu Blumhardt) und schreibt: »Wir würden uns ihnen gern zugesellen, aber die Lehre von der Wiederbringung *ist nicht neutestamentlich zu begründen.*« In der Tat! Im Neuen Testament gibt es gewiß die universalistische Heilslinie (vgl. die Stellen oben), aber es enthält daneben eben auch eine Fülle von Aussagen, die das endgültige Verlorensein bekunden (etwa das Stichwort »apoleia«, Verderben, Phil. 3,19: »Ihr Ende ist die Verdammnis«, siehe auch 1. Kor. 1,18; 2. Kor. 2,15; 4,3; Mat. 12,32 – trotz Oetinger!; Mat. 25,41; Joh. 3,18; Offb. 14,9-11; 19,20; das Wort vom »zweiten Tod« 20,14). Mit Recht sagt der katholische Theologe Joseph Ratzinger: »Alles Deuteln hilft nichts: Der Gedanke der ewigen Verlorenheit hat seinen festen Platz sowohl in der Lehre Jesu wie in den Schriften der Apostel.« – Das Neue Testament harmonisiert die beiden Linien eben *nicht*! Darum geht es nicht an, von einer angeblich höheren Warte aus (heiße sie »Sehe-

Punkt« oder »Zentralschau«) jedes Gerichtswort durch eine »universalistische« Brille zu lesen (»Natürlich meint ›ewig‹ hier nur ›lange Zeit‹; natürlich ist die Verdammnis nur ein vorläufiges Stadium . . .«). Es geht nicht an, die universalistische Linie zu der »eigentlichen« zu erklären, der sich die anderen Aussagen eben unterzuordnen haben. Das führt zu auslegerischer Willkür und ist bei keiner Lehrfrage zu gestatten. – Übrigens könnte man mit guten Argumenten auch die entgegengesetzte These vertreten: Es gibt wohl im Neuen Testament Stellen, die in Richtung Allversöhnung gedeutet werden *können,* aber keine, die so verstanden werden *müßte.*

Hermann Cremer (1834 – 1903) sagt: »Es scheint ein schöner Gedanke, den manche gehegt haben, und unter ihnen einer der erleuchtetsten und tiefsinnigsten Gottesgelehrten der christlichen Kirche, Johann Albrecht Bengel, daß es eine Wiederbringung aller Dinge geben werde, in der auch der Satan sogar zurückkehren werde zum Fußschemel der Liebe . . .; und wer im Ernst für die eigene Seligkeit sorgt, möchte solchen Gedanken gern für andere hegen. Allein in dem Urkunden- und Lagerbuch der heiligen Liebe finden wir ihn nicht verzeichnet, wohl aber das Gegenteil ausgesprochen«.

Zu (2) Der Anspruch mancher »Allversöhner«, eine besonders *tiefe* Einsicht in das Herz der Heiligen Schrift und in das Geheimnis der Wege Gottes zu besitzen (was manchmal zu recht exklusiven Gruppen mit einer Art Geheimlehre und zu einem elitären Bewußtsein führt), ist als unbegründet zurückzuweisen. Ich möchte im Gegenteil behaupten: Der Gedanke an die Allversöhnung ist für einen frommen Kopf der *nächstliegendste,* ein Gedanke, der sich der »frommen Vernunft« geradezu aufdrängt. Unser menschliches Denken ist auf *Harmonie* angelegt. Etwas schlechthin Unharmonisches, Widersinniges, Chaotisches können wir gar nicht verstehen, etwas logisch Widersprüchliches gar nicht denken. Unserm frommen Denken und Empfinden leuchtet M. Hahns Ruf: »Ich wünschte, lieber nicht geboren zu seyn« (als einen doppelten Ausgang annehmen zu müssen) unmittelbar ein. Wir verstehen, daß Theologen wie R. Rothe oder C. J. Nitzsch es als furchtbare Gotteslästerung empfanden, zu sagen, der Gott der Liebe lasse auf zeitliche Sünden ewig-endlose Strafen folgen. Wir verstehen dagegen nicht, wie ewige Seligkeit und ewige Verdammnis nebeneinander bestehen können. Weil wir in unserem Denken und Fühlen auf Harmonie angelegt sind, ist uns der »doppelte« Ausgang ein quälender Anstoß. Wir möchten mit dem schwäbischen Philosophen Hegel die These (bei unserm Thema: die gute Schöpfung) über die Antithese (der Sündenfall) in die allumfassende *Synthese* (Wiederbringung) eingehen und heimkehren lassen. Diese ewige Harmonie ersehnt unser Herz.

Aber wir müssen uns deutlich machen: *Wenn wir keinen eindeutigen Schriftgrund haben, besagen diese unsere Sehnsüchte, unsere gedanklichen Forderungen* (die »frommen« Postulate: Gott muß doch ..., wird doch ..., kann doch nicht ...), *unsere Vorstellungsmöglichkeiten gar nichts.* Wir sagten schon, die Sünde (wir sägen den Ast ab, auf dem wir sitzen) ist purer Un-Sinn, ist Verrücktheit, Wahn, sie ist für uns deshalb schlechthin unbegreiflich, undenkbar. Aber – all unserm Unverstehen zum Trotz – die Sünde ist *real,* ist unfaßbar, aber *wirklich*! So wenig vermag unsere Logik. Dann gilt aber auch umgekehrt: Erscheint uns die Allversöhnung als das einzig Sinnvolle, Vernünftige, Einleuchtende, das schier Denk-Notwendige, dann bedeutet das gerade *nicht,* daß sie auch *wirklich* sein muß! In der Theologie und Verkündigung hat das schlichte Bibelwort das Sagen, nichts daneben. Deshalb ist es schon verdächtig, daß manche über die Allversöhnung meinen: »Ein Ochs, der nicht dran glaubt, ein Esel, der's lehrt.« Da scheint es um eine Geheimlehre zu gehen, die nur den Fortgeschrittenen und Einsichtsvollen mitgeteilt werden darf, die im erleuchteten Zirkel zu behandeln ist. Das ist dem neutestamentlichen Evangelium völlig fremd. Wohl gibt es Stufen des Glaubens, wohl werden »Milch« und »feste Speise« recht dosiert, aber für alle zentralen Inhalte des Evangeliums gilt: »Ich glaube, darum *rede* ich« (2. Kor. 4,13).

Zu (3) Die Schwabenväter (Oetinger wie M. Hahn) bieten die Lehre von der Allversöhnung eingebettet in eine *theosophische Gesamtschau der Wirklichkeit,* eingegliedert in ein umfassendes »*System*«. Wohl ist für sie in diesem System Jesus Christus die zentrale Gestalt, sein Sterben und Auferstehen der wesentliche Heilsgrund. Aber das System als solches läßt sich (was die formale Struktur angeht) bei dem griechischen Philosophen Plotin (dem Zeitgenossen des Allversöhners Origenes) ebenso finden wie bei dem »Idealisten« Hegel. Der schlichte Glaube (die »pistis«) geht hier ein in eine besondere Erkenntnisschau (»gnosis«). Hier erhebt sich die Frage, ob solch eine Gesamtsicht nicht zu demselben Unternehmen führt, das wir bei Calvins »doppelter Prädestination« kritisierten: Der Mensch, der »Ton« ist, hat zu solcher »Vision« aus der göttlichen »Vogelperspektive« weder Leiter noch Maß, er »versteigt«, er »vermißt« sich!

Vertiefung: Zur »Euthanasielösung«

In einer *Anmerkung* will ich andeuten, wie der oben genannte Prälat Th. Traub weiter verfährt. Er sieht: Es gibt keinen Schriftbeweis für die Allversöhnung. Aber auch er vermag den Zwiespalt zwischen ewiger Seligkeit und ewiger Verdammnis nicht zu ertragen. »In der vollendeten Welt ist kein Platz für eine Hölle, für ... endloses Leiden, und wäre es auch gerechtestes Strafleiden.« So bleibt nur das Postulat übrig: Die Verdammten werden völlig *vernichtet, ausgelöscht.* Diese »*Annihilations(= Vernichtungs-)Theorie*« ist ein geschickter Kompromiß. Hier wird die Lehre vom doppelten Ausgang festgehalten, und zugleich stimmt man M. Hahn zu: »Wer die Verdammnis ohne Ende glaubt, kann nicht ruhig sein, oder er hat keinen Funken von Gottes Liebe und Erbarmen in sich.« Gottes Erbarmen äußert sich hier in der »*Euthanasie*«, in der Vernichtung der Verdammten.

Dieser Vernichtungslehre stimmt (nach den Sozinianern, dem Theologen Richard Rothe u.a.) auch Helmut Lamparter zu. Er argumentiert: »Der Ernst des Verwerfungsgerichts wird durch die Ablehnung einer endlosen Bestrafung nicht verringert; nur der quälende Stachel wird entfernt, als ob der Mensch die Abweisung der Liebe Gottes mit ewiger Qual bezahlen müßte ... Nur der Lobpreis der Erlösten wird mit hellem Jubel durch die Äonen klingen.«

Man mag auch diese Lösung akzeptabel finden, sozusagen als die *zweitbeste.* Aber auch sie entspringt primär aus vernünftigen Postulaten: »Sollte es Gottes Allmacht ziemen, sich endlos an den Verdammten auszulassen?« (Traub) »Wer dies (die ewige Verdammnis) lehrt, der mutet mit dem Satz ›Gott ist Liebe‹ seinen Hörern eine Heilswahrheit zu, die dann ... beim besten Willen nicht mehr glaubhaft ist« ... »Nur ein Despot könnte so verfahren (ewige Pein verhängen), nicht aber der Gott und Vater Jesu Christi« (Lamparter). Diese Forderungen und Folgerungen entspringen zuerst *unserem Empfinden,* wie Gott sein könne oder eben nicht. Nachträglich sucht man sie dann mit der Schrift zu vereinbaren. Hier ist an das steile »*Gott ist Gott*« zu erinnern, das Calvins Ansatz auszeichnete, und an den Ruf des Paulus: »Ja, lieber Mensch, wer bist du denn?« Noch einmal: Vor Gott sind unsere Postulate nichts! »Von einer Vernichtung lesen wir nichts in der Schrift«, stellt H. Cremer lakonisch fest.

3. Auswertung

a) Theologie ist »Stückwerk«

Das kritische Durchdenken der großen theologiegeschichtlichen Modelle hilft uns beim Finden der eigenen Position. Beim Durchmustern der drei wichtigsten Deutungsversuche sind wir immer wieder auf die eine Beobachtung gestoßen: *Wir Christenmenschen »ver-messen«, »ver-steigen«, »ver-greifen« uns in unserer Theologie*! (»Theologie« ist hier nicht als Fachwissenschaft gemeint, als Professorentheologie für Theologieprofessoren, sondern als das Nachdenken, als das gedankliche Zusammenordnen, das praktisch jeder Christ vollzieht; darin ist auch der »Laie« Theologe.)

Die am Menschen und seinen Möglichkeiten orientierte, die »anthropo-zentrische« Lehre vom »freien Willen« ist Vermessenheit im schlimmsten Sinn: Hier maßt der Mensch sich an, was ihm vor Gott in keiner Beziehung gebührt: Freiheit, verstanden als Selbstbestimmung, als Autonomie. Mitten in seiner lateinischen Abhandlung gegen Erasmus von Rotterdam ruft Luther plötzlich in deutscher Sprache geradezu entsetzt aus: »Das ist zu viel!«

Aber auch die beiden großen »theo-zentrischen« Modelle (die also von Gott, seiner Freiheit, seiner Gnade ausgehen wollen) sind Gestalten von »Ver-Messenheit«. Wohl soll hier grundsätzlich *Gott* die Ehre gegeben werden. Aber das steile »Gott ist Gott« (wir dagegen »Ton«, Staub vom Staube) wird doch nicht genügend respektiert: Menschliche Schlüsse, Empfindungen, Postulate mischen sich ein, werden mehr und mehr beherrschend (etwa das »Ich könnte es nicht verstehen, nicht ertragen . . .«). Auch die Warnung des Apostels Paulus: »Nicht über das hinaus, was geschrieben steht« (1. Kor. 4,6), wird nicht beachtet. Ein Gesamtverständnis wird zuerst konstruiert (Erfahrungen, letztlich philosophische Grundgedanken stehen dabei Pate); dann wird dieses Konzept sekundär aufgefüllt mit Bibelstellen, die nach der Gesamtschau gedeutet und ihr nicht ohne Gewaltsamkeiten eingefügt werden. Was im biblischen Wort in offener Spannung stehenbleibt, wird durch das geschlossene »System« bewältigt, manchmal vergewaltigt. Wer das Wort von der »ewigen Pein« schlicht »beim Wort« nimmt, wird als Unverständiger (noch nicht »Eingeweihter«), ja als Unmensch, gar als Gotteslästerer gescholten.

Positiv ist daraus zu folgern: Christen müssen wissen, daß sie stets nur »*Pilgertheologie*« treiben können, Stückwerkstheologie.

Wohl ist uns in Jesus das ganze Heil geschenkt (wir wissen, was zu unserer Seligkeit nötig ist); aber die umfassende »Erkenntnis« (die »Gnosis«) steht noch aus, steht uns (noch) nicht zu (was der Apostel Paulus im Blick auf sein theologisches Wissen sehr deutlich bekannte: 1. Kor. 13,9 und 12). Hier haben wir nicht zu konstruieren, sondern uns zu bescheiden. Gottes Gedanken sind prinzipiell höher als die unseren. Wir sind noch nicht am Ziel und können deshalb das Ziel auch nicht gedanklich vorwegnehmen.

Christen müssen wissen, daß sie stets nur »*Kindertheologie*« treiben können, nicht »Geheimratstheologie«. Wir stehen im Glauben, im kindlichen Vertrauen (»wir können's ... wollen's nicht ergründen, wir können, wollen nur vertraun ...«), nicht in der Pose des »Doktor Allwissend« da. Wir sind nicht Gottes »Pressesprecher«, auch nicht seine Verteidiger. Im ersten Kapitel (zur Theodizeefrage) haben wir zu verdeutlichen versucht, daß es grundsätzlich nicht unsere Aufgabe sein kann, Gott zu rechtfertigen, ihn dem »gesunden Menschenverstand« gegenüber plausibel zu machen. »Tausend Gotteslästerungen« kamen dabei heraus, meint Luther (in: Daß der freie Wille nichts sei, deutsch München 1962, S. 137). Aufgabe der »Kinder« ist es, in Einfalt die Herrlichkeit und Liebe ihres »Abba« zu bezeugen; mehr nicht.

Christen müssen wissen, daß sie stets nur »*Kämpfertheologie*« treiben können. Christen sind »Gerechte und Sünder zugleich«, sie stehen im Frieden Gottes und sind doch selbst Schlachtfeld. Gott und Satan, das Neue und das Alte liegen in ihnen im Streit. Als solche, die »stehen«, sind wir täglich darauf angewiesen, daß Gott uns vor dem Fallen bewahrt. Dabei stehen wir »*unter* dem Wort« (nicht auswählend »daneben«, nicht herrschend »darüber«). Wir leben davon, daß uns dies Wort täglich als »*Gesetz*« begegnet, uns unsere Schuld aufdeckt, und daß es uns als »*Evangelium*« begegnet, uns mit Vergebung und neuem Mut beschenkt. Das »Gesetz« verbindet Sünde und Verdammnis, das »Evangelium« Gnade und Seligkeit. Aus dieser Spannung, dieser Kampfsituation können wir nicht hinausspringen, uns nicht hinauskatapultieren – weder in ein »Oberhalb«, wo wir bereits aus Gottes Warte das Ganze überschauen, noch in ein »ewiges Zuvor« (Calvins doppelte Prädestination), noch in ein »ewiges Danach« (Wiederbringung aller Dinge).

Vor solch einem gedanklichen und dann auch existentiellen Verlassen des Kampfplatzes hat Karl Heim eindringlich gewarnt: »Der Gedanke der apokatastasis panton (der Wiederbringung aller) als eines logisch denkbaren Ereignisses der Zukunft würde das heiße Ringen um Überwindung alles Gott widerstrebenden Wollens lahmlegen, da ja dann der definitive Sieg Gottes über jeden Widerstand eine bloße Frage der Zeit wäre, die vom Erfolg des jetzigen Ringens unabhängig sein würde.«

Diese »*Ortsbestimmung*« (*Pilger, Kinder, Kämpfer* »unter der Schrift«) kann der Christ, der als Glaubender immer auch Angefochtener ist, nicht verlassen. Dieser Ort bestimmt auch den Horizont, die Grenzlinie aller möglichen Theologie.

Emil Brunner hat diesen »Ruf zur Sache« gut formuliert: »Das Wort Christi ist *für uns* das Wort der Entscheidung, das *uns*, sofern wir glauben, die Rettung gibt, und das uns eben damit, daß es uns zu dieser Entscheidung aufruft, verbietet, an eine Rettung zu glauben, die auch außerhalb des Glaubens für uns oder irgend jemanden bereitliege ... Es ist *uns* gesagt, damit *wir* glauben, und es ist uns aufgetragen, es *jedem* so zu sagen, wie es uns gesagt ist, damit *er* glaube. Alles andere ist unsere Sache nicht« (Dogmatik I, Zürich, 4. Aufl. 1972, S. 359).

»Ewige Verdammnis?« lautet die Kapitelüberschrift. Was kann denn Theologie, was kann gläubiges Nachdenken an diesem »Ort« sagen? *Weder die »doppelte Prädestination«* – von Gottes »schaurigem Beschluß« vor aller Zeit wissen wir schlechterdings nichts –, *noch die »Allversöhnung«* – von einer notwendigen göttlichen Universalsynthese zum guten Ende wissen wir ebenfalls nichts! Wir haben vor dem spannungsvollen, gerade nicht »ausgewogenen« biblischen Zeugnis demütig wartend stehenzubleiben; eine alles zur Harmonie führende »Hegelsche« Synthese ist unsere Sache nicht.

Wir hören die Worte, die ernsthaft auf eine ewige Verdammnis weisen, wir haben sie nicht umzudeuten, sondern ernstzunehmen. Wir lauschen auch auf die Worte, die von einer universalen Heilsabsicht Gottes künden, wir haben sie weder zu verdrängen noch zum Universalschlüssel für die Schrift zu verklären. Wir nehmen die Stimme des »Gesetzes«, das den ewigen Tod ankündigt, ernst; wir nehmen das Wort des »Evangeliums«, das ewiges Heil verheißt, »froh«. Mitten darin – zwischen beiden Worten – stehen wir, demütig wachend, betend, kämpfend.

C. H. Ratschow beschreibt die gedanklichen Konsequenzen dieser Position so: »(Es) wird hierin unser Unvermögen deutlich, den weltüberlegenen Gott in seiner Weltbeziehung anders als in dem *Zugleich von Gesetz und Evangelium* zu glauben. Wir dürfen weder auf das Gesetz noch auf das Evangelium verzichten. Wer da meint, die Apokatastasis vertreten zu sollen, streicht das Gesetz. Und wer nur den doppelten Ausgang des Gerichts vertritt, streicht das Evangelium.«

b) Theologie in guter Hoffnung

Noch einmal: »Ewige Verdammnis?« – Wenn ich mit der Reformation den »unfreien Willen« betone und damit das »die Gnade allein«, wenn ich mit Paulus die (positive) »Erwählung« bekenne, dann weiß ich: Mein Glaube ist nicht meine Leistung, meine Bekehrung »nicht auf meinem Mist gewachsen«. Ich weiß: Der Heilige Geist hat alles in mir gewirkt, Wollen und Vollbringen. Gott ist mit mir fertig geworden, hat mich in seiner Liebe zu sich herumgeholt. Wenn er das bei mir fertigbekam, bei welchem Menschen, sei er noch so verbohrt, sollte er das dann nicht schaffen? So darf ich, muß ich für jeden Sünder voll guter Hoffnung sein.

Also doch Allversöhnung? Wir haben gesehen und betonen es noch einmal: Allversöhnung können wir (von unserm »Ort« aus) nicht lehren – weder bei uns selbst, noch im exklusiven Zirkel, noch öffentlich als *die* Wahrheit. Allversöhnung können wir nicht gedanklich fordern, weder *logisch* (unsere Begriffe greifen da alle nicht), noch *ontologisch* (weil am Ende eine Universalharmonie aller Dinge »notwendig« sei; wir sind nicht der Schöpfer und verstehen also nichts davon), noch *theologisch* (weil der Gott der Liebe doch gar nicht anders handeln könne; Gott ist nicht Diener unserer »frommen« Folgerungen). Gott ist gerade darin Gott, daß er nicht *muß*! Aber gerade weil er nicht muß, *kann* er! Wir können von Gott die Heimholung aller *nicht fordern*, aber wir können sie ihm auch *nicht verbieten*. (Wir haben kein positives Interesse an einer »vollen Hölle«, sie ist auch kein Missions- oder Evangelisationsmotiv).

Einzigartig ist in der Bibel das Wort von der »*Reue Gottes*« (vgl. Joel 2,13; Jona 4,2; 2. Mose 32,14; Jer. 18,8; 26,13). Immer wieder *widerruft* Gott das bereits deutlich beschlossene und öffentlich angesagte Vernichtungsgericht. (Wie erzürnt ist Jona, daß Gott sein Wort vom Untergang Ninives binnen 40 Tagen nicht hält!) Gott fällt sich sozusagen selbst in den Arm, »bekehrt« sich zu seinem Innersten, seiner unbegreiflichen Sünderliebe (Hos. 11,8). Gott *kann* »bereuen«, er *kann* in Freiheit auch das Wort von der ewigen Verdammnis widerrufen. Nur seine Heils-, seine Rettungs-, seine Treuezusagen sind »unbereubar«, unwiderruflich (Röm. 11,29; Ps. 110,4). Gott *kann* also (darauf dürfen wir hoffen, darum beten), er *muß* jedoch keineswegs (deshalb ist jede Lehre darüber »Irr-lehre«) – ob er *wird,* das stellen wir ihm anheim.

Luther hat in seiner Schrift »Vom unfreien Willen« die sehr hilfreiche Lehre von den *drei Lichtern* dargelegt. Gott erleuchtet unser Dunkel in dreifacher Weise. Durch das *Licht der Natur* erhellt er unsern natürlichen Verstand. Ein Kind, das vor dem Rätsel von Blitz und Donner steht, kann durch rationale physikalische »Aufklärung« hinreichend informiert werden. – Wer aber etwa vor dem abgründigen Geheimnis der Theodizee bebt, vor dem offensichtlichen Triumph der Bosheit in der Welt erzittert, dem kann nur das *Licht der Gnade,* das in der Schrift leuchtet, helfen. Nicht, daß wir das Geheimnis erkennend durchschauten, aber wir dürfen es »durchglauben«: »Alle Dinge zum Besten«.

In der Frage der Erwählung oder des Geschicks in der Ewigkeit aber läßt uns auch das biblische Wort bei einem letzten Fragen stehen; *alles Verstehen-Wollen muß da abdanken, der vertrauenden Anbetung Raum geben.* Hier hilft weder die logische (Licht der Vernunft) noch die theologische Erklärung (Licht der Gnade). Hier gilt es stillezustehen, bis das »*Licht der Herrlichkeit*« alles überstrahlen wird, bis wir im Schauen Gottes auch seine dunklen Geheimnisse als wunderbar hell enthüllt bekommen und es endgültig und ewig wahr wird: »An dem Tage werdet ihr mich nichts fragen.« (Joh. 16,23)

B. Trauer und Trost

»Kann man lieben, und ist das lieben, wenn man nicht für die Ewigkeit lieben darf, nicht die Ewigkeit begehren kann und darf für die, die man lieb hat?« Hermann Cremer

I. Das unbedingt Beste

Gott wird abwischen alle Tränen von ihren Augen,
und der Tod wird nicht mehr sein, noch Leid
noch Geschrei noch Schmerz wird mehr sein.
Und der auf dem Thron saß, sprach:
Siehe, ich mache alles neu.
Offenbarung 21,4+5

Unser geliebter

Matthias

geb. 11.2.1967

wurde von Gott, der ihn geschaffen und zum ewigen Leben erlöst hat, durch einen Verkehrsunfall in Südfrankreich am 16. August 1986 in die Ewigkeit gerufen. Wir bitten Gott um den festen Glauben, daß ER damit für Matthias und uns das unbedingt Beste tat. Traurig im Abschied und getröstet in der Hoffnung auf den kommenden Herrn Jesus Christus, der den Tod besiegt hat:

Christa und Siegfried Kettling
mit Jochen und Markus

1. »Das unbedingt Beste«

Die vielstündige Zugfahrt von Münster nach Bordeaux – in dem Wissen: Unser Junge ist tot! – hatte uns erschöpft. Der Abschied von unserm Matthias, der – im Gesicht ganz unverletzt – so friedlich dalag, als lächele er, stand uns vor Augen. Der 23. Psalm, den wir an seiner Bahre gebetet hatten (»ich werde bleiben im Hause des HERRN immerdar«), klang in uns nach. Im Ohr hatten wir das zweifache »Courage!«, das uns der freundliche Verwalter der Totenkammern beim Abschied zurief, ebenso das fast zärtliche »le petit Allemand« (»der kleine Deutsche«), mit dem die Angestellten in dem Reanimationszentrum von Matthias sprachen. Nun lagen wir schlaflos in dem Hotelzimmer, konnten das, was wir als Faktum sehr wohl wußten, mit dem Herzen doch noch nicht glauben, konnten das Unfaßliche nicht fassen, mußten ihm aber Worte geben, es »in Form bringen« für die Todesanzeige. Was ist nun dran? Was müssen wir sagen – zunächst uns selbst, dann auch all denen, die es lesen würden?

»Denen, die Gott lieben, müssen alle Dinge zum Besten dienen« (Röm. 8,28), dies Wort kam immer wieder auf uns zu. Wenn wir das jetzt glauben, ganz tief ins Herz fassen könnten – dem Tod und der Verzweiflung zum Trotz! Wir wußten – und lernen es bis heute immer neu: Solch ein Glaube ist nicht »machbar«, ist nichts, was wir »besitzen«, »im Griff haben«, »vorzeigen«, nichts, was wir je »können« könnten. Solchen Glauben müssen wir immer neu erbitten: »Hilf meinem Unglauben!« Glaube, woran? Daß Gott hier – auch hier, gerade hier – nicht etwa gefehlt hatte, unaufmerksam, abwesend war, daß er auch nicht nur etwas »zugelassen« hatte, sondern daß er in diesem Unfallgeschehen selbst am Werk war, daß wir es letztlich ausschließlich mit ihm zu tun hatten, daß unser Kind an seinem Willen und unter seiner Hand gestorben war. Und daß Gott eben dabei »das Beste« getan hat – für unseren Jungen und uns – das, was ihm und uns zur Seligkeit nötig war.

Das »Beste«, das unbedingt, das absolut Beste, nicht das (relativ) *Bessere*! Was wohl das »Bessere« sei, steigt als Frage in unseren menschlichen Überlegungen auf, wird auch als gut gemeinte Erwägung an uns herangetragen: Ist nicht etwa ein rascher Tod besser als langes Siechtum, besser als eine lebenslängliche geistige und/oder körperliche Behinderung? Wie gut, daß wir Menschen von diesem »Besseren« nichts verstehen, es nicht beurteilen, gar wählen müssen! Daß wir uns da unterbringen können in dem Wort des Paulus: »Wir wissen nicht, was wir beten sollen . . .« (Röm. 8,26)! – Nein, nicht um das für unser Empfinden »Bessere« ging's, sondern um das von Gott her absolut Beste, das – wenn auch unser Herz sich noch so dagegen wehrt! – einzig Gute und Richtige, das wahrhaft »Optimale«. Daß unsere Anzeige *die Bitte um diesen Glauben* als Herzstück enthalten müsse, wurde uns in jener Nacht deutlich.

2. Wort wider den Tod

a) Aus der Ansprache von Pfarrer Manfred Bittighofer im Trauergottesdienst

»Wir sind jetzt alle so bedrückend hilflos, was *uns selbst* angeht. Unsere Herzen sind schwer – voller Trauer und Leid. Ohnmächtig stehen *wir* vor dem Tod – erschrocken ob seiner Macht, die so schnell alles verändert. Und wir können die Klage eines jungen Menschen wohl verstehen, der an Familie Kettling schreibt:

›Ich stehe noch immer sprachlos. Ich kann noch gar nicht fassen, was geschehen ist. Es ist furchtbar, wie ein Mensch so schnell sein Leben aushauchen kann, obwohl er noch so jung ist. Es ist nicht gerecht, daß Matthias sterben mußte. Er hat noch nicht richtig Zeit gehabt, zu leben. Aber danach fragt wohl keiner.‹

Wir können die Fragen nicht verdrängen, die immer wieder kommen, die vor uns stehen wie eine undurchdringliche Wand. Es ist vor allem die in diesen Tagen stets neu gestellte Frage nach dem Warum. Ich kann sie nicht beantworten, ich weiß nicht, warum gerade jetzt dieser Weg zu gehen ist. *Wir* können es nicht verstehen, nicht begreifen. Das wird uns jetzt auch nicht zugemutet.

Es ist für unsere Augen so viel abgebrochen durch den Tod von Matthias:
abgebrochen die Gemeinschaft in der Familie,
abgebrochen die Freundschaften,
abgebrochen die Ausbildung,
abgebrochen das nach unserem Denken weitere Reifen von Matthias, die Entfaltung seiner Gabe, sich Menschen zuzuwenden, sich um sie zu kümmern, sie anzunehmen, sie zu festigen, sie beieinander zu halten. Ihr Freunde von Matthias wißt, was damit gemeint ist.
Abgebrochen – so sehen wir's.
Aber, ihr Lieben, was *wir* sehen, das ist nicht alles – und vor allem nicht das Letzte!

Wir sind in diesen Tagen miteinander mit einem Wort des Apostels Paulus aus dem Philipperbrief umgegangen. Er schreibt dort (Phil. 1,6): ›Ich bin darin voller Zuversicht, daß der in euch angefangen hat das gute Werk, der wird's auch vollenden bis an den Tag Christi Jesu.‹

Gott ist an uns am Werk. Nicht der Tod treibt sein Spiel mit uns. Wir sind auch nicht geboren – *nur* um zu sterben. *Gott* ist am Werk!

Gott hat bei Matthias sein Werk begonnen – längst ehe er das selber begreifen konnte. In der Heiligen Taufe wurde er Gott übergeben. Da wurde sein Name mit dem Namen Gottes verbunden; nicht mit einem Bindestrich nur, sondern ganz, unteilbar, untrennbar. In Gottes Namen steht sein Name. Matthias, du gehörst mir! Und Gott nimmt seine Zusagen nicht zurück. ER bleibt treu. Daran kann kein Tod etwas ändern.

Hören wir das ganz persönlich für uns: Mein Name in Gottes Namen. Sein Werk geschieht an mir. Das Werk, das Gott *für* uns und *an* uns tut, ist das Beste, was uns überhaupt geschehen kann: ER löst uns von unserer Schuld. ER öffnet uns die Tür zum Leben.

Mit *Jesus Christus* hat uns Gott sein Werk *gezeigt,* es uns vor Augen gestellt: Seht, betastet, greift danach! – Hier am Kreuz, unter den ausgestreckten Armen des Gekreuzigten, da sagt er uns: Du bist versöhnt, deine Sünde ist weggetan, beseitigt. Du bist von mir angenommen. Komm, hier sind meine Hände nach dir ausgestreckt! Und am Ostermorgen mit dem auferstandenen Jesus, da sagt er uns: Dir gehört das Leben. Dein Tod ist besiegt. Du bleibst nicht unter der Macht des Todes. Das Grab behält dich nicht. Komm, und ergreife das Leben!

So sieht uns Gott, so sieht er mich. Das ist sein gutes Werk, mit dem er längst begonnen hat, *für* uns und *an* uns. Wir sind jetzt gerufen, ganz einfach darauf zu vertrauen. Wir sind eingeladen, mit diesem Vertrauen anzufangen oder es wieder neu zu wagen. Einfach dem zu glauben, was Gott getan *hat,* und Jesus Christus zu folgen, der unserem Leben den letzten, tiefen Sinn gibt.

Matthias wußte etwas von dem Werk Gottes an ihm. Er erkannte etwas von der Herrschaft Gottes in seinem Leben. Gott ist *Herr*! Offensichtlich hat er damit seine ganz unmittelbaren persönlichen Erfahrungen gemacht. Und was er begriffen hatte von Gottes Herrschaft, dafür stand er ein. Darüber duldete er keinen Spott und keine dummen Sprüche. Und er wollte, daß dies auch andere so erfahren und in diese Verbindung mit dem Herrn kommen. Freilich war er dabei immer auch den Schwankungen im eigenen Reifen ausgesetzt, kämpfend mit Zweifeln, übermannt von der Unsicherheit, suchend, ringend.

Liebe Freunde von Matthias: Behaltet das von ihm in Erinnerung

– über all dem vielen anderen an Schönem und Gutem, das euch in den Sinn kommt, wenn ihr an ihn denkt. Nehmt das mit: Gott ist *Herr*! Gott ist *mein* Herr, und er hat mich lieb. Behaltet dies für euer Leben: Gottes Wort *allein* hat Bestand – und wer von IHM gerufen ist, der *bleibt* im Leben. Das gehört mit zu dem guten Werk, das Gott in uns allen angefangen hat – und zur Vollendung bringen will, bringen wird.

Gott ist am Werk, nicht der Tod! Den haben wir jetzt freilich vor Augen – bedrückend, lähmend. Er aber ist ganz *unter* den Augen Gottes, der sein Werk – Matthias Kettling – nicht aus der Hand legt und es sich nicht aus der Hand nehmen läßt! Von wem auch?! ER, nur ER!, ist der *Herr*!

›Der in euch angefangen hat das gute Werk, der wirds auch vollenden bis an den Tag Christi Jesu.‹ Gott schafft Vollendung.

Wir wissen: Bei allem, was wir tun, bleibt vieles unvollendet, bruchstückhaft, trotz aller Anstrengung und aller guten Vorsätze. Es gelingt uns nicht alles, vieles gar nicht. Und wir haben den Eindruck, jetzt besonders, daß selbst unser Leben, das wir uns nicht gaben und deshalb auch nicht nehmen dürfen, unvollendet bleibt; wie bei Matthias, wo so viel abgebrochen ist.

Ist das wirklich so? Ihr Lieben: Keiner von uns muß das von Gott begonnene Werk an sich selber vollenden, zu Ende bringen. Paulus richtet keinen Appell an die, an denen Gott wirkt. Er vertraut Gott, der selbst der Anfang und das Ende ist. Er vertraut darauf, daß Gott zur Vollendung bringt, fertig gestaltet, ganz macht, vollkommen.

Matthias geht in Gottes Händen auf diese Vollendung zu, ganz gewiß! Am Tag Christi Jesu, wenn alles Verborgene enthüllt wird, wenn alles Rätselhafte in der Klarheit des Lichtes Jesu Christi gelöst ist, da werden wir es sehen – und da werden wir staunen und loben und danken.

Ihr Lieben: Daß *wir* dabei sind an diesem Tag Jesu Christi – vollendet –, das geht jetzt *uns* an. Wir sind Gottes Werk. Lassen wir uns davon durch nichts wegbringen! Gott will uns formen, gestalten durch sein Wort. Und im Hören darauf wird jeder von uns zur Vollendung gebracht. Keiner ist bei Gott abgeschrieben. ER tut sein Werk an uns. Nichts Besseres kann uns geschehen.

Was bleibt, wenn der Tod nach uns greift? Gottes Treue! ›Du gehörst mir!‹ Was richtet uns auf in der Tiefe des Leides? Gottes Gegenwart. ›Ich hab dich lieb!‹

Vertrauen wir darauf, daß ER uns vollendet, daß ER uns an dem Tag Christi Jesu bei sich behält – im Leben.

Gott will uns zum Ziel bringen. Und weil das so ist, steht auch über dem für uns so schweren 16. August 1986 Gottes unverbrüchliche Zusage: Matthias, du gehörst mir! Amen.«

b) Wort der Eltern an Matthias' Freunde beim Trauergottesdienst

Der Vater: Daß es uns beiden heute nachmittag nicht leicht fällt, etwas zu sagen, wird jeder verstehen. Aber wir denken, daß wir Euch, den engsten Freunden von Matthias, und Euch, den Kameraden aus der Schule und der Lehrwerkstatt, ein persönliches Wort schuldig sind. »Das hat uns tief erschüttert.« Diesen Satz haben wir in den letzten Tagen oft gehört. Das ist wohl wie bei einem Erdbeben, wo der Boden aufreißt, der Weg plötzlich abbricht und ein Abgrund klafft, wo man der ganzen Welt, dem Leben nicht mehr traut. Gibt es da überhaupt noch eine tragfähige Basis?

»Tegi« habt Ihr seit Jahren unseren Jungen genannt, aber eigentlich hieß er doch »Matthias«. Diesen Namen hatte er auch nach dem Dichter Matthias Claudius. Der sagt einmal: »*Etwas Festes muß der Mensch haben.*« Etwas Festes! Ich hätte Matthias' Schutzhelm mitbringen können; die französische Polizei hat ihn uns ausgehändigt. Das war wirklich ein fester, stabiler, wohlgepolsterter Helm, Qualitätsarbeit, kurz vor dem Urlaub mit Bedacht ausgesucht. Aber fest genug war er offensichtlich nicht. Nach dem Unfall lag er mit zerbrochener Sichtblende neben Matthias am Boden, hat ihn also nicht behütet. »Etwas Festes muß der Mensch haben.« Aber es muß fester sein als solch ein Helm.

Etwas Festes! Eine feste Freundschaft, auf Dauer ausgerichtet, in der man einander vertrauen kann, ist schon etwas Großartiges. Aber auch solch eine feste Freundschaft ist – so habt Ihr es erlebt – nicht fest genug. Jedenfalls kann der Tod brutal hereinbrechen, kann Unzertrennliche auseinanderreißen. Wie sollte da ein festes Gehalt, ein stabiles Bankguthaben, eine solide Karriere . . ., wie sollte all das fest genug sein? (Ihr habt uns erzählt, daß Ihr in der Clique manchmal über solche Fragen diskutiert habt – auch in »Tegis« Auto, gelegentlich bis nach Mitternacht.) »Wasserfest« und »feuerfest«, »kugelfest« und »krisenfest« – das alles reicht nicht.

Etwas ganz Festes – etwas »Tod-festes« – braucht der Mensch . . .

Die Mutter: Das einzig Feste in unserm Leben, das der Tod nicht erschüttern, nicht vernichten kann, finden wir in diesem Buch! Ihr seht hier die große Altarbibel in meiner Hand. In der Bibel entdeckt Ihr, was Eurem Leben Sinn gibt, woher Ihr kommt, wohin Ihr geht, wozu Ihr lebt, wer der Herr Eures Lebens ist: Jesus Christus.

Als unsere drei Jungen, Matthias, Jochen und Markus, geboren wurden, war es unser größter Wunsch, daß sie fest mit diesem Herrn Jesus verbunden sein möchten. Darum haben wir sie taufen lassen. Darum haben wir ihnen biblische Geschichten erzählt. Darum hielten wir nach dem Mittagessen miteinander eine Andacht. Darum beteten wir mit ihnen und für sie. Als Matthias älter wurde, gab es in der Familie manche Auseinandersetzung über Gott und den Glauben. Matthias stellte hartnäckig Fragen, meldete Kritik an. Nicht, um alles Gelernte und Erlebte wegzuwerfen. Aber er wollte nicht einfach fromme Traditionen übernehmen, sondern wollte selber die Erfahrung machen: Jesus ist mein Herr. Immer wieder schlug er abends vor dem Einschlafen seine Bibel auf, suchte, prüfte, grübelte. Er hatte sicher Entscheidendes noch nicht verstanden, noch nicht »geblickt« (würdet Ihr sagen). Aber was ihm aufgegangen war, vertrat er – Euch, seinen engsten Freunden gegenüber – mit Nachdruck.

Als er vor drei Wochen seine Sachen für den Urlaub zusammenpackte, mußte er genau überlegen, was unbedingt notwendig war. Denn bei zwei Leuten auf einem Motorrad ist nicht viel Platz für Gepäck. Ich dachte, ein Neues Testament im Miniformat könnte doch noch hineinpassen. Sollte ich es ihm aufdrängen oder heimlich hineinschmuggeln? Ich tat es nicht. Bei seiner ganz persönlichen Geschichte mit Gott wollte ich ihn nicht bevormunden. Vorige Tage traf sein Gepäck aus Frankreich bei uns ein. Als ich den Motorradkoffer öffnete, fand ich diese seine dicke Konfirmationsbibel darin. Matthias hatte sie trotz Platzmangels mitgenommen. Konnte er sich seinen Urlaub ohne dieses Buch nicht vorstellen?

»Etwas Festes muß der Mensch haben.« Sucht – wie Matthias – diesen Herrn! Ihr dürft ganz sicher kritisch fragen und prüfen. Aber laßt dieses Buch, laßt die Bibel bei Euch nicht verstauben. Lernt Jesus kennen und macht Euer Leben fest bei ihm!

Der Vater: Wenn es am Nachmittag fünf Uhr wurde, konnten wir fest damit rechnen, daß nun die Schelle an der Haustür ertönte – manchmal fünfmal oder noch öfter bis zum späten Abend. Einer von Euch stand dort mit der Frage: »Ist der Tegi da?« Oder: »Wissen Sie nicht, wo der Tegi jetzt ist?« Oder: »Wo können wir den Tegi treffen?« Wir haben uns gefreut über diesen regen »Publikumsverkehr« an der Haustür. Und Ihr sollt wissen, daß unser Haus auch weiter offen ist für Euch. – Dieselben Fragen meinen wir auch jetzt zu hören. Nur bekommen sie einen ganz neuen, hintergründigen Ton. »Wissen Sie nicht, wo der Tegi ist?« Wir wollen versuchen, Euch zu antworten.

Wir sind ganz fest überzeugt: In jener Sekunde, als auf der schmalen Straße bei Bordeaux unser Matthias bei dem Zusammenstoß mit dem Möbelwagen (außer anderen schweren Verletzungen) einen solchen Stoß an den Kopf erhielt, daß er sofort in tiefe Bewußtlosigkeit sank (ein Arzt sagte uns: Er war eigentlich schon tot – klinisch tot –, als er per Hubschrauber ins Hospital eingeliefert wurde), ... in jener Sekunde war unser Matthias nicht allein. In jener Sekunde ist der Eine, der ganz große Vater gekommen, ist ihm entgegengelaufen und hat ihn zu sich geholt. So ähnlich steht es in dem schönsten Gleichnis, das Jesus erzählt (in Lukas 15 findet man's). Ein Vers daraus stand in dem Losungsbüchlein genau an Matthias' 18. Geburtstag: »Als er (der Sohn) noch weit entfernt war, sah ihn sein Vater ..., er lief und fiel ihm um den Hals und küßte ihn.« Wir glauben fest, daß genau das dort auf der Straße in Südfrankreich sich ereignet hat. Motorrad und Möbelwagen, Hubschrauber und Intensivstation, der neunzehnjährige holländische Fahrer (er hat uns einen sehr lieben Brief geschrieben!) – das alles waren nur die »Umstände«, war nur die Kulisse. Der ganz große Vater kam und holte Matthias in das große Vaterhaus – das war das eigentliche Geschehen.

»Wissen Sie nicht, wo der Tegi ist?« Doch, wir sind ganz gewiß: Er ist bei dem Herrn, der ihn so wunderbar geschaffen hat, der sein eigenes Leben für ihn geopfert hat, der ihn also noch viel lieber gehabt hat, als wir Eltern und Freunde ihn liebhaben konnten. Wir glauben also nicht, daß Matthias in dem französischen Sarg liegt, daß wir Matthias gleich in ein enges Grab einschließen. Dort wird nur die Hülle liegen, das jetzt zerbrochene Instrument, das der große Schöpfer ihm für dieses Leben als Werkzeug, als Ausdrucksmittel mitgegeben hatte. Aber Matthias selbst, der Matthias, den wir lieben, ist bei dem Herrn, der schon bei seiner Taufe den großen Gottesnamen und den kleinen Menschennamen für immer zusammengeschweißt hat. Diese Verbindung ist wirklich fest, tod-fest!

»Wissen Sie nicht, wie wir Tegi treffen können?«, so habt ihr wohl gefragt. »Tegi treffen« – das ist jetzt gewiß eine weite und vielleicht noch lange Reise, aber der Weg und das Ziel sind bei dieser Reise keineswegs unsicher. Wir wollen versuchen, Euch etwas davon anschaulich zu machen. Hier halte ich zwei Fahrkarten in der Hand, die für uns bei unserer Reise nach Bordeaux sehr wichtig wurden. Wir haben am späten Samstagnachmittag die Nachricht von dem schweren Unfall und dann gegen 21.30 Uhr die von Matthias' Tod bekommen. Nach Mitternacht sind wir in den D-Zug Münster- Paris gestiegen – ohne Fahrkarten, ohne französisches Geld. Wir mußten im Zug mehrfach nachlösen, erst in Deutschland, dann in Belgien. Der französische Schaffner machte uns auf ein schwieriges Problem aufmerksam. Paris hat bekanntlich keinen Hauptbahnhof. So kamen wir auf dem Nordbahnhof an und mußten vom Bahnhof Austerlitz unsere Fahrt fortsetzen. Als Verbindungsmittel dazwischen dient die U-Bahn, die Metro. An der Metrostation aber gibt es Barrieren, die wie mächtige Arme ineinandergreifen und sich nur öffnen, wenn man einen gültigen Fahrschein in die Anlage steckt. Solch eine Karte kann man aber bei Nacht nur an einem Automaten erwerben, und dazu braucht man französische Münzen. Und eben die hatten wir nicht. Unsere stabile D-Mark war völlig nutzlos, denn der Schaffner konnte nicht wechseln. Ratlosigkeit auf beiden Seiten. Da verschwand der freundliche junge Beamte, kam zurück und reichte uns diese zwei Metrokarten. Freikarten – von einem Schaffner geschenkt! Ob jemand von Euch das einmal erlebt hat? Tatsächlich: Die Sperrschranken öffneten sich, wir hatten freien Zugang, erreichten unser Reiseziel.

Die Karten in meiner Hand sind uns zu einem Bild geworden. »Wissen Sie nicht, wie wir Tegi treffen können?« Auch für den Eingang in Gottes Welt braucht man gültige Eintrittskarten. Das Portal zum ewigen Leben öffnet sich nicht einfach automatisch. Aber kaufen – kaufen kann man diese besonderen Karten nicht. Weder unser Geld noch unsere Bravheit, weder unsere guten Worte noch unser soziales Engagement werden in Zahlung genommen. Dort gelten ausschließlich Freikarten! Aber das ist großartig, wirklich »Evangelium«, gute Nachricht: Diese Karten gibt es nicht – wie etwa bei einem Rockkonzert – nur in begrenzter Anzahl. Sie sind auch nicht für besonders Prominente reserviert. Sie liegen bereit für jeden, der sie geschenkt haben möchte, sie sich abholt und danke sagt. Alles völlig gratis! Auch diese Karten tragen eine Aufschrift, die sie gültig macht. Da heißt es freilich nicht »Nordbahnhof« oder so ähnlich. Jede Freikarte zur Welt Gottes wird gültig durch fünf Buchstaben, durch zwei Silben, durch ein einziges Wort. Der Name JESUS öffnet jedem die Tür. Er hat für diese Freikarten Gottes mit seinem Leben gezahlt. Wer diesen Jesus kennen und lieben lernt, wer sich von ihm einladen und beschenken läßt, wer auf seine Worte hört, mit ihm zu sprechen beginnt, sich seine Freundschaft gefallen läßt – der hat den freien Zugang zum ewigen Leben.

Wenn jemand von Euch heute anfängt, nach dem wirklich Festen, dem Tod-Festen zu fragen – erstmalig oder nach langer Zeit wieder neu; wenn er nach dem einen Buch greift, das uns die gute Nachricht von dem einen Namen bringt; wenn er sich JESUS anvertraut, in dem der eine große Vater uns allen entgegenläuft – dann wird dieser Abschiedsgottesdienst etwas von Wiedersehensfreude bekommen, und aus dem für uns alle so dunklen Tod von Matthias kommt etwas ganz Helles hervor, das uns ins ewige Leben »heimleuchtet«.

3. Briefseelsorge

Einen ganzen Schuhkarton füllen die Briefe und Karten, die wir empfingen. Ein Meer von Liebe und Mitleiden ist dort umschlossen. Wieviel warme Menschlichkeit, wieviel treue Freundschaft! Wieviel wird da spürbar von der Gemeinschaft der Heiligen: »Wenn ein Glied leidet, so leidet das andere mit.« (1. Kor. 12,26) Manche bekannten die eigene Sprachlosigkeit, sagten, es gehe ihnen wie Hiobs Freunden, nur schweigen könnten sie. Aber sie stellten ein Bibelwort, einen Liedvers, einen markanten Satz, eine Erfahrung von Vätern und Müttern im Glauben vor uns hin – tröstliche Positionslichter im Dunkel. Immer wieder begegnete uns das Versprechen: »Wir beten für Euch!« Wie »güldne Waffen« umstand uns dies Eintreten vor Gott. Andere Freunde sprachen uns mit eigenen, oft aus ähnlichem Erleben herausgewachsenen Worten Ermutigung zu.

Aus der Fülle haben wir weniges ausgewählt (oft nur einzelne Sätze); möchten es mit-teilen, weitergeben. Der Name tut nichts zur Sache, nur bei einem Freund, der selbst ein tief Angefochtener war und jetzt bereits ein im Licht der Ewigkeit umfassend Getrösteter ist, haben wir ihn in dankbarem Gedenken genannt.

»... Wir versuchen, ein wenig mit Euch zu tragen, wobei wir wissen, daß dies immer wieder ›nur‹ ein Hintragen zu dem sein kann, der uns und alles trägt.«

»Das ›unbedingt Beste‹ – ich bete mit Ihnen, daß Ihnen dieser Glaube immer erneut geschenkt wird. – Dann, wenn Sie um ein großes Loch herumstolpern müssen und nicht genau wissen können, was denn die Wirklichkeit ist. Bitte, lassen Sie den Tränen ihren Lauf und auch unserem (törichten, aber notwendigen) Fragen: ›Warum?‹ – weil wir Menschen und hilflos sind, ganz hilflos sein dürfen, damit Sie ›das unbedingt Beste‹ neu gesagt bekommen . . . ›Behüte uns in dieser Nacht‹.«

»Sie haben in der Anzeige eben das gesagt, was man nur sagen kann, daß wir angesichts eines solchen Ereignisses Gott nur um die Gewißheit bitten können, daß er das allein Beste für Ihren Sohn wie für Sie tat. Die völlige Ratlosigkeit mündet dann wohl ein in die ›unaussprechlichen Seufzer‹, die um das Eintreten des Geistes flehen . . . Unser Gebet ist um Sie. Ihre Trauer wird ihr Recht fördern . . . Um Sie herum stehen die Gebete an Gott, Ihnen nahe zu sein . . . Die Liebe unseres Gottes behüte Ihre Trauer!«

»Trost können wir Euch nicht geben, aber für Euch beten, das können und wollen wir! Vor allem, daß aus der harten Prüfung unseres Herrn nicht eine harte Versuchung Satans werde: ›Erlöse uns von dem Bösen!‹«

»Heute – gerade jetzt übergeben Sie Ihren geliebten Matthias nicht nur der Erde, und damit der erschreckenden Endgültigkeit des Todes, sondern in die Hände unseres lebendigen Herrn, in seine Ewigkeit. Wozu wird Gott Ihren Matthias nun gebrauchen? Zum ›unbedingt Guten‹!«

»Wir leben zwar nicht in einer heilen Welt, aber sein Heil lebt schon in dieser Welt. Unter dieser Gewißheit habt Ihr die Todesanzeige Eures lieben Matthias zuletzt eigentlich als eine Lebensanzeige formulieren können.«

»Für jetzt und auch für die späteren Zeiten, in denen das bittere Vermissen aufsteht, wünsche ich Euch von Herzen, daß Ihr von den Adlersflügeln getragen werdet, die Euch über Abgründe hinweghelfen.«

»Wir können es Ihnen nachempfinden, was in Ihnen vorgeht, sind Sie uns doch durch diesen Verlust verwandt geworden.«

(Ein Arzt:) »Aus eigener Erfahrung mit dem Hergebenmüssen eines Sohnes weiß ich um den Schmerz, den eine solche frische Wunde setzt. Es kostet Zeit, bis die Blutung steht und die Wunde vernarbt. – ›Wunden müssen Wunden heilen . . .‹«

(Präses Kurt Heimbucher:) »Um 14 Uhr heute ist der Gottesdienst. Ich denke sehr an Euch, der ich mich in großer Schwachheit befinde ... Als ein Angefochtener, der so gerne dem Herrn dienen möchte und es kaum mehr kann, grüße ich Euch in inniger Verbundenheit. – Warum geht Gott mit seinen Kindern oft so schwere Wege? Es bleibt uns der Mann am Kreuz – der Christus für mich. In ihm bleibt Gottes Liebe für mich real, auch wenn wir sie nicht mehr verstehen und fühlen.«

»Der Herr sieht Ihren Jungen und sieht Sie – und immer, wenn Ihnen um Trost bange ist, nimmt er sich aufs neue Ihrer Seele an.«

»Seid weiter in IHM geborgen – fest, behutsam, Tag und Nacht!«

»Wir sind mit Ihnen traurig und warten mit Ihnen darauf, daß ›Gott abwischen wird alle Tränen‹.«

»Sie müssen nun unter Druck erneut lernen, zu glauben, was Sie glauben – daß wir nicht uns selber gehören, auch unsere Kinder nicht, daß kein Haar von unserm Kopf fällt ohne den Willen Gottes, daß wir nichts haben ohne Sein dauerndes Schenken, und daß Er weiter will mit uns, wo wir keinen Weg mehr sehen.«

»Mir war ein Wort Martin Luthers eine große Hilfe: ›Der Glaube ist mehr ein Gehaltenwerden als ein Sich-Halten‹.«

»›O Ewigkeit, du schöne, mein Herz an dich gewöhne ...‹. Ich glaube, daß alle Traurigkeiten nur dazu da sind, um uns an die Ewigkeit bei unserm Herrn zu gewöhnen.«

»Wie hängen wir Eltern an unseren Erstgeborenen! Darum möchte ich es Ihnen in Ihren abgrundtiefen Schmerz hineinsagen: Der, der seinen Erstgeborenen für uns dahingab, der hat dies ›für euch und die vielen‹ weder für Euren Matthias noch für Euch durchgestrichen.«

»... In meinen Gedanken war soviel Protest: Warum ließ Gott Matthias sein Leben nicht vollenden? Warum bricht er es ab? ... Inmitten meines Protestes hat mir der Glaube geholfen. Mir wurde klar, woran ich mich selbst halten will. Es ist das Vertrauen, daß Christus das Unvollendete in meinem Leben erfüllt und vollendet. Und ich sagte mir: Wenn dein eigenes Leben an diesem Glauben hängt, dann darfst du Christus auch das unvollendete Leben von Matthias überlassen. Für das, was bei uns unvollendet ist, hat Gott einen anderen Blick ...«

»›Ich bin die Tür‹ ... ›Das Leben hat viele Türen, und alle, auch die dunkelsten, tragen Seinen Namen.‹ Ich vertraue fest darauf, daß Matthias durch die Tür gegangen ist, die Jesus Christus heißt, und ich hoffe und bitte, daß auch diese furchtbar dunkle Tür, durch die Ihr jetzt gehen müßt, Seinen Namen trägt.«

»›Es gibt keine Lücke, in der Gott nicht spricht: ICH BIN DA!‹«

»Ich weiß noch, wie die Nachricht ankam, daß mein Bruder tief in Rußland gefallen sei. Mein Vater hatte morgens den Lehrtext gelesen: ›Gehe hin, dein Sohn lebt‹ (Joh. 4,50). Nun hielt er die Todesnachricht in der Hand. Da griff er zurück auf Jesu Wort, das ihm am Morgen zugesprochen war ... und konnte uns allen dadurch helfen.«

(Aus einem Brief, der uns Wochen später erreichte:) »Besonders in dieser Adventszeit lasse ich mir von meinem Heiland den Mund wässrig machen auf die Ewigkeit. Dort endlich werden wir beide wissen, wieso und warum und wozu.«

4. Gottes Acker

Warum ist uns der Gang zum Friedhof, der Weg zum Grab unseres Jungen, das Verweilen dort wichtig? Riskiert man es, jemand unverblümt zu fragen: Warum geht man zum Friedhof?, so erzeugt man zumeist eine nicht geringe Verlegenheit. »Es ist nun einmal so Sitte«, heißt es dann etwa; dabei schwingt die Verpflichtung mit, daß es »Ehrensache« sei, die Gräber der Angehörigen in Ordnung zu halten, schon um sich nicht zu blamieren. – Aber auch dies kann man hören: »Ich gehe täglich zu meinem Mann, erzähle ihm alles, bespreche alles mit ihm.« Hier wird die Grenze, die mit dem Tod unerbittlich gesetzt ist, nicht akzeptiert. »Irgendwie« empfindet man den geliebten Menschen an seinem Grabe noch gegenwärtig.

Warum gehen wir zum Friedhof? Wir haben gefunden, daß uns eine gedanklich befriedigende Antwort darauf nicht leicht fällt. Daß wir unserm Jungen selbst damit nichts Liebes mehr tun können (wie gern täten wir's!), wissen wir wohl.

Unsere Vorfahren im Glauben hatten eine sehr einfache und in sich überzeugende Antwort: »Eben hier auf dem Friedhof wird Gott dereinst unsere Toten beim Namen rufen und aus den Gräbern erwecken. Genau hier wird der Ort sein. Wir ehren und zieren ihn um dieser Zukunft willen.« Mittelalterliche Gemälde bezeugen, wie wörtlich unsere Väter und Mütter die Rede vom »Gottesacker« nahmen. Hier hat Gott selbst gesät, hier hält er selbst Ernte. Aus ihrem Grab steigen sie empor: Männer und Frauen, Junge und Alte ... In ergreifender poetischer Verdichtung ist diese Sicht etwa bei Johann Peter Hebel, in seinem alemannischen Gedicht »Der Wächter um Mitternacht«, gestaltet:

»... Und lueg, do lüftet sie
en offe Grab! – Du gueten alte Franz
se hen sie au di Bett scho gmacht im Grund,
und's Deckbett wartet uf di nebe dra,
und d' Liechtli us der Heimet schine dri!«

(»Und siehe hier: Ein offnes Grab! – Du guter alter Franz, dein Bett ist schon gemacht im kühlen Grund; das Deckbett wartet auf dich nebendran, die Lichter aus der Heimat leuchten drein!« – J.P. Hebel, Alemannische Gedichte – mit hochdeutscher Übertragung von Richard Gäng –, Stuttgart 1982, S. 128-129.)

Eine spätere Strophe schildert dann den »Firtig«, den Festtag, wo Laden und Türen sich öffnen, die Toten jung und schön hervorkommen: »Sie luegen use (schauen drein) gsund und schön, / und tunke's Gsicht in Himmelsluft.« Da ruft die Mutter ihren Kindern zu: »s'isch Tag!«, der Tag aller Tage, der alle Nächte endet.

Das ist tief und schön, aber wir können diesen »naiven Realismus« nicht teilen. Dabei ist die naturwissenschaftliche Überlegung nicht einmal entscheidend: Wir wissen, daß die Atome unserer Leiber nicht uns gehören. Sie kommen aus dem Kreislauf der Natur und kehren in ihn zurück, gehen über in anderes, pflanzliches, tierisches Leben, werden Bausteine für andere Organismen. Von einer Identität der Atome können wir nicht ausgehen.

Entscheidend ist aber, wie Jesus selbst in seiner Antwort an die Sadduzäer (Mt. 22,23-33) argumentiert: Auf die Frage, *ob* die Toten auferstehen, antwortet er: »Ganz gewiß!« (Denn Gott ist nicht ein Gott der Toten, Ihm leben sie alle.) Auf die Frage, *wie* dies neue Leben aussehen wird, sagt er: »*Ganz anders*« (nichts mehr von Geschlechtlichkeit und Fortpflanzung).

Auch der Apostel Paulus weist die Frage: »*Wie* werden die Toten auferstehen und mit was für einem Leib werden sie kommen?« zunächst barsch ab: »Du Narr!« Er verweist dann auf die unendliche Schöpferphantasie und -kraft Gottes, ganz neue Gestalten von »Leib« zu bilden. Dabei entsprechen sich das (»in Niedrigkeit«) Gesäte und das (»in Herrlichkeit«) Geerntete gerade *nicht* (1. Kor. 15,35-50). Es wird also der pharisäische Traum abgewiesen, das neue Leben sei einfach eine verbesserte, gesteigerte Neuauflage des alten. Es wird aber auch der griechische Wahn verneint, bloße »Seelen«, reine Geistwesen, würden überleben.

Dem Gott der Bibel geht es allerdings um *Leiblichkeit.* Sie ist das Ende der Werke Gottes (Oetinger). Allerdings geht es um »einen geistlichen Leib« (1. Kor. 15,44), um eine Gestalt, die ganz und gar von Gottes Geist, von der Kraft der Osterwelt, geprägt ist, ganz von Gottes »doxa« (Glanz) durchstrahlt. – Daß bei Jesus selbst der Erdenleib am dritten Tage in den Osterleib verwandelt wurde (und das Grab sich dabei als leer erwies), gehört zu der Besonderheit seiner Geschichte; wir können das nicht als »Modell« für das Geschehen am Ende der Tage festschreiben.

Wenn wir also nicht mit den Alten so direkt sagen können: Hier auf dem Friedhof, genau an diesem Platz wird es sich ereignen!, dann stehen wir neu vor der Frage: Was bedeuten uns der »Gottesacker« und der Gang zum Grab?

Ganz vorläufig und tastend will ich zu sagen versuchen, was uns bisher aufging.

a) Am Grab *ehren wir die Gestalt, die Gott unserm Jungen,* seinem einmaligen Geschöpf Matthias Kettling, *für diese Weltzeit gegeben hat.* Nur in dieser Gestalt kennen wir ihn und lieben ihn. Nur in dieser Gestalt war er uns zugänglich, konnten wir Gemeinschaft miteinander haben, konnten einander durch Worte oder Bewegungen erreichen. In dieser Gestalt – aus Zeugung und Geburt hervorgegangen – ist er ein Stück unser selbst. Wir meinen nicht, daß unser Sohn – als ewiger Gedanke Gottes – mit diesem Leib schlicht identisch war, darin aufging, aber unsere körperliche, seelische, geistige Verbindung mit ihm hatte in diesem Leib ihren Träger.

Wir ehren damit zugleich die wunderbar undurchschaubare Vorgeschichte: Gott hat diesen Leib gefügt, gewoben aus der »Erbmasse« vieler Geschlechter zuvor. Charakteristische körperliche oder seelische Merkmale verwiesen auf dies Eingebundensein in die Kette der Vorfahren. – Wir sind überzeugt, daß dieser irdische Leib in seiner ganz individuellen Gestalt nicht zufällig mit diesem einmaligen »Ich« (dieser »Seele«, diesem Schöpfergedanken) verknüpft war: Dieser »Organist« und diese »Orgel«, dieses »Selbst« und sein körperliches Instrument waren von Gott in geheimnisvoller Entsprechung füreinander geschaffen. Das Innen drückte sich im Außen aus, das Außen bewegte das Innen. Nie werden wir an einen lieben Menschen denken können (an sein »Wesen«, seine »Person«), ohne dabei das geliebte Gesicht, die vertraute Gestalt vor uns zu sehen. Freilich wird diese irdische Gestalt das wahre Wesen (das ja selbst noch auf seine Vollendung wartete) auch verhüllt, auch verzerrt haben. Wir leben in unserer Ganzheit ja in der gefallenen Welt, im Äon der Sünde und des Todes.

Wenn wir also am Grab den nun zerbrochenen Erdenleib ehren als die vorläufige Gestalt dieses einmaligen Gottesgedankens, dann *wird uns im Osterlicht dieser alte Leib zur Verheißung*, zum *Gleichnis* für den neuen, vollendeten »Leib der Herrlichkeit«, dann wird uns die alte Weise der Beziehung miteinander (in all ihrer Unvollkommenheit) zum Unterpfand für die ganz neue Gemeinschaft bei Christus. So wird auch uns der Friedhof zum »*Gottesacker*«, der uns auf Gottes großes Erntewerk hoffen heißt. Auch am Grab erinnern wir uns an Adolf Schlatters Wort: »Gottes Werk sinkt nicht, es steigt« (in: Der Evangelist Johannes, Stuttgart, 2. Aufl. 1948, S. 362); hat Gott etwas uns Liebes zerbrochen, dann nur, um es in seinem großen Stil zu vollenden. So wird uns das Grab, das den vergehenden Erdenleib birgt, Ort der Osterzusage.

Wir haben diese vorläufige Gestalt auf dem Friedhof Gott zurückgegeben, indem wir sie in die *Erde* betteten. Wir mußten uns dem ernsten Wort unterstellen: »Von Erde bist du genommen, zu Erde sollst du wieder werden.« Wir wissen, daß diese Erdengestalt nun vergeht, verwest, und müssen das geschehen lassen. Aber wir finden es unangemessen, zum göttlichen »Stil« nicht passend, wenn wir diesen Prozeß gewaltsam steuern, ihn unsererseits manipulieren sollten, indem man den leblosen Leib *verbrennt*. Alles Entscheidende (etwa das Wachsen eines Kindes im Mutterleib oder das Sterben, eine erwachende Liebe zwischen zwei Menschen oder der geistliche Vorgang einer Bekehrung) wird von uns nicht »gemacht«, »produziert«; *wir lassen es geschehen*, halten Gottes Tun stille.

Gewiß, die Frage der Kremation, der Feuerbestattung, ist keine letzte Frage. Die frühe Christenheit hat überlegen gelächelt, wenn Verfolger meinten, wenn man die Asche der Märtyrer verstreue, dann seien diese Christen »vom Winde verweht«. Unsere Väter und

Mütter wußten wohl, daß nichts Gottes Kinder aus seiner Hand reißt, und daß Gott viel tausend Weisen kennt, den zerstörten Leib in die verheißene Lichtgestalt zu wandeln. Ebenso albern war im 19. Jahrhundert der Versuch von Atheisten, mit der Einäscherung ihres Körpers gegen die Auferstehungshoffnung zu protestieren. Deshalb kann die Frage: »*Wie* lasse ich mich bestatten?« nicht emporstilisiert werden zu einer »dogmatischen« Frage nach der Seligkeit. Aber eine Frage geistlichen »Stils« scheint sie mir doch zu sein.

Warum gehen wir zum Friedhof? Bisher haben wir geantwortet: Weil wir im Grab die vorläufige Leibgestalt wissen, die Gott schuf, und sie ehren, weil wir zugleich diese Gestalt als Verheißung und Gleichnis ansehen dürfen. So wird uns der Friedhof »Gottesacker«.

b) Ich möchte einen zweiten Gedanken anschließen: Das Grab betont die *Individualität,* der Grabstein nennt Vor- und Nachnamen, der Platz dieses Menschen wird markiert. Das Grab gräbt uns ins Bewußtsein, daß Gottes Geschichte mit einem Menschen stets eine ganz *persönliche* Geschichte ist, und das von Ewigkeit zu Ewigkeit. Christen glauben nicht (mit den indischen Religionen), daß Sterben dem Aufgehen des Flusses im Meere gleicht, dem Sich-Auflösen des Regentropfens im See, des Ichs im Allgemeinen, im Ur-Einen. Christen glauben nicht (mit Materialisten und Naturalisten), daß Sterben nichts weiter ist als Rückkehr in den mythischen Mutterschoß der Erde. Christen wissen: Ich bin mehr als mein Körper, bin am Ende mehr als Dünger für nach mir kommendes biologisches Leben.

Christen wissen: *Gott ruft, »beruft« jeden bei seinem eigenen Namen.* Wie nicht einmal zwei Menschennasen wirklich identisch sind, so erst recht nicht zwei Glaubensgeschichten. Begegnung – nicht »Verschmelzung« – ist die Weise, wie der lebendige Gott mit einem Menschen Kontakt aufnimmt. Diese Begegnung vollendet sich im ewigen Gespräch mit Jesus.

Das Grab mit dem Stein, der Namen und Lebensdaten trägt, ist ein Wahrzeichen für diesen Gott, der alle sucht, aber so, daß er dem einzelnen in den Weg tritt. So markiert für uns das individuelle Grab die Unverwechselbarkeit eines Menschen, seine Unverlierbarkeit.

Mit Schrecken beobachte ich auf Friedhöfen die *Flucht in die Namenlosigkeit,* ins Anonyme. Familiengräber sind zumeist als zusammenhängende Beete gärtnerisch gestaltet; das einzelne Grab ist nicht mehr identifizierbar. In Großstädten greift die schreckliche Mode um sich, daß Urnen irgendwo auf einer im Friedhofsbereich befindlichen Wiese vergraben werden. Auch die Angehörigen wissen den Ort nicht, wollen ihn nicht kennen. Solche »Stillosigkeit« ist Zeichensprache des Unglaubens, der Vermassung, der Atomisierung. Daß Gott seine Menschen in persönlicher »Handarbeit« unverwechselbar schuf, daß er sie beim Namen ruft: »Du bist mein!«, wird hier demonstrativ verneint oder ist längst in fernöstlich oder biologistisch getöntem Neuheidentum verdrängt.

c) Warum gehen wir zum Friedhof? Ein letzter Gedanke: *Am Grab wird's konkret*! Da wird die Frage nach Glaube oder Unglaube auf die Spitze getrieben, auf den Punkt gebracht: Was ist wirklich? Das, was du (wenn auch unter Blumen freundlich verborgen) als Realität dieser Welt *siehst*, die Verwesung, die Übermacht des Todes, die letztendliche Sinnlosigkeit aller Dinge, die totale Frustration? Oder ist das wirklich, was du gerade nicht siehst, was dir Gottes Wort *ins Ohr ruft*: »Ich lebe, und du sollst auch leben«, was dir der Grabstein mit seiner Inschrift ins Herz gravieren möchte: »Jesus lebt, mit ihm auch ich«? Mensch, was ist dir die letzte Wirklichkeit: Gott, der unsichtbare, oder der Tod, der scheinbare Fürst über das weite Leichenfeld? Am Grab ist der *Ort der Anfechtung*, der Platz, wo das »Dennoch« geübt werden muß, wo alle am Rand des Atheismus vagabundierenden Gedanken immer neu gefangen gegeben werden dürfen in den Gehorsam Christi (2. Kor. 10,5).

Das Grab ist in der Tat der herausgehobene Ort des Gesprächs, freilich nicht mit dem für uns unerreichbaren Toten, aber mit dem, der die Schlüssel des Totenreichs hat. Am Grab gebetet, bekommt das Vaterunser unerhörtes Profil. Das »Vergib uns unsere Schuld!«, da, wo man nicht mehr sagen kann: »Junge, vergib mir.« Das »Dein Wille geschehe!«, wo das Herz ganz anderes begehrt. Das »Dein Reich komme!«, das nach Totenerweckung schmeckt und den kommenden Herrn ersehnt. Das »Führe uns nicht in Versuchung!«, das um eine »behütete Trauer« bittet, darum, daß aus Weinen nicht Verzweiflung, aus Zweifel nicht Unglaube werde. Und dann der Lobpreis! Das »Dein ist das Reich, die Kraft, die Herrlichkeit in Ewigkeit. Amen.« Da wird am Ort des Todes gegen Sünde, Tod und Teufel, gegen Zweifel und Verzagtheit *für die Gottheit Gottes demonstriert*, dafür, daß er allein ganz recht behalten wird. Zu diesem »Gottesdienst« und zu diesem »Gotteslob« zieht es uns immer wieder zum Friedhof und zu dem Grabe dort.

5. Steine, die reden

Meine Frau und ich haben schon immer – etwa im Urlaub – die stillen Friedhöfe aufgesucht. Nachdenklich haben wir vor manchem Grabstein verweilt, haben verwitterte Namen und Aufschriften buchstabiert, Lebensjahre nachgerechnet, über die künstlerische Qualität eines solchen Denkmals gesprochen, gelegentlich ein Monument fotografiert. Unvergeßlich ist uns auf dem alten Tübinger Friedhof das schlichte Kreuz über dem Grab des großen Bibelauslegers Adolf Schlatter (1852 – 1938). Auf dem Querbalken des Kreuzes steht Jesu Einladung: »Wen da dürstet, der komme zu mir und trinke«, und darunter die – falsche – Bibelstelle (Joh. 8,37 statt 7,37)! Es war kennzeichnend für den alten Meister, daß er alle Bibelverse mit Stellenangabe auswendig zitierte (er meinte, so ein kleines Büchlein wie das Neue Testament müsse man doch wohl im Kopf haben). Freilich pflegte er sich bei der Kapitel- oder Versangabe häufig zu irren. Das war auch der Fall bei der Bibelstelle, die er selbst für seinen Grabstein ausgewählt und notiert hatte. Die Kinder haben diesen für den Vater so charakteristischen Irrtum bewußt nicht korrigiert. So steht man heute vor dem Grabstein mit der falschen Bibelstelle und muß lächeln. Humor am Ort des Todes! Ein Humor, der »trotzdem lacht«, »Trotz dem alten Drachen«, trotz des letzten Feindes, weil seit Jesu Auferstehung über allen Gräbern das Osterlicht leuchtet ...

Seit wir auf dem kleinen Dorffriedhof in Unterweissach das Grab unseres Jungen wissen, sind wir häufig die Gräberreihen dort abgeschritten; wir haben die Grabsteine nach ihrer Aussage gefragt, haben gehorcht, ob die Steine »reden«, eine Botschaft haben für unser Herz. Aus dem Betrachten ist ein Suchen geworden, ein Warten auf Trost ...

Bei vielen Steinen findet sich außer dem Namen nur das Geburts- und das Sterbedatum; das Leben schrumpft zusammen auf den kleinen Strich dazwischen. Ein ernster, ein wahrer Hinweis: »Herr, lehre uns bedenken, daß wir sterben müssen«, und daß alles, was uns so bewegte und umtrieb, alles, was wir taten und unterließen, im Gedächtnis der kommenden Generationen ein Nichts wird. Andere Denkmäler sind als ein aufgeschlagenes Buch gestaltet. Dem Namen auf der einen Seite steht ein Familienwappen, ein Handwerkszeichen, eine Blume auf der anderen gegenüber. Hinter dem Motiv von dem aufgeschlagenen Buch steht wohl – vielen unbewußt – das biblische Wissen, daß unser Leben vor dem göttlichen Richter wie ein offenes Buch daliegt und alles darauf ankommt, ob unser Name im »Buch des Lebens« verzeichnet steht. – Recht häufig ist das Kreuz als Wahrzeichen gewählt: Karfreitag wird da mit Ostern zusammengeschaut, die Bitterkeit des Todes mit der Auferweckungshoffnung verbunden, das Sterben des Einen umfaßt »die vielen«. – Auf einem Stein fanden wir, in Bronze gestaltet, das Bild des guten Hirten und daneben den Vers: »Weil ich Jesu Schäflein bin …« Jene kindlich fromme Variation über den 23. Psalm beginnt über einem Grab ganz neu zu klingen.

Drei Grabsteine möchte ich noch besonders erwähnen. Der erste markiert die Gewalt des Todes. Da ragen aus dem Boden zwei Steinbrocken auf. Miteinander bilden sie die zwei Backen einer Greifzange. Zwischen ihnen, von ihnen »in die Zange genommen«, findet sich ein ovaler Stein: Das Ei – altes Sinnbild des Lebens – vom Tod umgriffen! Ihm bleibt keine Chance, wenn die Zange zubeißt. »Mitten wir im Leben sind von dem Tod umfangen«, steht als Inschrift auf dem ovalen Gebilde in der Mitte. Hier wird in biblischer Tiefe mit den Worten eines Lutherliedes das demonstriert, was wir so gern verdrängen. Ein zutiefst wahres Monument!

Der zweite Grabstein, der uns immer wieder besonders anrührt, ist die Arbeit eines jungen Steinmetzen. Er ging bei seinem Vater, der für seine kunstvollen Sonnenuhren weithin bekannt ist, in die Lehre. Der Vater ließ ihn als Gesellenstück ebenfalls eine Sonnenuhr gestalten. Nicht lange danach – mit zweiundzwanzig Jahren – kam der Sohn zu Tode. Nun setzte ihm der Vater das Gesellenstück als Grabmonument, formte einen passenden Sockel dazu und meißelte die Worte hinein: »Jesus Christus spricht: Ich bin das Licht der Welt.« Die Sonnenuhr mit Aufgang und Niedergang des Lichts, mit Sommer- und Wintersonnenwende steht da als Symbol von Geburt und Tod, als Wahrzeichen der Vergänglichkeit. Der Hinweis auf Jesus Christus als »das Licht« rückt sie in das Licht der Ostersonne, die niemals untergeht, die aus Verwesung Leben weckt. Auf dieses »Meisterstück« Gottes dürfen wir uns freuen, wo all unsere »Gesellenstücke« zerbrechen.

Der dritte Grabstein, einem noch jungen Ehemann und Vater gesetzt, gibt einen Bibelspruch wieder. Es bewegte uns, zu hören, wie gerade dieses Wort sich Raum schaffte. Der Mann und Vater war bei einem schrecklichen Verkehrsunfall aus dem Leben gerissen worden. Als die Witwe in der Friedhofskapelle beim Abschiednehmen alleine am Sarg ihres Mannes steht, vernimmt sie deutlich – wie von der Stimme ihres Mannes gesprochen – das Wort: »Die auf den

Herrn harren, kriegen neue Kraft.« Daheim sucht sie das Wort und findet in der Bibel ihres Mannes gerade bei dieser Stelle (Jes. 40,31) den Lesefaden eingelegt. So ist nun das Bibelwort zum Anruf geworden – als Wort des Verstorbenen an seine Frau, von ihr weitergegeben als göttliche Verheißung an jeden, der vorübergeht.

Die Großeltern hatten bei unserm Matthias auf die Schleife ihres Kranzes die Worte schreiben lassen: »Jesus lebt, mit ihm auch ich.« Sie finden sich jetzt auf dem Grabstein unseres Jungen. Unter diesem mit Unzialen (Großbuchstaben) herausgegrabenen Wort steht – gleichsam als bestätigende Unterschrift – sein Name. Es ist unsere Bitte, daß der Stein über dem Grab unseres Sohnes ein Stück Jesusverkündigung sein darf, ein Ruf, der irgendwann einen Vorübergehenden erreicht.

All unsere Grabsteine aber erinnern an jenen Stein, der das Grab Jesu verschloß. Zeichen der Pietät sollte er sein, den Leichnam vor fremdem Zugriff schützen. Aber er war auch Demonstration des Todes, sollte das monotone Glaubensbekenntnis garantieren: »Tot ist tot . . .« Auch Zeichen der Furcht war dieser Stein. Er sollte Jesu Osterverheißung mundtot machen, sie endgültig widerlegen. Wo kämen denn auch all die Verderbens- und Finsternismächte hin, wenn auf den Tod kein Verlaß wäre, wenn man Menschen mit dem Tod nicht mehr ängstigen und erpressen könnte! So wurde Jesu Grabstein zum Prüfstein, wer das letzte Wort hat, Gott oder der Tod. Seit ausgerechnet im Grab, am Ort der Verwesung, Gottes Reich seine Macht erwies, ist Jesu Grabstein zum Osterzeugen geworden. So dürfen auch unsere Grabsteine Ostersignale setzen. Denn: »Lässet auch das Haupt ein Glied, welches es nicht nach sich zieht?«

6. Trösterin Musik

Bei dem ersten Treffen unseres Hauskreises nach der Beerdigung unseres Matthias überreichte uns ein Ehepaar eine Schallplatte. »Es ist uns ein Bedürfnis, Ihnen diese Aufnahme zu schenken.« Erklärend und wie entschuldigend hieß es, um eine neue Platte handle es sich nicht, sondern gerade um eine, die schon Jahre einen festen Platz in ihrer eigenen Sammlung habe, die sie selbst sehr liebten und häufig gehört hätten. Sogar einen kleinen »Knacker« habe sie bereits, der uns bitte nicht stören möge. Die Platte stamme aus der DDR und lasse sich neu kurzfristig nicht besorgen . . .

Wie uns diese »second-hand-Platte« bewegte, dieses so persönlich ausgewählte Geschenk! Die beiden kannten unsere Liebe zur Musik, besonders zu Johann Sebastian Bach. Hermann Prey singt (in einer Aufnahme von 1959 mit ganz jugendlich-kraftvoller Stimme) Bachs Kantate »Ich will den Kreuzstab gerne tragen« (Nr. 56). Wir kannten das Werk, besaßen einen Klavierauszug und auch eine Schallplattenaufnahme. Aber eben nicht diese, die so freundlich in unsere Situation hineinkam.

Wir haben ganz neu gehorcht auf Wort und Ton, neu auf das Notenbild geachtet. Wie da (im ersten Satz) die Notenzeichen das Kreuz abbilden, wie die abfallenden Seufzerfiguren das »Tragen« malen, seine Last, seine Dauer. Wie uns das Wörtchen »gerne« (tragen) fragte. Wie uns zugesungen wurde: Dies Kreuz kommt nicht von einem finstern Schicksal, sondern »aus Gottes lieber Hand.« (Später begegneten wir einem Wort H. Bezzels, das Glück sei der Segen des Alten Testaments, der Segen des Neuen Testaments aber sei das Kreuz.) Wie uns das »gelobte Land« vor Auge und Herz gestellt wurde: »Da wischt mir mein Heiland die Tränen selbst ab.«

Im zweiten Satz wird das Leben als von Wellen bedrohte »Schiff-fahrt« geschildert (die Celli »malen« das ganze Stück über die Wogen). Mitten in das »wütenvolle Schäumen« ertönt der Ruf Gottes: »Ich bin bei dir!« – bis ich endlich aus dem Schiff in »meine Stadt« treten darf, wo mein ewiges Bürgerrecht festgeschrieben ist.

Im dritten Satz erklingt immer wieder jubelnd: »Endlich« (»Endlich wird mein Joch wieder von mir weichen müssen . . .«), ein Thema voll »unbändiger Freude« (Albert Schweitzer). Triumphierend heißt es: »Da krieg ich in dem Herren Kraft« und – die Oktave durcheilend – »da fahr ich auf . . .«

Ein Text, gewoben aus vielen alt- und neutestamentlichen Verheißungen, eine Musik, die dies Evangelium als Trost ins Herz, ins Unbewußte hineinsingt. Das »den Kreuzstab tragen«, das »endlich« schwingt im Innern fort. Wie uns dieser nie verwelkende Gruß, diese Gabe aus nachdenkender, einfühlsamer, phantasievoller Liebe tröstete!

Ein befreundetes Ehepaar, uns dadurch nah »verwandt«, daß es selbst einen Sohn, einen sehr fröhlichen, lebensbejahenden Gymnasiasten, plötzlich hergeben mußte, schenkte uns ein Tonband. Der Schülerchor jenes Gymnasiums hatte sich an das anspruchsvolle »Deutsche Requiem« von Johannes Brahms gewagt (zwei Klaviere übernahmen den Orchesterpart). Die Eltern hatten sich in ihrer Trauer oft an dem hier verdichteten Evangelium aufgerichtet. Auch für uns gab es so eine neue Begegnung mit diesem Werk. Brahms selbst hat Bibelstellen aus beiden Testamenten ausgewählt und höchst kunstvoll verknüpft.

Am Anfang steht Jesu Ruf: »Selig sind, die da Leid tragen«. Wie die Worte bei Brahms leuchten, etwa das in ein Crescendo und ein Decrescendo eingefaßte »Selig«. Da stockt man: Jesus spricht das Heil denen zu, die ganz leere Hände und blutende Herzen haben. Gerade so, als hieße es: Denen muß man gratulieren. Wieso? »Denn sie sollen getröstet werden (nämlich von Gott selbst)«. Sind »Leidtragende« (wieder das »Tragen«, das von langwährender Mühsal spricht) »Selige«, Bevorzugte, eine »Elite«, zu der man selbst freilich nie gehören möchte? Ist das »Kreuz« wirklich der Segen des Neuen Testaments? Jesus sagt es, weil sich Gottes Fülle nur in unser Vakuum ergießen will.

Es ist unmöglich, dem Reichtum der biblischen Trostworte in diesem Brahmschen Frühwerk nachzugehen. Da ist das gewaltige »Alles Fleisch, es ist wie Gras« (Jes. 40,6; man hört, wie es zu Boden gestampft wird). »Aber! Des Herrn Wort bleibt in Ewigkeit.« Unvergeßlich die große Fuge voll beständig wachsender Gewißheit: »Der Gerechten Seelen sind in Gottes Hand, und keine Qual rühret sie an.« Unerhört die österliche Provokation des Todes, die Herausforderung an den »letzten Feind«: »Tod, wo ist dein Stachel? Hölle, wo ist dein Sieg?« Generalpausen folgen auf das hinausgerufene »Wo«? Aber eine Antwort bleibt aus: Der Tod hat nichts mehr zu melden! – Dies »deutsche« (nicht eine lateinische Totenmesse; dies protestantische, dies aus der Lutherbibel gespeiste) »Requiem« ist voller Evangelium.

Was uns dabei besonders beschäftigt, ist das Wissen: Brahms glaubte selbst nicht, was er so gewaltig vertonte! Noch kurz vor seinem Tode sprach er es aus, daß er weder damals, als er das »Requiem« schrieb, noch jetzt als alter Mann an ein Leben nach dem Tode glaube. Der Hinweis auf die Auferweckung und Verwandlung (1. Kor. 15 / Satz 6) habe ihm nur als musikalisch verwendbares Symbol tiefen Eindruck gemacht. Dies Unglaubens-Bekenntnis muß man respektieren (der Kern des Christenglaubens, die Auferweckung Jesu, ist in dem Werk tatsächlich ganz ausgeklammert). Andererseits bezeugt Brahms' Werk (Lieder, Chorgesänge), daß er von dem bitteren Ernst des Todes wie von der Kraft des Bibelwortes nie loskam.

Wahrhaft befreiend aber ist die Erfahrung, wie im »Requiem« das biblische Wort über den nichtglaubenden (vielleicht auch nur ehrlich zweifelnden und suchenden) »Zeugen« triumphiert, wie es ihn mitreißt auf die Straße der frohen, sieghaften, tröstenden Botschaft. Über allen Unglauben siegt das Osterlicht. So ist dieses »Requiem« in sich selbst ein Osterwunder, predigt die Übermacht der Herrlichkeit Gottes, den Triumph der Gnade über das Mißverhältnis von Bote und Botschaft.

Trösterin Musik! – Ich habe zwei der großen kirchenmusikalischen Werke genannt, die uns ermutigten, und könnte deren mehr aufzählen. Aber daneben steht der alte Choral, steht das schlichte Gemeinschaftslied. Da ist Paul Gerhardts »Befiehl du deine Wege«, das meine Frau aus- und inwendig lernte, da steht vor mir das Lied »Endlich bricht der heiße Tiegel« (EKG 305), diese gewaltige Meditation über Jesu erste Seligpreisung (besonders die so dichten Strophen 2-5). Da klingt das in der Gemeinschaftsbewegung so geliebte »Herrlichkeitslied« (GL 616) mit dem Refrain: ». . . wird doch nur Jesus und Jesus allein Grund meiner Freude und Anbetung sein«, da kann ich das Lied des stummen Sängers Philipp Friedrich Hiller nicht vergessen: »Es jammre, wer nicht glaubt« (EKG 304) mit der letzten Strophe: »So wein ich, wenn ich wein, doch noch mit Loben«. – Gott weiß viele Weisen, zu trösten in der Not; dazu gehört gewiß die gesungene Frohbotschaft – im gewaltigen Kunstwerk wie im einfältig schlichten Vers.

7. Angefochtener Glaube

Empfinden Christen den Schmerz des Abschiedsnehmens weniger schwer? Ist der Glaube an den Ostersieger, ist die Auferstehungshoffnung ein Panzer, der den Schlag abfängt, eine Watteschicht, die den Stoß dämpft? – Das ist nicht so. Das kann und darf nicht so sein! Denn der Schmerz ist – bei allem, was daran ichbezogen, selbstsüchtig sein mag – Ausdruck der Liebe, Zeichen einer lebendigen Verbundenheit. Wie könnte diese Liebe bei Christen geringer sein? Sind Christen herzloser als andere Leute? Wie könnte der Glaube ihr Weh neutralisieren dürfen? Es entspringt ja aus Verbindungen (Eltern, Kinder, Ehegatten, Freunde . . .), die Gott, der Schöpfer, selbst stiftete.

Christen zeugen und empfangen, gebären und ernähren ihre Kinder wie alle andern Eltern, aber sie wissen stets dabei: *Gott* schenkte uns dieses Kind. Nein, der Christenglaube – besser: die Gegenwart Gottes, des Heiligen Geistes – hebt das Weh nicht auf, aber umschließt es schützend, schafft gehaltenen, behüteten Schmerz, umfriedete Trauer, bewahrt vor Verzweiflung. Zugleich gibt die Christenhoffnung – besser: Gottes Zusage des ewigen Lebens – der Trauer die Blickrichtung nach vorn, dem wirren Schmerz ein klares Wohin. Wir werden dem »Advent« Jesu Christi zugewandt, werden hineingeschoben in das Warten auf den Tag des Herrn, der alles neu macht, an dem Gott das hier begonnene Werk in seinem großen Stil vollendet.

Goethe spricht (in seinem »Torquato Tasso«) von dem Privileg des Dichters. Er vermag dem »namenlosen« Schmerz Klang zu geben, ihn in Worte zu fassen und dabei selbst die Fassung wiederzugewinnen: »Wenn der Mensch in seiner Qual verstummt, gab mir ein Gott zu sagen, was ich leide.« – Was ist demgegenüber das Vorrecht des *Christen*? Er darf *beten*! Er vermag zu rufen: »Herr, erbarme dich!« Wenn der Mensch in seiner Qual verstummt, wenn ihm im Schrei der Not die Sprache und alle Fassung zerbricht, schenkt Gott seinen Kindern die Adresse für ihren Schmerz: »Abba, Vater! Jesus, Heiland! Heiliger Geist, du Tröster!« Und wenn den Christen das Beten zu schwer wird, wenn sie auch Gott nicht mehr zu sagen vermögen, was sie leiden, dann ist ihnen verheißen, daß der Heilige Geist selbst »mit unaussprechlichem Seufzen« für sie eintritt (Röm. 8,26). Er betet in uns für uns. Was die Qual aus uns herauspreßt an Zweifeln, an Widerspruch bis an den Rand der Lästerung, an Haltlosigkeit bis an den Abgrund des Atheismus, das alles wird von dem »Tröster Geist«, dem »Anwalt« freundlich zu Gott emporgetragen, wird in Gottes Sprache gnädig übersetzt, wird in den gottgemäßen Stil transformiert. Dann klingt mancher schrille Schrei, manches dumpfe Stöhnen, ja manches verzweifelte Rebellieren in Gottes Ohren schöner und reiner als Händels »Großes Hallelujah.«

8. Trauerarbeit im Gebet

Christa Kettling

Das Wort »Trauerarbeit« ist in Mode gekommen. Aber trifft es eigentlich die Sache? Es ist ja nur das Schwere, das Lastende betont. Aber das, was zu jeder sinnvollen Arbeit gehört, fehlt der Trauer: das Planvolle, Zielgerichtete, das Übersehbare. Zur Trauer gehört das »Ende offen«, das Unabschließbare, gehört das qualvolle Auf-der-Stelle-Treten, das Kommen und Gehen des Schmerzes wie eine

Wellenbewegung, wie Flut und Ebbe. – Im *Gebet* finde ich in meiner Trauer das Gegenüber, weiß eine Adresse, ein Ziel, fliehe vor Gott zu Gott. Vielleicht eröffnet darum das Gebet ein Stück wirklicher »Trauer-arbeit«. (S. K.)

Herr, ich kann nicht fassen, was geschehen ist: Matthias ist nicht mehr bei uns. Wie soll ich das begreifen? Er gehört doch zu uns. Es kann nicht wahr sein, daß er nie mehr zurückkommt. Mechanisch verrichte ich alle Arbeiten. Beständig denke ich: Wo bist du, Herr? Ich spüre nichts von dir. Haben nicht andere Menschen die Erfahrung gemacht, daß du im größten Leid besonders nahe warst und sie mit tiefem Frieden erfülltest? Ich aber spüre nichts von all dem. O Herr, erbarme dich.

Herr, warum hast du Matthias nicht bewahrt? Warst du in der Sekunde, als das Unglück geschah, abwesend? Aber du bist doch Gott, du hast alle Macht im Himmel und auf Erden. Nichts kann doch ohne deinen Willen geschehen. So war es auch dein Wille, daß Matthias in diesem Alter und auf diese Weise starb ... Aber wenn er nicht in Urlaub gefahren wäre, nicht mit dem Motorrad? – Hattest du schon bei seiner Geburt die Spanne seiner Lebenszeit bemessen und die Art seines Todes bestimmt? Oder ist Matthias doch nur das Opfer einer kleinen Unaufmerksamkeit (beim Wenden auf der Straße)? Regierte der Zufall, herrschten Naturgesetze (ein Möbelwagen, Masse und Geschwindigkeit)? Herr, ich sehe das schreckliche Geschehen. Aber dein Gesicht sehe ich nicht darin. Sind Unglück und Tod nicht widergöttliche Mächte? Hat der Teufel selber zugegriffen? Unser Junge in der Hand des Feindes? Ein furchtbarer Gedanke! – Herr, du bist Gott. Du machst auch deine Feinde zu Dienern. »Zufall« fällt uns nur von dir zu. Du bist und bleibst in jeder Situation und über allem – auch über die Naturgesetze – der Herr. Mitten in dem allen will ich an dich, an deine gute Hand glauben. Lieber Herr, hilf meinem Unglauben!

Herr, wo ist Matthias jetzt? Liegt er im Grab, in dem dunklen Loch? (Die freundliche Rede vom »Bett« in der Erde und von der »letzten Ruhe« ist mir ganz fremd.) Oder ist er bei dir? Er ist so weit weg, unerreichbar für uns. Wie soll ich das ein Leben lang ertragen? Hast du, der Schöpfer aller Menschen, ihn nicht unter meinem Herzen heranwachsen lassen? Habe ich ihn nicht in deinem Auftrag geboren und ernährt? Hast du nicht die enge Verbindung zwischen Eltern und Kindern geschaffen? Ist das nicht deine Gabe, etwas sehr Gutes und Positives? Warum zerschneidest du dieses dein Band und tust uns so weh?

Herr, unser Matthias ist in der schönen alten Kapelle des Predigerseminars in Soest getauft worden. Wir Eltern haben ihn taufen lassen. Wir haben seine Taufe begehrt. Auf den Namen Gottes, des Vaters, des Sohnes und des Heiligen Geistes ist er getauft worden. Wir wissen: Das war ein Rechtsakt. Matthias wurde auf deinen Namen überschrieben. Wir haben ihn also da bereits abgegeben, haben ihn dir übereignet, haben damals schon als Eigentümer »abgedankt«. Dürfen wir uns jetzt wehren, wenn du von deinem Eigentumsrecht Gebrauch machst? Herr, laß uns jetzt begreifen, ganz neu lernen, hilf uns bejahen, was wir damals schon vollzogen haben.

Herr, ich danke dir, daß so viele Menschen mit uns getrauert haben, uns voller Teilnahme schrieben und für uns beteten. Wir haben dasselbe versucht, wenn uns die Nachricht vom Tod eines lieben Menschen erschütterte. Aber konnten wir je das Leid eines andern wirklich mittragen, konnten wir je so mit ihm leiden, wie er selber litt? Kein Mensch kann das! Heute empfinde ich es schmerzlich: Alle kehrten inzwischen wieder zu ihrer üblichen Tagesordnung zurück, nur wir können das nicht. Nie mehr wird unser Leben so sein wie vorher. Wir leben als Amputierte weiter. Letztlich müssen wir unser Leid allein tragen. Herr, und doch ist etwas aufgeleuchtet von der »Gemeinschaft der Heiligen«. Davon, daß an deinem Leib ein Glied die Lasten des andern zu tragen versucht. Ich danke dir für alle Schwestern und Brüder, die weiter für uns beten. Vor allem laß uns dich nicht vergessen! Du hast all unser Leid durchlitten. Du verstehst uns ganz tief. Du bist mit deinem Geist bei uns. So sind wir doch nie allein.

Lieber Herr, mitten im Schmerz hast du Freude für uns bereit. Als wir auf der Todesanzeige statt rasch vergehender Blumen eine Gabe für das indische Patenkind von Matthias erbaten, dachten wir nicht, daß eine so große Summe (über 6000 DM) zusammenkäme. Herr, habe Dank dafür, segne du die vielen Spender. Besonders gefreut haben wir uns über die jungen Leute, die dabei engagiert waren. Sogar eine Schulsammlung haben sie veranstaltet. Für zwei weitere indische Kinder haben sich Pateneltern gemeldet. Herr, es ist zum Staunen! Ich wünschte, Matthias könnte miterleben, welche Auswirkungen sein damaliger Entschluß hat, vom Lehrlingslohn ein Kind in Indien zu unterstützen. Der Leiter der Missionsgesellschaft schrieb uns: »Möge der Herr die Spenden zum ewigen Leben segnen.« Herr, laß das bitte wahr werden!

Herr, es tut mir gut, wenn Menschen auf mich zukommen und von meinem Leid mit mir sprechen. Ich erwarte ja von niemand das lösende Wort. Die andern können mich nicht wirklich trösten. Und doch tut es mir wohl. Bei vielen Leuten habe ich den Eindruck, daß sie unser Leid vergessen haben. Es mag sein, daß ich mich darin täusche. Vielleicht schweigen sie nur deshalb, weil sie uns nicht wehtun wollen. Vielleicht denken sie: »Nur ja die Sache nicht wieder aufrühren!« (Aber unser Leid ist doch nicht wie ein trübes Wasser, wo sich der Schmutz endlich »setzen« muß.) – Herr, hatte ich vorher auch solch eine falsche Scheu? Wieviele mögen wohl auf ein teilnehmendes Wort von mir gewartet haben! Herr, vergib mir und mach mich sensibel für das, was andere brauchen.

Herr, ich muß mit dir über die Frau sprechen, die mich heute besuchte. Auch sie trauert um einen tödlich verunglückten Sohn. Immer hat sie für ihre Kinder gebetet, um Bewahrung, um Schutz, um Förderung. Und nun – nach dem schrecklichen Todesfall – kann sie nicht mehr beten. Sie hat dir nur alles Gute zugetraut, nur Heilendes, Helfendes von dir erwartet. Sie konnte an deine Liebe glauben, als im Leben der Ihren alles glatt lief. Aber den Tod ihres Jungen mit deiner Liebe zusammenzubringen – das vermag sie nicht. Das Bild, das sie von dir hatte, das Bild vom lieben, guten, allzeit bewahrenden Gott ist zerstört. Ich frage mich, Herr: Habe ich nicht ähnlich gedacht? Ich wußte, daß anderen Menschen Leid widerfährt, las täglich davon in der Zeitung. Aber ich habe aus vollem Herzen singen können ». . . der dich erhält, wie es dir selber gefällt«. Das ließ mich in der Zuversicht leben: Gott wird immer mit seinem Schutz um uns sein, wird uns nie etwas so Schreckliches geschehen lassen.

Aber nun ist das Schreckliche geschehen, hat bei uns eingeschlagen, hat mich getroffen. Und du hast es nicht verhindert. Wo ist da deine Liebe? Mit erschreckten Augen sehe ich nun überall in der Welt Not und Unrecht. Bei schrecklichem Krebstod – wo ist da deine Liebe? Kinder werden von Heim zu Heim geschoben und landen später im Gefängnis. Wo ist da deine Liebe? Ist das Liebe, wenn Menschen verhungern, bei Erdbeben von Häusern erschlagen werden, als Geiseln mißbraucht und ermordet werden? Kann ich, o Gott, in diesem Weltgeschehen überhaupt deiner Liebe gewiß werden?

Da lenkst du meinen Blick auf ein furchtbares Ereignis, das vor zweitausend Jahren geschah. Gott, du hast deinen eigenen Sohn in einen qualvollen Tod gegeben. Bist du ein so grausamer Vater? Du sagst mir, *ich* müßte dort am Kreuz hängen. Du aber straftest deinen Sohn – und damit dich selbst – an meinem Platz und sprichst mich frei. Das tatest du für mich. So viel bin ich dir wert. O Herr, das kann nur Liebe sein, Liebe, die alles sprengt, was wir mit diesem Wort verbinden. Liebe über alle Maßen, über alles Verstehen! Dort am Kreuz entdecke ich – mitten in dem grausigen Geschehen – deine Liebe. Da schenkst du mir den Blick in dein Herz. Da, letztlich nur da. Du mußt mir täglich neu dafür die Augen öffnen. So bitte ich dich, himmlischer Vater, dich, Heiliger Geist, der du uns »erleuchten« willst, für die trauernde Mutter, für uns, für alle, die Leid tragen: Zeig uns Jesus Christus, wie er für uns am Kreuz hängt. Zeig uns dort deine Liebe. Und laß uns glauben, daß nun alles dunkle Geschehen von deiner Liebe umfangen ist.

Herr, warum konnte ich nicht bei Matthias sein in den letzten Stunden seines Lebens? Der Gedanke, daß er so allein war, umgeben von fremden Menschen und technischen Apparaten, quält mich. Ich habe gelesen, daß das Ohr noch lange wach ist, wenn die Augen schon nichts mehr wahrnehmen, und daß der Tastsinn lange noch die Berührung einer Hand spürt. Wahrscheinlich war seine Bewußtlosigkeit im Koma so tief, daß er gar nichts mehr bemerkte. Aber weiß ich das? Herr Jesus, schenk mir die tiefe Gewißheit, daß du bei ihm warst – näher als Vater und Mutter es je sein können, daß du seine Angst mit deinem Frieden fülltest, mit dem Morgenglanz der Ewigkeit. – Ich denke an Maria, die unter dem Kreuz stand und ihren Sohn so qualvoll sterben sah. Wie muß ihr zumute gewesen sein! Und was hat es für dich bedeutet, Vater im Himmel, als dein geliebter Sohn schrie: »Mein Gott, warum hast du mich verlassen?« War da sein Schmerz größer oder der deine? Denke ich jetzt zu menschlich von dir? Aber wie soll ich anders denken? Ist nicht die ganze Bibel voll von dir als einem so »menschlichen« Gott? O Herr, deine Not kann ich nicht ermessen. Du hast deinen Sohn nicht »verschont«, hast ihn freiwillig gegeben. Das hätte ich nie gekonnt. Herr, ich staune, ich bete dich an. Weil du da warst, darf ich getrost sein, wenn ich an Matthias' letzte Stunden denke.

Herr, was geschieht jetzt mit Matthias? Darf er bei dir sein? Oder ist er verloren, weil er dein Evangelium noch nicht voll erfaßt hatte?

Wo finde ich Antwort? Worauf kann ich mich verlassen? Auf seine Sehnsucht nach einer wirklichen Gottesbegegnung? Kann ich sein jugendliches Alter in die Waage werfen, alles, was da noch unreif war und gärte? Kann ich sein Engagement für seine Kameraden anführen – gerade für Gefährdete unter ihnen? Herr, das alles trägt nicht. Ich verlassse mich einzig und allein auf dich. Herr, bei der Taufe schon hast du deinen Namen mit seinem verknotet, sollte das nicht unauflöslich gültig sein? Herr, wir haben für ihn gebetet, solange er lebte. Sollte das ein Reden in den leeren Raum gewesen sein? Du hast doch fest versprochen: »Glaube an den Herrn Jesus Christus, so wirst du und dein Haus (die ganze Familie also) gerettet.« (Apg. 16,31) Du hast uns an seinem achtzehnten Geburtstag das Wort aus dem Losungsbuch wichtig gemacht: »Als der Sohn noch ferne war, sah ihn sein Vater, er lief ihm entgegen . . .« (Luk. 15) Ich hatte dieses Wort als deine Zusage mit beiden Händen gefaßt, dich fast täglich daran erinnert. Solltest du dein Versprechen nicht halten? Das einzige Fundament, das trägt, ist deine Treue.

Du hast in Matthias das gute Werk angefangen. Er war umgetrieben von der Frage nach dem heiligen Gott und dem jüngsten Gericht, konnte mit seinen Freunden bis Mitternacht darüber diskutieren. Wer hat solche Fragen in ihm wachgerufen, wenn nicht du? Du hast in ihm dein gutes Werk angefangen. Solltest du ein Gott sein, der etwas unvollendet liegen läßt? Nein, Herr! Um deines Jesusnamens willen (»Retter« heißt du doch!), um deiner Ehre, deiner Treue, deiner Barmherzigkeit willen kann das nicht sein. Denn du bist Gott und kein wankelmütiger Mensch! Herr, du hast gesagt: »Wer mir vertraut, soll nicht zuschanden werden.« Herr, damit hast du dich selbst verschworen, deine Ehre, deinen Namen verpfändet. Herr, ich vertraue dir, daß du ihm in jener Stunde als der große Vater entgegengelaufen bist. Er, der vor deinem Zorn und deinem Gericht innerlich erzitterte, darf jetzt deine unendliche Liebe erfahren, von Tag zu Tag mehr. Er liegt in deinen Armen, hängt an deinem Hals (Luk. 15). Darin ist er uns weit voraus. Herr, ich preise dein grundloses, dein bedingungsloses Erbarmen; es rettet ihn, es rettet uns.

Herr, wenn ich an unsere Geschichte mit Matthias zurückdenke, sehe ich bei mir viel Schuld: Ich hatte nicht genug Geduld mit ihm. Ich war manchmal rechthaberisch. Ich habe ihn nicht genug gelobt (das Tadeln liegt uns Menschen wohl mehr). Ich hätte ihm viel deutlicher machen sollen, daß er uns ein Gottesgeschenk war, ein »Matthias«, eine Gottesgabe. Diese Schuldenlast ist erdrückend. (Da hilft mir nicht der pauschale Satz: Alle Eltern machen Fehler.) Ich kann ihn nun nicht mehr erreichen; da ist dieser garstige breite Graben, der Tod heißt. Nichts kann ich mehr gutmachen, nichts zurücknehmen, ihm nichts Liebes mehr sagen und tun.

Herr Jesus, sprich es mir bei diesem Abendmahl ganz persönlich zu: »Mein Blut für dich vergossen!« Schenk mir die feste Gewißheit, daß all meine Schuld längst »ver-geben« ist, weg-gegeben, weil du, das Lamm Gottes, sie trägst. In dir bin ich ganz rein, unanklagbar in Ewigkeit. Und immer, wenn die Schuld wieder vor mir steht (vergessen werde ich sie nie), dann laß dein Sterben darüber aufleuchten. Herr Jesus, ich danke dir, daß du nicht nur die Schuld durchstreichst, sondern sogar den Schaden, den sie verursachte, in Gutes verwandelst. Was wir Menschen gedachten, böse zu machen, machst du gut. Aus Dreck machst du Gold. Dann muß selbst mein Versagen dem Matthias zum Besten dienen. Das überwältigt mich! Herr, wie groß ist dein Erbarmen. Wenn wir Eltern einst Matthias wiedersehen, wird nichts Trennendes mehr zwischen uns stehen. »Mama, Papa, endlich seid ihr auch da!«, wird er rufen. Und dann werden wir miteinander dich preisen ...

Herr Jesus, was soll ich gegen das Heimweh tun? Ich möchte Matthias endlich wiedersehen, mit ihm sprechen. Ich kann nicht begreifen, daß er nicht mehr zur Tür hereinkommt. Er war so interessiert an allem, was uns täglich begegnete. Ich möchte ihm alles erzählen, was wir seit seinem Tod erlebten. Oder weiß er von uns und unserm Ergehen? Hoffen wir nicht, daß die Fürbitte der Christen, die uns im Tod vorangingen, danach keineswegs zu Ende sei? Müssen sie dann nicht Einblick haben in unsere Freuden und Nöte? Freilich, ganz von oben – aus der allerhöchsten Perspektive? Herr, die andere Welt ist uns verschlossen. Wir wissen, daß der Versuch, neugierig einzudringen (etwa über »Medien«, über spiritistische Mittler) nichts bringt außer Verderben. Herr, laß uns demütig die Schranken respektieren, die du gesetzt hast. – Wie oft haben wir uns gewünscht, ein einziges Mal einen Blick hinter den Vorhang tun zu dürfen, von einem einzigen Strahl aus der Ewigkeit angerührt zu werden. Du hast es uns nicht geschenkt. Aber du hast uns bisher durchgebracht. Wir sind nicht zerbrochen. Und Herr, wenn ich nicht mit Matthias sprechen kann, du kannst es gewiß. So grüße du ihn!

Herr, du hast uns die Brüchigkeit und Vergänglichkeit unseres Lebens gezeigt. Dadurch hast du uns die Ewigkeit wichtig gemacht.

Herr, hilf, daß wir unser Herz nicht so sehr an das hängen, was vergeht. Laß uns die kurze Zeit, die du uns hier zumißt, für dich leben und anderen Menschen dienen. Mach uns aufmerksam und geschickt. Du hast gesagt, was wir hier in deinem Namen säen, dürfen wir dort bei dir in überreichem Maß ernten. So breitest du die ganze Welt als »Gottesacker« vor uns aus. Herr, laß uns nicht vergeblich gelebt haben!

Herr, du bist Gott, und wir sind dir ausgeliefert mit allem, was wir sind und haben. Herr, wir haben gelernt, daß sich nichts, gar nichts von selbst versteht. Alles ist deine freie Gabe. Daß ich heute gesund bin – es kommt von dir. Daß ich noch Mann und Kinder habe – es kommt von dir. Hilf, daß ich an jedem Tag ganz bewußt und dankbar alles, was ich habe, als von dir geschenkt, als dein »Leben« ansehe. Du kannst alle Gaben wieder zurückfordern. Herr, du bist der heilige Gott! Wie sollte ich etwas von dir verlangen können!? Aber, du kennst mein wundes Herz, du wirst barmherzig, behutsam mit mir umgehen.

Lieber Herr, heute habe ich wieder Angst, Angst um die lieben Menschen, die noch bei mir sind. Wer sagt mir denn, daß du sie mir nicht auch noch nimmst? Wie kann ich dir vertrauen? War mein Vertrauen vorher größer? Oder war es nur die Gewohnheit (es ist noch nie etwas Schlimmes passiert . . .), die mich ruhig sein ließ? Gewiß habe ich früher auch manchmal Sorge gehabt, wenn etwa Angehörige mit dem Auto unterwegs waren. Aber jetzt überfällt mich viel größere Angst: Nimmst du mir noch mehr? Wie soll ich dir vertrauen, Herr? Kann ich meine Lieben so völlig bei dir abgeben, mich selbst so auf dich verlassen, daß ich ganz getrost weiß: Du machst es immer gut!? Herr, ich bringe es nicht fertig, sie dir so völlig zu überlassen und zu sagen: Mach mit ihnen und mit mir, was du willst. Herr Jesus, der du selbst in großer Angst warst, komm in meine Ängste!

Herr, beim Aufräumen von Matthias' Sachen frage ich beständig: Wozu schrieb er diese Schulhefte voll? Wozu lernte er aus diesen Büchern? Was hatte das alles für einen Sinn? Warum lebte Matthias überhaupt? Warum das Erwachen, das Aufblühen? Es ist doch alles abgebrochen worden. – Herr Jesus, schenk mir den Glauben, daß im Blick auf die Ewigkeit alles einen Sinn hat, daß alle abgerissenen Fäden in deinen Händen zusammenlaufen und du dein Muster daraus webst. Du wirst aus ihm etwas Herrliches und Vollkommenes machen. Ich danke dir, daß wir ihn neunzehn Jahre lang zu eigen haben durften und daß deine Geschichte mit ihm – und auch die unsere – nicht zu Ende ist.

Herr, ich sehe andere Eltern, die ihre Kinder alle behalten durften. Ich frage: Warum mußten gerade wir ein Kind hergeben? Herr, ich merke, daß dies Vergleichen alles nur schwerer macht. Ist es nicht merkwürdig, daß ich mich immer mit denen messe, die es meiner Meinung nach besser haben? Sollte ich nicht lieber auf die Menschen sehen, deren Wege noch dunkler sind? Ich habe so viel Grund zum Danken. Ach Herr, du kennst mein trotziges Herz, das immer wieder meint, es sei benachteiligt worden. Du hast mit jedem deine eigene Geschichte, ich möchte vertrauen, daß die meine die für mich beste ist.

Herr, manchmal frage ich mich: Warum darf ich glauben? Wieso darf ich dich kennen? Warum muß ich nicht ohne Hoffnung am Grab stehen? Warum darf ich etwas vom ewigen Leben wissen? Warum bin ich in einem Elternhaus aufgewachsen, wo gebetet wurde? Dies alles habe ich mir doch nicht ausgesucht. Wo wäre ich heute, wenn du mir das nicht alles geschenkt hättest? Wer wäre ich ohne all deine gnädigen »Vorgaben«? Wurde ich bevorzugt? Warum gerade ich? Womit habe ich das verdient?

Herr Jesus, es ist genug! Ich möchte diese Last des Schmerzes, des Heimwehs, der Tränen, des Verletztseins nicht mehr tragen. Ich möchte sie abwerfen, aber sie klebt an mir. Herr, ich will nicht mehr! Wir waren jetzt lange genug von Matthias getrennt. Gib ihn uns wieder! Er fehlt uns so sehr. Ich buchstabiere daran herum, daß du diese Bitte jetzt nicht erhörst, daß ich mich auf deine Termine einstellen muß. Erst später wirst du ihn uns wiederschenken. Jetzt müssen wir Tag für Tag unter dieser Last bleiben. Herr Jesus, ich sehe dich als den großen Lastenträger. Du hättest deine Last abschütteln können. Um unsertwillen hast du sie bis ans Ende getragen. Unsere Last hat dich das Leben gekostet. – Herr Jesus, noch heute trägst du mich. Ich staune über solch eine Liebe. Sollte ich da nicht meine Last, die du mir sorgfältig zugemessen hast, willig tragen aus Liebe zu dir?

Herr, heute fragte uns jemand, ob unser Schmerz allmählich überwunden sei. Das verstehe ich nicht. Auf solche Gedanken kann wohl nur der kommen, der bisher von Leid verschont blieb. Ich denke an die Pfarrfrau, deren Sohn vor 3 Jahren starb und die jetzt schrieb: »Äußerlich leben wir weiter, und innerlich weint es immerzu.« – Herr, du hast uns tiefe Wunden zugefügt. Sie wollen wohl vernarben, brechen aber immer wieder auf. Wirklich verheilen werden sie auf Erden nicht. Du hast verheißen, dort alle Tränen von unsern Augen abzuwischen. Also werden wir Menschen bis dahin zu weinen haben und mit Tränen bei dir ankommen. Ich freue mich schon auf deine sanfte Hand!

Herr, es gibt Tage, vor denen mir bange ist: der Geburtstag, der Todestag, das Weihnachtsfest ... Und dann erlebe ich, daß du so hindurchhelfen kannst, daß solch ein besonderes Datum weniger schlimm ist als mancher normale Alltag. Herr, ich danke für alle Aufmerksamkeiten: Liebe Menschen schrieben uns, schickten einen Blumengruß, kamen zu Besuch. Ich denke an den Tag, an dem Matthias zwanzig Jahre alt geworden wäre. Wie leer würde unser Haus sein, das er im Jahr zuvor mit fröhlichen jungen Leuten gefüllt hatte. Doch einige seiner Freunde fühlten mit uns, ließen uns nicht allein ... Herr, ich will versuchen, an solch kritischen Tagen nicht in schmerzlichen Erinnerungen zu versinken, ich will dankbar sein für das, was ich hatte, dankbar für das, was ich habe ... Wie muß die Stille in einem Hause wehtun, wo du Eltern das einzige Kind genommen hast! Wie mag es in Ehepaaren aussehen, die sich vergeblich nach einem Kind sehnen! Herr, ich habe es – trotz allem – gut.

Herr Jesus, immer wieder muß ich an Matthias' Freunde denken, an seine Clique, an die Jungen und Mädchen, mit denen er so oft zusammen war. Die meisten haben noch keinen persönlichen Kontakt zu dir. Es hat Matthias sehr beschäftigt, daß die Zahl der bewußten Christen so klein ist. Er konnte sich nicht vorstellen, allein Christ zu sein – ohne seine Freunde. Der Himmel ohne sie war ihm ein Unding. Er fragte uns, wie wir uns an dir, Herr Jesus, überhaupt freuen könnten, wenn so viele Menschen um uns herum dich ignorieren, am Ende gar verloren gehen ... Herr, du hast uns mit deiner Gnade beschenkt, wie könntest du sie den andern vorenthalten? Erweise sie auch den vielen, die dich noch nicht kennen. Du bist ja für alle gestorben, hast sie alle als dein rechtmäßiges Eigentum »teuer erkauft«. Du wirst sie doch nicht deinem Widersacher überlassen! Herr, ich will treuer sein in der Fürbitte und dir alle mit Namen nennen, die Freunde von Matthias (ich möchte sie ihm einst alle mitbringen), seine Lehrer, seine Meister in der Lehrwerkstatt, unsere

Patenkinder, »meine« Kinder aus dem Religionsunterricht, den ehemaligen Häftling, zu dem unser Kontakt wieder abgebrochen ist, die Alkoholiker aus der Blaukreuzgruppe ... Herr, ich hoffe auf dich. Du hast unbegrenzte Möglichkeiten, deine Menschen zu retten ...

Herr Jesus, du hast zugesagt, daß du wiederkommen wirst. Den Ruf der ersten Christen: »Maranatha«, verstehe ich jetzt viel besser. Auch ich bitte dich: Komm bald! – Sieh die Nöte deiner Welt an! Wer kann sie noch regieren? Sieh auf die Katastrophen! Krieg, Hunger, Elend, Leid über Leid! Amen, ja, komm, Herr Jesus! – Sieh die Not in unserem Volk an! Viele gehen lachend über deine Gebote hinweg. Aberglaube macht sich breit. Dem Satan feiert man »Gottesdienste«. Jeden Tag werden ungeborene Kinder gemordet ... Herr Jesus, dein Wort sagt, daß du zu Karfreitag und Ostern alle Mächte des Bösen besiegt hast. Herr, ich sehe nichts davon. Hast du uns alle dahingegeben in unsere Sünde? Müssen wir nun tun, was unser böses Herz schon immer wollte: unser Leben selbst bestimmen – und daran zugrundegehen? Amen, ja, komm, Herr Jesus!

Wenn du kommst, dann wird alles neu. Wenn du kommst, wird alles gut, alles heil. Aber ich habe manchmal Furcht vor dem, was (nach deinem Wort) deiner Wiederkunft vorausgeht. Ich habe Furcht vor den »apokalyptischen Reitern« und ihrer blutigen Spur. Was mag auf uns zukommen, bevor du kommst? Ob es wohl einen Tag gibt, an dem ich dir danke, daß Matthias allem Schrecklichen längst entnommen ist? Werden wir bei dir bleiben, dir treu sein, wenn der Böse seinen letzten Trumpf ausspielt, wenn er deine Christenheit vernichten will? Werden wir nicht verzweifeln, wenn diese Welt, die ganze alte Schöpfung, in den Tod muß, wenn sie so vergehen wird, wie Matthias' Leib zerbrach? Du hast gesagt: »Sorget nicht!« Und: »Niemand wird sie aus meiner Hand reißen.« Du wirst uns ans Ziel bringen.

Amen, ja, komm, Herr Jesus! Dies Gebet ist mir wichtiger geworden. Aber geht es mir dabei wirklich um dich? Steckt dahinter nicht ganz verborgen als stärkstes Motiv die Sehnsucht, Matthias wiederzusehen? Er hat immer so kritisch gefragt, ob nicht in allem Glauben und Beten ein Stück Egoismus steckt. Herr, du durchschaust mich und kennst meine geheimen Motive. Gibt es überhaupt ein Gebet, das rein ist? Sind nicht unsere frömmsten Gedanken, Worte, Taten von der Sünde durchwachsen? Herr, du allein bist meine Gerechtigkeit, meine Heiligkeit. Nur in dir bin ich gerecht, rein, heilig, unanklagbar. So, in dich eingehüllt, in dir versteckt, bitte ich: Amen, ja, komm, Herr Jesus!

Herr, du Schöpfer des Himmels und der Erde, was für ein schöner Sonnentag ist heute! Wie wunderbar ist deine Welt! Aber ich kann mich nicht uneingeschränkt, nicht einfältig daran freuen. Alles durchzieht eine schrille Dissonanz. Ist nicht das herrliche Wiesental vor unserer Tür zugleich ein Kampfplatz: Eine Pflanze macht der andern den Lebensraum streitig. Ein Tier kämpft gegen das andere ums Überleben! Diese Welt ist zerrissen, in sich zwiespältig. Gewußt habe ich das schon immer. Jede Zeitung ist voll davon. Aber es hatte mich noch nicht persönlich getroffen. Nun aber empfinde ich: Solch ein Maientag und das Grab auf dem Friedhof vertragen sich nicht. Herr, du versprichst die neue Welt. Laß mich, getröstet von dieser Verheißung, mich an der alten wieder freuen dürfen. Herr, du sagst mir Ewigkeit zu. Laß mich von daher dieser Zeit wieder neu zugewandt sein.

Bei jeder großen Freude beschäftigt mich der Gedanke: All das erlebt Matthias nicht mit: den neuen Frühling, den unbeschwerten Urlaub, das Glück einer Familie ... Was entgeht ihm da nicht alles! Ich weiß noch gut: Als kleiner Junge spielte er begeistert mit seiner ersten elektrischen Eisenbahn. Da kam das Gespräch auf Gottes neue Schöpfung. Plötzlich protestierte er kräftig: »Aber es soll alles so bleiben, wie es ist!« Er sah durch deine Wiederkunft, Herr, seine Eisenbahn gefährdet. Hatte er da nicht etwas sehr Richtiges gespürt? Aber kann das wahr sein, daß du ihm mehr nimmst als gibst? Wenn Matthias jetzt nahe bei dir sein darf, fehlt ihm gewiß nichts! – So schenk uns, Herr, daß alles Schöne, das wir heute erleben, uns nicht wehmütig macht, sondern uns zum Vorgeschmack wird für deine kommende Herrlichkeit.

»Die Sonne, die mir lachet,
ist mein Herr Jesus Christ;
das, was mich singen machet,
ist, was im Himmel ist.«

Paul Gerhardt

Herr, ich lese in deinem Wort, daß alle Trauer in Freude verkehrt werden soll. Ich weiß, hier wird das nicht geschehen, aber dort bei dir in der Ewigkeit erfüllst du, was du verheißen hast. So wirst du die Trauerfeier in einen Freudengottesdienst verwandeln. Und Matthias wird nicht – wie am Beerdigungstag – fehlen. Gemeinsam mit ihm werden wir dich loben, preisen und anbeten. Herr, ich bitte dich, laß dann keinen dabei fehlen, der hier mit uns getrauert hat.

II. Drei Bildmeditationen

1. Edvard Munch: »Der Schrei« (1893)

Johannes 16,33: »In der Welt habt ihr Angst, aber seid getrost, ich habe die Welt überwunden.«

Jesus Christus hat durch seinen Tod die Macht genommen dem, der des Todes Gewalt hatte, das ist dem Teufel! So erlöste er die, die durch Furcht vor dem Tode im ganzen Leben Sklaven sein mußten. (nach Hebr. 2,14-15)

Wie das folgende Bild heißt? Wer will noch fragen? »Der Schrei« heißt es – nicht »Ein Schreiender«, sondern »Der Schrei«.

Eine Brücke stößt auf uns zu und wirft ihn uns ins Gesicht, läßt ihn uns anspringen – den Schrei. Er schreit uns an. Hören wir ihn gellen, tausendfach widerhallen? Alle Linien des Bildes sind Brechungen dieses Schreis. Reflexe, optisch gewordene Schallwellen ...

In der Mitte jenes Wesen, aus dem der Schrei hervorbricht! Seltsam ist es, gespenstisch fast, der Leib nur ein sich windender Schatten. Aber Hände hat es und einen Kopf, und die Hände preßt es an die Ohren, will das Trommelfell schützen vor dem eigenen Schrei, will den Kopf zusammenhalten vorm Zerplatzen.

Augen stecken in diesem Kopf, aber Augen, wie ein Chamäleon sie hat. Auseinandergerissen sind diese Augen, irr schielen die Pupillen ins Leere – orientierungslos, weil alles Feste zerfließt in fahrige, zuckende Streifen – wie sie über den Horizont ziehen in wirren Linien, wie van Gogh sie malte, als der Wahnsinn ihn überfiel.

Namenlos ist das Entsetzen in diesen Augen, namenlos die Angst in diesem Schrei. *Namen*los: Wir haben keinen Namen dafür – keine ordnende Vokabel, kein beruhigendes Etikett, kein bannendes Wort. Namenlos ist dieses Entsetzen – so namenlos wie der Schrei *sprach*los! Wo Menschen schreien, zerspringt die Sprache. Man kann laut und leise sprechen; auch Rufen ist Sprechen! Aber der Schrei, der schrille, unartikulierte, ist das Ende von Sprache. – Da finden Mensch und Tier zueinander in diesem Schrei, da ist nichts als Kreatur.

Was macht dieses Wesen so schreien? Wo ist die Ursache? Ist ihm blitzartig aufgegangen, daß menschliches Leben auf einer Brücke spielt, über dem Bodenlosen, über unauslotbarem Abgrund? – Seltsam brutal stoßen im Hintergrund die Waagerechte der Ebene und die jähe Senkrechte des Steilabfalls aufeinander. Und der Abhang fällt, stürzt, schießt ins Bodenlose.

Vorn sind zwei Spaziergänger unterwegs, ahnungslos, harmlos, halten das Ganze für einen Sonntagsausflug in idyllischer Gegend. – Doch die Brücke ist Täuschung, das Geländer Illusion, wirklich ist nur der Abgrund.

Aus seiner Tiefe fährt Wind herauf – mit unheimlicher Gewalt. Das Wesen in der Mitte stemmt sich ihm entgegen – vergebens: sein Körper wird zur Seite gedrängt, verbogen, verweht wie ein Blatt.

Was dieser Wind aus dem Abgrund anrührt, das erfährt unheimliche Veränderung! Da ist im Hintergrund eine stille Bucht, in der zwei Schiffe vor Anker gegangen sind, nahe am Ufer eine Kirche. Doch der kalte Hauch macht die Schiffe zu Wracks, ihre Masten zu Grabkreuzen, die Kirche zum Leichenhaus.

Was dieser Wind aus dem Abgrund anrührt, das erfährt unheimliche Veränderung. Der Kopf in der Mitte schrumpft – die Wangen fallen ein, hart treten die Knochen hervor: dünne Haut umspannt einen Totenschädel.

Im nächsten Augenblick aber – wir spüren es – wird das Unheimliche geschehen: Das Wesen in der Mitte wird mit beiden Händen sich den Kopf vom Leibe reißen und ihn uns entgegenschleudern, den Kopf mit dem gellenden Schrei darin.

Was machen wir mit diesem Schrei?

2. Walter Habdank: »Hesekiel 37« (1965)

Der Geist macht lebendig

Totentanz

Am rechten Bildrand gleiten meine Augen entlang. Senkrecht von oben nach unten wandert der Blick, wird dann im rechten Winkel umgelenkt, läuft nun am Boden entlang bis ganz nach links.

Was ich dabei sehe? Einen schaurigen *Totentanz*! Oben stehen sie, aufrechte, lebendige Gestalten, Männer und Frauen mit sprechenden Augen und Händen. Doch dann beginnt ein Fallen und Gleiten, ein Zer-fallen und Sich-Auflösen. Skelette werden sichtbar, am Boden ausgestreckt, hingemäht. Sie gehen zu Bruch, werden zu Trümmern. Verstreutes Gebein liegt verloren herum.

Der Lauf dieser Welt ist das: Dies Fallen und Gleiten, dies Zerfallen und Verwesen ist ihr Gefälle. Mein eigenes Geschick ist darin eingeschlossen. In diesem Strom treibe auch ich. Unfehlbar ist das Ende, todsicher der Tod. One Way, Einbahnstraße!

Girlande des Lebens

Doch ist mein Blick den rechten Weg gewandert? Habe ich das Bild richtig herum gelesen?

Da drängt sich mir in der Mitte eine mächtige Gestalt entgegen, schiebt sich nach vorn wie einer, der durchs Fenster hereinschaut, ja wie einer, der ein Loch durch die Mauer bricht. Gewaltsam schafft er sich Gehör. Ein *Deuter*, einer, der den Weg weist.

Unzufrieden scheint er mit meinen Beobachtungen, ganz und gar nicht einverstanden. Seine rechte Hand hat sich geöffnet, will mich von links nach rechts schieben, mich umleiten: »Andersherum lesen, andersherum wandern!« Die andere, die linke Hand reißt meinen Blick gebieterisch nach oben, verlangt, daß ich dem Arm folge vom Ellenbogen bis zur Fingerspitze. »*Umdenken* mußt du, *umkehren*!«

Ich folge. Doch nun, welch ein seltsamer Vorgang: Der Totentanz wandelt sich in einen fröhlichen Reigen, bekränzt den Bildrand mit einer *Girlande des Lebens*: Verstreutes Gebein fügt sich zusammen. Fleisch überzieht die Knochen. Ein Sich-Aufrichten beginnt, ein fröhlicher Aufstand. Ein Wirbel von Leben reißt die Leiber empor, Leben bricht aus dem Tod. Oben stehen sie: Männer und Frauen mit sprechenden Augen und redenden Händen, grenzenloses Staunen in Gesicht und Gebärde.

Der Zeuge

Staunen erfaßt nun auch mich. Hoffen, gemischt mit zweifelnder Frage: »Hör, du Deuter, ist das mehr als ein Traum? Darf ich dieser Wende trauen, dieser Revolution aller Revolutionen, dem Wunder aller Wunder? Girlande des Lebens, Reigen statt Totentanz? Wer deckt deine Botschaft, wer gibt ihr Bestand?«

Nun erst bemerke ich es: Der Mann in der Mitte ist nicht ein Zaungast und Fenstergucker. Er steht selbst mitten drin im Geschehen, steckt selbst bis zur Brust im Erdreich.

Ist er dabei, zu versinken wie einer, der sich im Moor verirrte? Geht er unter wie einer, den das Meer verschluckt? Nein, seine Gesten erlauben keinen Zweifel. *Heraus* kommt er, heraus aus der Erde. *Aufwärts* heißt hier die Parole. Aufwärts! Das bezeugen die Augen im leuchtenden Gesicht. Das Unten gilt nicht mehr, rechts und links lohnen nicht. Das Oben ist die einzig mögliche Blickrichtung. Aufwärts! Das kündet die erhobene Linke mit dem ausgestreckten Zeigefinger. Unmißverständlich ist seine Botschaft: »Nicht herausgeklettert bin ich, habe mich nicht emporgearbeitet. Herausgezogen

wurde ich, bin ein Emporgerissener, ein Aufgerichteter; ich wurde *auferweckt*! Von oben kam, was mich nach oben zieht! Sieh, was ich künde, ist meine eigene Geschichte. *Zeuge* bin ich, nicht nur Deuter.«

Der Rufer

Die linke Hand mit dem spitzen Zeigefinger will mehr sein als Hinweis. *Befehl* ist sie, *Gebot*: »Hoch mit dir! Aufstehen!« heißt das Kommando. Dies Geschehen duldet keinen Zuschauer! Ich merke: Der Mann in der Mitte ist mehr als Deuter, auch mehr als Zeuge. Er spielt eine aktive Rolle bei dieser fröhlichen Revolution. Auferweckt ist er zum Aufwecken. »*Mitauferwecker*« heißt sein Beruf. Auch mich meint sein Ruf. Und was er sagt, wird Gestalt, was er kündet, geschieht.

Das linke Ohr – uns verborgen – horcht nach oben, vernimmt ein Brausen, den Gottessturm. Wolkenstreifen lassen die Gestalt einer Taube ahnen: *Gottes Geist* ist am Werk, Gottes mächtiger Lebensatem. Da wird dieser Mann selbst Organ dieses Geistes, wird Gottes Mund und Gottes Hand.

Das neue Lied

Was geschieht, wenn der Schöpferhauch übers Leichenfeld fährt? Der Prophet in der Mitte führt die rechte Hand zum Ohr, will den Schalltrichter vergrößern. Da, ein Rauschen am Boden!

Wenn Leben zerrinnt, so geschieht das schweigend, Verwesung ist tonlos. Doch hier vernimmt er im Beinhaus der Welt ein fröhliches Klappern, ein lustiges Lärmen. Es tut sich was im Leichenfeld; *Gott* tut etwas.

»Aus neu wird alt, aus Blüte Fäulnis, aus Leben Tod.« Plärrend monoton ist der Sing-Sang des Totentanzes. Doch hier wird ein anderes Lied angestimmt: »Aus alt wird neu, aus Tod wird Leben.« Melodie für den Lebensreigen, der sich nun formiert: Zu Boden Gestreckte erheben sich, Erschlagene regen die Glieder, Tote stehen auf und strecken die Hände dem neuen Tag entgegen. Dem neuen, dem jüngsten Tag, dem Tag, der das ewige Leben einläutet und an dem Gott sein wird alles in allem.

3. Wolf-Dieter Kohler: »Jona« (1979)

Die Heimkehr

Jonageschichte – Jesusgeschichte – Christengeschichte

Schon auf frühchristliche Sarkophage finden wir die Jonageschichte gemeißelt. Wir sehen, wie das Seeungeheuer den Propheten verschlingt (sein Kopf ist dabei dem furchtbaren Schlund zugekehrt) und wie es ihn wieder ausspeien muß (dabei kommen die Füße zuletzt aus dem Rachen hervor). Jesus selbst hat seinen Weg unter das »Zeichen des Propheten Jona« gestellt (Mat. 12,39 und 40). Nun wird in der christlichen Kunst der verschlungene Jona zum »Vorausbild« (Gleichnis) des Sterbens und der Grablegung Jesu, der Ausgespiene zum »Typus« der Auferweckung: Der Tod muß seine Beute hergeben! Jesus aber macht sein Geschick zu dem der Seinen. Ihm werden wir »gleichgestaltet«, sind berufen zum »Mitsterben« und »Mitauferstehen«. Das bezeugen jene alten Grabmäler: Die Jona-, die Jesusgeschichte wird die unsere.

Der Stuttgarter Glasmaler Wolf-Dieter Kohler (1929 – 1985) hat das Jonamotiv in einem Glasbild gestaltet.* »*Der gestrandete Tod*«, so ließe es sich überschreiben. Aber das nennt nur die eine Seite, nur die Negation des Negativen. Man muß einen positiven Titel finden. »*Die Heimkehr*« könnte er lauten oder auch – noch tiefer vielleicht, weil verwoben mit der Rede vom seligen Sterben – »*der Heimgang*«. Dabei kann man erinnern an die schönen Verse des unbekannten Dichters, die J.S. Bach in seiner »Kreuzstabkantate« vertonte:

»Mein Wandel auf der Welt
Ist einer Schiffahrt gleich:
Betrübnis, Kreuz und Not
Sind Wellen, welche mich bedecken
Und auf den Tod
Mich täglich schrecken;
Mein Anker aber, der mich hält,
Ist die Barmherzigkeit,
Womit mein Gott mich oft erfreut.
Der rufet so zu mir:
Ich bin bei dir,
Ich will dich nicht verlassen noch versäumen!

Und wenn das wütenvolle Schäumen
Sein Ende hat,
So tret ich aus dem Schiff in meine Stadt,
Die ist das Himmelreich,
Wohin ich mit den Frommen
Aus vieler Trübsal werde kommen.«

Der gestrandete Tod

Gestrandet ist das schuppenbewehrte Monstrum. Es liegt hilflos, manövrierunfähig am Ufer; der gierige Mörder ist nun selbst Todeskandidat. Blicken die beiden kleinen Augen (rechts, bzw. links außen) zornig oder überrascht, verblüfft, entsetzt? Das gewaltige Maul (fürwahr ein »Großmaul«) ist mit Zähnen wie mit einer dichten Reihe von Speeren bewaffnet, aber diese Todesinstrumente sind nun vorn umgebogen, gekrümmt, haben die Kraft, sich einzugraben, ihre Beute festzuhalten, verspielt, wirken fast wie ein dekorativer Fransenbehang. Ein mächtiger Schrei scheint das Maul des Untiers aufgerissen zu haben, aber nun hat es Maulsperre, Maulstarre bekommen, ist aufgetrieben wie ein Kugelfisch. Dumm und albern wirkt er – eine Lächerlichkeit! Nur noch ein weitgeöffnetes Scheunentor ist der schreckliche Rachen.

In einen tiefblau dunkelnden Abgrund schauen wir hinein. Keine perspektivische Gestaltung wird da sichtbar (so daß irgendwo in der Tiefe des Bauches der Schlund sich wieder rundete, an sein Ende käme). Nein, der Schlund ist wie ein Loch mitten im Bild. Eine ganz andere, dem Bild fremde, eine schlechthin ungeheure Dimension öffnet sich da, abgründig, unauslotbar. Im Rachen des Untiers gähnt das für uns völlig unergründliche Reich des Todes mit seiner ganzen Unheimlichkeit. Aber aus diesem Bodenlosen steigt Jona heraus. Unaussprechlich, unfaßlich, undefinierbar ist die Wirklichkeit Tod. Aber an Jona wird sichtbar: Sie ist gestrandet, besiegt, erledigt, hat ihre Zeit gehabt. Der Tod muß die Toten herausgeben. Das ist unwiderruflich sein Tod.

Der Heim-Gang

Jona tritt *aus dem Tod ins Leben*. Er betritt nicht einfach – wie der Prophet in der alttestamentlichen Geschichte – einen ihm bisher noch unbekannten Fleck dieser Erde, ein ihm noch unvertrautes Territorium (Ninive). Nein, er setzt seinen Fuß auf das Gestade der

Ewigkeit, auf das noch gänzlich unbetretene Land der neuen Schöpfung. Die Sonne geht darüber auf. Nach links und nach rechts, senkrecht nach unten fahren die Strahlen heraus (den vierten – senkrecht nach oben gerichtet – muß man ergänzen). So wird das Kreuzeszeichen sichtbar, das Zeichen des Menschensohnes am Himmel. Zwei weitere, gelb leuchtende Strahlen zielen seitlich nach unten, berühren Jonas Haupt und rechte Hand: das Osterlicht umleuchtet ihn. Jonas Auferstehung aus dem Abgrund des Todes geschieht im Zeichen von Karfreitag und Ostern. Jesu Geschichte bestimmt seinen Weg.

Jona *schreitet* ins Osterleben. Seltsam schwerelos tut er das, tänzelnd, fast schwebend. Wie erhebt, wie streckt sich seine Gestalt!

Hat er im Bauch des Todes zusammengekauert, eingeschrumpft, eingekrümmt gehockt, so ist hier Weite, Freiheit. Jetzt »entfaltet« er sich buchstäblich, gewinnt die aufgerichtete Gestalt, die vollendete Gottebenbildlichkeit. Die Arme wirft er empor; das ist jubelndes Willkommenheißen des Neuen und Gebetsgeste in einem. Die erhobenen Arme bilden eine Schale, in die sich das österliche Sonnenlicht ergießt.

Seltsam das *Gesicht*! Auch hier das ganz Entkrampfte, Offene, Freie durch die hochgezogenen Augenbrauen. Aber der Mund öffnet sich nicht zu einem erstaunten »Oh«. Auch die Augen verraten nicht Erschütterung, Überraschung, Überwältigung von etwas unfaßlich Neuem. Das ganze helle, stille Gesicht, dieses »schön menschlich Antlitz« (Matthias Claudius) ist erfüllt von dem Wissen: Jetzt, jetzt endlich bin ich daheim, zu Hause, am Ziel meiner Bestimmung, in »meiner Stadt«, wo mir das Bürgerrecht für immer verbrieft ist. Nicht unheimliche Fremde ist diese neue Welt Gottes, sondern wahrhaft Vaterland.

Wohin sind die *Augen* gerichtet? Sie sind offenbar nicht dabei, sich eine rasche Orientierung über das neue Land zu verschaffen, beobachtend das Panorama abzutasten. Der Blick geht in die Höhe, ins Weite. Dieser Jona schaut nicht *etwas*, nicht den »Himmel«, nicht (wie die Theologen vom zukünftig Verheißenen sagen) »die letzten Dinge«. Nicht *etwas* schaut Jona, er schaut *Ihn*, er schaut – GOTT! Er schaut Gott und erschrickt nicht, er schaut Gott und stirbt nicht, er schaut Gott und weiß sich daheim, geborgen in den starken väterlichen Armen, an dem mütterlich liebenden Herzen. Jetzt, jetzt ist er an dem Ort, für den er geschaffen wurde, ist bei dem Gott, der selige Kreaturen um sich haben will. Das ist in Wahrheit Heim-Gang, Heimkehr des Verlorenen ins Vaterhaus. Das ist jene letzte, jene alles entscheidende Begegnung mit dem Herrn, aus dem und durch den und zu dem alle Dinge sind. Jetzt eröffnet sich Ewigkeit, jetzt wird es wahr, das »ewig, ewiglich mit Jesus sprechen« (Kierkegaard).

* Es sei empfehlend hingewiesen auf den Text-Bild-Band: Licht und Farbe, Wolf-Dieter Kohler 1928-1985. Glasmalerei, Ölbilder, Zeichnungen, Wandteppiche, Stuttgart 1988 (Selbstverlag; Auslieferung durch Ingeborg Kohler, Am Bismarckturm 8, 7000 Stuttgart 1). Das Jonabild findet sich dort auf S. 84. *Es sind auch Farbkarten davon erhältlich.*

LITERATURHINWEISE

Zu I. *Wie kann Gott das zulassen?*

Carl Heinz Ratschow, Der Gott des 20. Jahrhunderts (S. 140-167); das Zitat im Text dort S. 166-167. Derselbe, Ist Gott angesichts des Leidens in der Welt zu rechtfertigen? (S. 168-181). Derselbe, Das Heilshandeln und das Welthandeln Gottes (S. 182-243). Alle Aufsätze in: *C.H. Ratschow,* Von den Wandlungen Gottes, Berlin 1986.

Paramahansa Yogananda, Autobiographie eines Yogi, o.O., 16. Aufl. 1988.

Josef Sudbrack, Neue Religiosität – Herausforderung für die Christen, Mainz, 3. Aufl. 1988

Zu II. *Der Tod – verdrängt, vergötzt, besiegt*

Eberhard Jüngel, Tod. Themen der Theologie 8, Stuttgart, 4. Aufl. 1977.

Zu *Benns* Gedicht vgl. die Interpretationen von *Johannes Pfeiffer* in: Wege zur Dichtung, Hamburg, 6. Aufl. 1963, S. 121-123, und *Peter Rühmkorf* in: Frankfurter Anthologie 3, Frankfurt, 4. Aufl. 1977, S. 141-143.

Lutz Röhrich, Lexikon der sprichwörtlichen Redensarten, Artikel »zeitlich«, Freiburg 1973.

Zu *»der schöne Tod«*:

Johann Chr. Hampe, Sterben ist doch ganz anders, Stuttgart, 9. Aufl. 1982.

Eckart Wiesenhütter, Blick nach drüben, Bielefeld, 3. Aufl. 1976.

Zu *»Reinkarnation«*:

Adolf Köberle, Die Frage nach dem wiederholten Erdenleben, in: Universalismus der christlichen Botschaft, Darmstadt 1978, S. 84-96.

Reinhart Hummel, Reinkarnation. Reihe: Unterscheidung, Mainz/Stuttgart 1988.

Zu III. *Biblische Aussagen über den Tod*

Hermann Cremer, Jenseits des Grabes. Vom Leben nach dem Tode, Gießen, 9. Aufl. 1987 (1. Aufl. 1868).

Hartmut Gese, Der Tod im Alten Testament, in: Zur biblischen Theologie, München 1977, S. 31-54.

Gerhard von Rad, Theologie des Alten Testaments I, München 1961, S. 385ff.

Hans Walter Wolff, Anthropologie des Alten Testaments, München 1973, § 12 (Leben und Tod).

Zu dem Einschub über die Hoffnungen in den Religionen:

Carl Heinz Ratschow, Erwarten wir noch etwas jenseits des Todes? in: Von der Gestaltwerdung des Menschen, Berlin 1987, S. 319- 341.

Gerardus van der Leeuw, Unsterblichkeit oder Auferstehung. Theologische Existenz heute, N.F. 52, München 1956.

Zu IV. *Wo sind unsere Toten?*

Paul Althaus, Die Letzten Dinge, Gütersloh, 6. Aufl. 1956.

Peter Brunner, Eschata, in: Bemühungen um die einigende Wahrheit, Göttingen 1977, S. 269-291.

Fritz Heidler, Die biblische Lehre von der Unsterblichkeit der Seele, Göttingen 1983.

Adolf Köberle, Stirbt die Seele im Tod mit?, in: Universalismus der christlichen Botschaft, Darmstadt 1978, S. 55-69.

Katholische Darstellungen:

Gisbert Greshake/Jacob Kremer, Resurrectio Mortuorum, Darmstadt 1986.

Joseph Ratzinger, Eschatologie – Tod und ewiges Leben. Kleine katholische Dogmatik IX, Regensburg, 3. Aufl. 1978.

Zur Abgrenzung von der New-Age-Bewegung ist wichtig:

Ulrich Eibach, Unsterblichkeit der Seele. Reinkarnation und Erlösung im »New Age« und in der christlichen Tradition, in: Theologische Beiträge 4/1988, S. 191ff.

Zu V. »*Von dort wird er kommen zu richten . . .*«

Lieselotte Mattern, Das Verständnis des Gerichtes bei Paulus, Zürich 1966.

Zu VI. »*O Ewigkeit so schöne . . .*«

Luthers Wort über die sehnsüchtig harrende Kreatur findet sich in seiner *Vorlesung über den Römerbrief* 1515/16, s. Münchener Ausgabe, Ergänzungsband 2, S. 276-277 (vgl. WA 56)

Zu VII. *Ewige Verdammnis?*

Zum Stichwort »*Hölle*«:

Joachim Jeremias, Artikel »géenna«, in: Theologisches Wörterbuch zum Neuen Testament (ThWNT) I 655f.

Regin Prenter, Schöpfung und Erlösung. Dogmatik, Göttingen 1960.

Hermann Bezzel, Sterbensnot und Sterbenstrost, Stuttgart 1932, S. 22ff.

Zum Stichwort »*Freier Wille*«:

Siegfried Kettling, Vom unfreien Willen, in: Kurt Heimbucher (Hrsg.), Luther und der Pietismus, Dillenburg/Gießen 1983, S. 120ff.

Karl Heim, Leitfaden der Dogmatik, 2. Teil, Halle/Saale, 3. Aufl. 1925, S. 47-48.

Zum Stichwort »*Doppelte Prädestination*«:

C.H. Spurgeon, Alles zur Ehre Gottes (Autobiographie), Wuppertal 1984, Kap. 12: Plädoyer für den Calvinismus, S. 95ff.

Eric W. Hayden, Die Kraft liegt in der Wahrheit. C.H. Spurgeon über Erweckung, Wuppertal und Kassel, 2. Aufl. 1988

Zum Stichwort »*Allversöhnung*«:

Friedhelm Groth, Die »Wiederbringung aller Dinge« im württembergischen Pietismus, Dissertation, Arbeiten zur Geschichte des Pietismus Bd. 21, Göttingen 1984.

Gottlob Lang, Michael Hahn, Stuttgart 1922.

Th. Traub, Von den letzten Dingen, Stuttgart 1926.

Joachim Trautwein, Die Theosophie Michael Hahns und ihre Quellen, Stuttgart 1969.

Zum Stichwort »*Annihilation*«:

Helmut Lamparter, Die Hoffnung der Christen, Wuppertal/Metzingen, 2. Aufl. 1977.

Karl Heim, Leitfaden der Dogmatik, S. 88.

Carl Heinz Ratschow, Artikel »Eschatologie« VIII., in: Theologische Realenzyclopädie (TRE) Bd. 10, S. 358.

Zur »*Lehre von den drei Lichtern*«:

Martin Luther, Vom unfreien Willen, Münchener Ausgabe S. 246; Luther Deutsch, Bd. III, S. 330-331.

Vom gleichen Autor:

Das Gewissen

Erfahrungen, Deutungen, biblisch-reformatorische Orientierung

144 Seiten, Paperback, TVG-Reihe, Bestell-Nr. 29516

Mag der Begriff Gewissen noch so umstritten sein, unbestreitbar ist, daß Gewissen unter uns Menschen gespürt, erlebt, erlitten wird. Von dieser Erfahrung geht der Autor aus und führt dann klassische Deutungsmodelle vor – von der mythischen Sicht der Antike über die biologisch-genetische eines Nietzsche, die idealistischen Entwürfe (Seneca, Kant) bis zu den soziologischen und tiefenpsychologischen (Freud) Zuordnungen unserer Tage. In einem dritten Hauptteil bietet das Buch eine gründliche biblisch-reformatorische Orientierung. Der Autor betrachtet das geforderte, das erweckte, das getröstete Gewissen ebenso wie den Problemkreis »Gewissen und Weltverantwortung«. Seelsorgerliche Aspekte schließen das Buch ab, ausgehend von dem Lutherwort: »Der Glaube an Christus ist das gute Gewissen.«

Toleranz und Wahrheit, wie Hund und Katze?

64 Seiten, R. Brockhaus Taschenbuch, Bestell-Nr. 20310

Können Christen im 20. Jahrhundert noch guten Gewissens den Anspruch Jesu Christi unterschreiben: »Ich bin die Wahrheit«? Ist das nicht ein Fossil aus einer längst vergangenen Zeit? Müssen wir heute nicht diesen Anspruch dem Toleranzideal opfern? Siegfried Kettling geht dem angeblich unauflöslichen Widerspruch von Toleranz und Wahrheit auf den Grund. Er fragt nach der eigentlichen Bedeutung der beiden vielstrapazierten Begriffe und macht dabei überraschende Entdeckungen.

Das Evangelium des Malers Mathis

Betrachtungen zum Isenheimer Altar

64 Seiten, gebundener Pappband, Bestell-Nr. 24307

Matthias Grünewald hat im Isenheimer Altar seinen Zeitgenossen das Evangelium vor Augen gemalt. Unmittelbar und eindringlich spricht der Maler auch zu uns Menschen des 20. Jahrhunderts. Siegfried Kettling geht hier vor allem auf die große Kreuzigungstafel und das Bild des Auferstandenen ein.

Das Weihnachtsevangelium

64 Seiten, gebundener Pappband, Bestell-Nr. 24309

Matthias Grünewald hat in seinem Isenheimer Altar nicht nur die Kreuzigung und Auferstehung Jesu, sondern auch die Weihnachtsbotschaft gemalt. Die Geburt Christi ist auf seinen Bildern nicht ins stimmungsvolle Dunkel etwa eines Stalles eingehüllt – der Maler hat sie in der ganzen Helligkeit und Klarheit des Christtages dargestellt.